# Richard Rhodes

# Tödliche Mahlzeit

### Eine schleichende Epidemie
### bedroht die Menscheit

Aus dem Amerikanischen
von Sebastian Vogel

**GOLDMANN**

*Der Autor dankt der Alfred P. Sloan Foundation
für die Gewährung eines Reisestipendiums.*

Vollständige Taschenbuchausgabe Februar 2000
Wilhelm Goldmann Verlag, München,
in der Verlagsgruppe Bertelsmann GmbH
© 1998 Hoffmann und Campe Verlag, Hamburg,
in Zusammenarbeit mit dem SPIEGEL-Buchverlag, Hamburg
© 1997 der Originalausgabe Richard Rhodes
Originalverlag: Simon & Schuster, New York
Originaltitel: Deadly Feasts
Umschlaggestaltung: Design Team München
nach einem Entwurf von Thomas Bonnie
Foto: SPL/Agentur FOCUS
Druck: Presse-Druck Augsburg
Verlagsnummer: 12971
KF · Herstellung: Sebastian Strohmaier
Made in Germany
ISBN 3-442-12971-0

1 3 5 7 9 10 8 6 4 2

Für Ginger

Die Geschichte der Welt, mein Lieber, dreht sich darum,
wer gefressen wird und wer frißt.

*Sweeney Todd*

# Inhalt

# An den Leser

Seit 1995, als Richard Prestons »Tatsachenthriller« *Hot Zone* ver-
öffentlicht wurde, verfolgt uns die Bedrohung durch das Ebola-
Virus in unseren Alpträumen. Ebola verbirgt sich in den fernen
Regenwäldern Afrikas – mittlerweile sterben jedoch in Großbritannien und Frankreich die ersten Menschen an einer
Krankheit, die noch viel gefährlicher ist. Ebola gleicht einem
Terroristen: Es läßt die Menschen schnell erkranken, und höchstens jeder zehnte kommt mit dem Leben davon. Die neue
Krankheit dagegen ist ein Undercover-Agent: Sie entwickelt sich
über Jahre hinweg in aller Stille und rafft schließlich auch den
letzten infizierten Menschen dahin. Ebola ist eine Krankheit mit
Fieber und Blutungen, nicht schlimmer als Cholera, ein schneller, fast gnädiger Tod. Die neue Krankheit ist von grausamer Zer-
störungswut: Kopfschmerzen, ein Stolpern und dann Wahnvor-
stellungen, Lähmung, Krampfanfälle und Koma – über Monate
hinweg. Das Gehirn der Betroffenen verwandelt sich in einen
Schwamm; der Geist schwindet dahin; sie können nicht mehr
gehen, sprechen, schlucken; und sie sterben langsam, weil sie
eine Lungenentzündung nicht mehr abwehren können oder
schlicht verhungern.

Der Ebola-Erreger überlebt außerhalb des Körpers bestenfalls ein paar Tage. Sonnenlicht tötet ihn ab. UV-Strahlung tötet
ihn ab. Der neue Krankheitserreger weigert sich zu sterben. Der
überhitzte Hochdruckdampf, mit dem man in den Autoklaven
der Krankenhäuser chirurgische Instrumente keimfrei macht,
kann ihm kaum etwas anhaben. Er behält seine tödliche Wir-

kung auch nach stundenlangem heftigem Beschuß mit harter Strahlung, nach monatelangem Aufenthalt in Formaldehyd, nach Jahren im Erdboden, nach Jahrzehnten in der Tiefkühltruhe. Und er überlebt sogar das feurige Inferno eines 350 Grad heißen Brennofens. Wie Ebola sich ausbreitet, ist noch nicht geklärt, aber daß es sich bei dem Erreger um ein Virus handelt, ist bekannt. Irgendwann wird ein Impfstoff uns vor dieser Gefahr schützen. Bei der neuen Krankheit taucht im Gehirn der Opfer kein Virus auf. Sie überwindet die Schranken zwischen den biologischen Arten und die Abwehr des Immunsystems. Ständig wachsenden Hinweisen zufolge ist ihr Erreger ein schlechter Samen, ein fehlerhaftes Protein, ein falsch geformter Kristall, der das Gehirn dazu zwingt, sich selbst zu vergiften. Wenn das stimmt, haben wir es mit einem ganz neuartigen Krankheitserreger zu tun, den man niemals wird ausrotten können.

Wie die neue Krankheit sich ausbreitet, wissen wir: Sie wird durch den Kannibalismus der Tiere selbst übertragen, sie wird durch den industriellen Kannibalismus übertragen, wenn Tiere die Überreste anderer Tiere fressen, und sie wird durch den Verzehr von Rindfleisch übertragen.

Nichts von dem, was Sie hier lesen, ist erfunden. Kein Name wurde geändert. So schrecklich es auch sein mag: Jedes Wort ist wahr.

*Teil Eins*

# Unter Kannibalen

# Erster Zusammenhang . . .

| SPEZIES | KRANKHEIT | PROGNOSE |
|---------|-----------|----------|
| Mensch  | Kuru      | tödlich  |

# 1

# Ich fress' dich

*Südliche Fore, östliches Hochland*
*von Neuguinea, 1950*

Tiefschwarze Nacht im Gebirge. Keine einzige Trommel schlägt. Keine Flötenklänge wie Vogelgesang aus dem Wald oberhalb des Dorfes – bei den Flöten haben die Männer das Sagen, aber das hier ist Frauensache, heimlich und köstlich, süße Rache. Voller Gram und Trauer, aber auch mit großem Eifer tragen die weiblichen Angehörigen der toten Frau den kalten, nackten Körper hinunter zu ihrem blumenumsäumten Süßkartoffelgarten. Sie werden nicht zulassen, daß er unter der Erde verwest. Sechzig Frauen, vielleicht auch mehr, versammeln sich mit ihren Babys und Kleinkindern, suchen Holz und entzünden das Küchenfeuer, dessen Licht sich in ihren Augen widerspiegelt und ihre eingeölte Haut glänzen läßt. Die Tochter der Toten und die Frau ihres Adoptivsohnes nehmen Messer aus gespaltenen Bambusrohren, deren silikathaltige Haut scharf wie Glas ist, und fangen an, den Körper für das Fest zu zerlegen.

Neuguinea war die letzte Wildnis der Erde. Sein blutrünstiger Ruf schreckte Forscher ab. Mikronesier, die in seiner Nähe mit ihren Kanus Schiffbruch erlitten, schwammen in die andere Richtung. Kapitän Bligh, den seine Mannschaft nach ihrer berüchtigten Meuterei von der *Bounty* vertrieben hatte, machte um das gewalttätige Land einen großen Bogen. Es ist nach Grönland die zweitgrößte Insel der Welt, fast zweieinhalbtausend Kilometer lang, sechshundert Kilometer breit und geformt wie ein Dinosaurier mit einem langgestreckten Zentralgebirge als Rückgrat; knapp südlich des Äquators und nördlich von Australien, östlich von Sumatra und Borneo, erhebt es sich aus dem Westpazifik. An seinen tropischen Küsten faulten Mangrovensümpfe, und sein gebirgiges Inneres verbarrikadierte sich hinter undurchdringlichen, blutegelverseuchten Regenwäldern. Die Einwohner waren Melanesier, kleine, muskulöse, schwarze, dicht gelockte Steinzeitmenschen – Fischer, Jäger und Bauern. Sie gliederten sich in tausend kleine Gruppen, die untereinander Krieg führten und durch Konflikte und unzugängliches Gelände so isoliert lebten, daß es bei ihnen über siebenhundert verschiedene Sprachen gab – die Mißklänge in der Sprachfamilie einer einzigen Insel waren für über die Hälfte aller Sprachen auf der Erde verantwortlich.

Mitte des 19. Jahrhunderts, als die ersten holländischen, deutschen und englischen Schiffe an den großen, gezeitenabhängigen Flußmündungen der Insel ankerten, hatte sich in Europa herumgesprochen, daß die Wilden von Neuguinea Kannibalen waren. Aber es gibt Kannibalen und Kannibalen: Krieger, die ihre verhaßten Feinde fressen, und Angehörige, die ihre Verstorbenen in einer liebevollen Totenfeier verzehren. Die Frauen der Fore aßen ihre Verwandten. »Ihr Bauch ist ihr Friedhof«, meinte ein Beobachter. »Ich fress' dich« war bei den Fore eine Grußformel.

Unten im Garten, im flackernden Licht des Feuers, ergriffen die Töchter der Toten deren Hand- und Fußgelenke. Sie sägten den harten Knorpel durch, trennten die Knochen und gaben sowohl die runzeligen Hände als auch die plattgetretenen Füße an die Frau ihres Bruders und die Schwiegertochter ihrer Schwester weiter. Die Töchter schlitzten an Armen und Beinen die Haut auf, nahmen die Muskeln heraus, verteilten Brocken davon an Verwandte und Freunde in der gierigen Menge der Frauen. Sie öffneten die Brust und den schlaffen Bauch, und der Geruch des Todes wehte über die Ranken der Süßkartoffeln. Die schwere, violette Leber kam zum Vorschein, und mit ihr an der Unterseite der kleine grüne Sack der Gallenblase, der sorgfältig abgeschnitten und mit seinem bitteren Inhalt weggeworfen wurde. Es folgten das dunkelrote Herz voller geronnenem Blut und die verschlungenen, mattglänzenden Windungen des Darmes. Sogar den Kot verspeisten sie, gemischt mit eßbaren Farnwedeln und gegart in Bananenblättern.

Wie man es macht, wußten sie vom Schweineschlachten. Sie verteilten die tote Frau nach dem gleichen Verwandtschaftsrecht, das auch für die Verteilung von Schweinen galt, aber bei den Schweinen bekamen die Männer das beste Stück. Die Männer beanspruchten auch die Kleintiere, die sie mit Pfeil und Bogen und Fallen im Wald erlegten, die Opossums und Eidechsen sowie die seltenen, flugunfähigen Kasuare, deren Beine schöne Knochenröhren als Nasenschmuck abgaben. Die Frauen bauten Bohnen, Süßkartoffeln und Zuckerrohr an, eine nahrhafte, aber fade vegetarische Ernährung, die sie mit gerösteten, handgroßen Spinnen und dicken Maden ergänzten. Die Männer lebten von Frauen und Kindern getrennt, folgten ihren Frauen nur zum Kopulieren in den Garten und wohnten ansonsten mit den älteren Jungen im großen Männerhaus. Die Männer glaubten, der Kontakt mit den Frauen schwäche sie. Die Fruchtbarkeit der Frauen war ihnen zuwider. Männer aßen kaum einmal die Toten, und wenn überhaupt, nahmen sie nur heimlich das rote Fleisch.

Die Menge der Frauen und Kinder beeilte sich mit dem Einsammeln und Abschneiden, denn der Körper der toten Frau schrumpfte zusehends. (Ihr Name hat als anonymisierte Abkürzung in einer medizinischen Doktorarbeit überlebt: *Tom.* Tomasa?) Eine der Töchter war mit dem Zerlegen des Halses beschäftigt: Sie durchtrennte Kehlkopf und Speiseröhre, sägte den Knorpel zwischen den Wirbeln durch, zerschnitt das Rückgrat und legte den Kopf beiseite. Die anderen Töchter zogen geschickt die Kopfhaut ab, nahmen eine steinerne Axt, zerschmetterten den Schädel und löffelten die weiche, rosafarbene Gehirnmasse in eine Kochröhre aus Bambus. Ihre Verwandten, die Nördlichen Fore, kochten den ganzen Körper mit Gemüse in dampfenden Gruben, die mit heißen Steinen ausgekleidet waren, aber hier im Süden zerkleinerte man das Fleisch der Toten lieber und schmorte es mit Salz, Ingwer und Blattgemüse in Bambusröhren, die man ins Küchenfeuer legte. Sie aßen alle

Körperteile, sogar die Knochen – man ließ sie am offenen Feuer verkohlen, bis sie weich waren, und zerkrümelte sie dann in die Röhren. Die Frau des Bruders der Toten erhielt die Vagina als besondere Portion. Wäre es ein toter Mann gewesen, hätte seine Frau als speziellen Leckerbissen den Penis bekommen.

Von der Küste aus wirkte das gebirgige Innere Neuguineas wie eine einzige Kette von Gipfeln, aber als australische Goldgräber Ende der zwanziger Jahre den Farbspuren – Goldstaub in den Flüssen – in die Berge folgten, entdeckten sie ein riesiges, unbekanntes Gebiet zwischen mehreren parallelen Gebirgszügen. Hochgelegene, mäßig warme Gebirgstäler beherbergten eine Bevölkerung von über zweihunderttausend Menschen in Dörfern und Gehöften, die sie dem urtümlichen Kiefernwald abgerungen hatten, ein regelrechtes Shangri-La. Als die ersten Weißen in die Hochtäler vordrangen, waren die Bewohner verblüfft – sie wußten noch nicht einmal, daß hinter den Bergen, die sie umgaben, das Meer lag. Alte Filmaufnahmen zeigen, wie die Hochlandbewohner bei der ersten Begegnung mit den weißen Fremdlingen lachten, weinten und vor Aufregung zitterten: Sie glaubten, es seien ihre Verwandten, die von den Toten auferstanden waren. Sie kannten keine Gewehre und hatten keine Angst davor, aber als ein Australier zum ersten Mal sein Gebiß herausnahm, liefen sie vor Entsetzen davon. Als wahrhaftige Demokraten schworen sie keinem Häuptling Treue, unterschieden jedoch zwischen großen Männern, normalen Männern und Männern, die nichts waren. Ihre Frisur war mit Perlen und Federn geschmückt, und sie trugen Knochen durch die Nase, Halsketten aus Schweinezähnen und einen Lendenschurz aus Rinden- oder Grasgeflecht. Den Körper rieben sie gegen die Kälte mit Holzkohle und ranzigem Schweinefett ein. Die Männer trugen Steinäxte oder lange Bogen. Manche bevorzugten eine Phallusröhre anstelle des Lendenschurzes – eine protzige Penishülle aus großartig gebogenen Nashornvogelschnäbeln oder verzierten Muschelschalen, die von der unbekannten Küste durch Tauschhandel hierher gelangt waren. Die Frauen trugen Grasröcke und ließen die Brüste nackt. Wenn sie trauerten, schnitten sie Fingergelenke ab, trugen Trauerhalsbänder mit den getrockneten Händen verstorbener Babys und schleppten den verwesenden Kopf ihres Ehemannes im *bilum*, einem gewebten Beutel, monatelang mit sich herum, wobei sie unter dem Gestank litten.

Die Toten aufzuessen war bei den Fore ursprünglich nicht Sitte gewesen. Es hatte sich erst zu Lebzeiten ihrer ältesten noch lebenden Großmütter eingebürgert, ungefähr um die Jahrhundertwende oder kurz davor. Sie hatten es von ihren Nachbarn im Norden gelernt. Der Brauch verbreitete sich bis zu einem Dorf der Nördlichen Fore, und es sprach sich herum. »Das ist süß«, sollen die Fore-Frauen nach dem Bericht eines Anthropologen gesagt haben, als sie zum erstenmal Menschenfleisch probierten. »Was ist los mit uns, sind wir eigentlich verrückt? Das ist schmackhaftes Fleisch, und wir haben es als Nahrung mißachtet. In Zukunft werden wir immer die Toten essen, Männer, Frauen und Kinder. Warum sollen wir gutes Fleisch wegwerfen? Das ist nicht richtig!« Das Fleisch war süß wie die Rache der Frauen an den Männern, die immer das beste Stück vom Schwein für sich forderten – und das, obwohl die Frauen das Ferkel oft an der eigenen Brust genährt hatten. Aussätzige und diejenigen, die an Durchfall gestorben waren, aßen sie nicht, aber das Fleisch von Frauen, die durch Hexerei umgekommen waren, galt als sauber. Wenn Fore im Sterben lagen, baten sie darum, gegessen zu werden, und verteilten ihre Körperteile im voraus an ihre liebsten Bekannten.

Ein Anthropologe namens Walter Arens behauptete in einem 1979 erschienenen Buch, der Kannibalismus sei überall auf der Welt immer ein Mythos gewesen, ein Märchen aus dritter Hand, das man nicht glauben solle. Das Gegenteil ist richtig: Kannibalismus war bei den Naturvölkern immer eine Tatsache, in der ganzen Welt, der Alten wie der Neuen, und manchmal stößt man noch heute auf seine Überreste. Fossile menschliche Knochen aus Höhlen in Europa mit Schnittspuren legen noch heute, nach siebenhunderttausend Jahren, Zeugnis davon ab. Der chinesische Dissident und Journalist Zheng Yi enthüllte Fälle von staatlich genehmigtem Kannibalismus, in dessen Verlauf die Leber von Klassenfeinden gegessen wurde; sie hatten sich in der Provinz Guangxi im Jahrzehnt der Kulturrevolution abgespielt, die in der Volksrepublik China 1966 begann.

Gegenüber den ersten Europäern, die sie danach befragten, räumten die Fore den Kannibalismus freimütig ein, aber Ende der fünfziger Jahre – über ihnen kreiste schon der Sputnik am Himmel – gaben sie ihn unter dem Druck der Missionare und australischer Polizeipatrouillen auf, und heute leugnen sie ihn. Unabhängig von allen rituellen Zusammenhängen war die Menschenfresserei auch eine wichtige Proteinquelle, so jedenfalls die Berechnungen zweier amerikanischer Anthropologen: »Eine lokale Bevölkerungsgruppe in Neuguinea mit etwa hundert Personen (darunter sechsundvierzig Erwachsene), die sich fünf bis zehn ausgewachsene Leichen im Jahr verschafft und sie verspeist, nimmt durch die Menschenfresserei ebensoviel Protein auf wie durch den Verzehr von Schweinefleisch.«

Wenn die Frauen ihren Leichenschmaus hielten, zerlegten und kochten sie die Toten im Garten, aber sie aßen voneinander getrennt: Die dampfenden Bambusröhren brachten sie in die abgeschiedenen Frauenhäuser, und dort teilten sie die Leckerbissen mit ihren Kindern. Ein junger amerikanischer Arzt, der einige Jahre später zu ihnen kam, um eine Zeitlang bei ihnen zu leben und zu arbeiten, beobachtete bei ihren Eßgewohnheiten fast die gleiche Heimlichtuerei wie bei Menschen aus dem Westen, die zur Toilette gehen. Es lag nicht daran, daß sie sich geschämt hätten, die Toten zu essen – mit Schweinefleisch zogen sie sich genauso zurück. Fleischessen war ein orgiastisches Erlebnis. Männer sagten, die Frauen seien dabei unersättlich, wild wie der Urwald. Wenn Männer am Waldrand das Gras ausrissen, sagten sie, es seien die Schamhaare der Frauen. Und auch die Ehe zähmte sie kaum.

In letzter Zeit waren bei den Fore immer mehr Frauen an Hexerei gestorben, die nur von Männern praktiziert wurde, an einem tödlichen Zauber, den sie Kuru nannten. Kuru bedeutet »Zittern« – vor Kälte oder vor Angst –, und um 1950 raffte es

Frauen in allen Dörfern der Fore dahin. Den Männern des Stammes verschaffte es überall im Hochland einen Ruf als gefürchtete Zauberer. Wenn das Kuru-Zittern erst einmal begonnen hatte, schritt der Fluch unaufhaltsam bis zum Tod fort. Die mit Kuru verhexten Frauen fingen an zu torkeln, stützten sich auf einen Stock und konnten irgendwann überhaupt nicht mehr gehen. Bevor sie die Fähigkeit zu schlucken verloren, wurden sie dick, und wenn sie frühzeitig an Lungenentzündung starben, bot ihr Fleisch eine üppige Mahlzeit.

# 2

# Kuru

*Südliche Fore, östliches Hochland
von Neuguinea, 1957*

Als Dr. Carleton Gajdusek im März 1957 auf dem Rückweg von Forschungsarbeiten in Australien in Neuguinea Station machte, wollte er sich ein paar Monate lang mit »Wachstum und Entwicklung von Kindern in primitiven Kulturen« befassen, wie er es nannte. In Port Moresby angekommen, machte der vierunddreißigjährige amerikanische Kinderarzt und Virusforscher als erstes dem neuen Leiter des Gesundheitsdienstes in dem australischen Verwaltungsgebiet seine Aufwartung, einem Arzt namens Roy Skaggs. Skaggs war sehr erfreut, den Amerikaner kennenzulernen; Dr. Vincent Zigas, ein Gesundheitsbeamter von Skaggs – er arbeitete in der abgelegenen Siedlung Kainantu im östlichen Hochland der Insel, und zu seinem Zuständigkeitsbereich gehörten auch die Nördlichen und Südlichen Fore –, hatte kürzlich um Hilfe bei der Untersuchung einer seltsamen, tödlichen Krankheit gebeten, die bei den Fore Kuru hieß. Daß Kuru durch Hexerei entstand, mochte Zigas nicht glauben. Er hielt es vielmehr für eine neue Form der Enzephalitis (Gehirnentzündung), also für eine Infektionskrankheit. Skaggs war gerade bei Zigas in dem Krankenhaus gewesen, das dieser neben der Landepiste von Kainantu baute, und hatte dort zwei Fore-Frauen mittleren Alters untersucht, die an Kuru litten. Die Entdeckung einer neuen Krankheit ist für Mediziner genauso spannend wie die Entdeckung eines neuen Elements für Chemiker. Skaggs hatte für die Erforschung neuer Krankheiten keine Haushaltsmittel zur Verfügung, aber Gajdusek genoß als Wissenschaftler einen erstklassigen Ruf und konnte seine

Unternehmungen selbst finanzieren. Der Leiter der Gesundheitsbehörde redete dem Amerikaner zu, er solle doch einmal nach Kainantu fliegen und sich die Sache ansehen.

Am 13. März traf Gajdusek an dem Außenposten der Zivilisation ein. Zigas, ein adretter, lebhafter Este mit gewellten Haaren, der ein wenig dem Komiker Danny Kaye ähnelte, berichtet in seinen posthum veröffentlichten Memoiren, wie er den neugierigen Kollegen vor seinem Haus zum erstenmal sah:

Meine Beschäftigung wurde von einem seltsamen Besucher unterbrochen. Auf den ersten Blick sah er aus wie ein Hippie, allerdings ohne Bart und lange Haare, der aus der Zivilisation ausgestiegen war und sich in die Steinzeitwelt abgesetzt hatte. Er trug abgewetzte Shorts, ein offenes braunkariertes Hemd, das ein schmutziges T-Shirt sehen ließ, und ausgetretene Turnschuhe. Er war groß und schlank, einer von denen, deren Alter man schwer schätzen kann, und er wirkte jungenhaft mit seinem ungleichmäßigen Bürstenschnitt, der wie selbstgemacht aussah. Sein Äußeres war schlicht und einfach schäbig. Er hatte eine gute Figur, einen bemerkenswert geformten Kopf, einen neugierig durchdringenden Blick und abstehende Ohren ... Alles an ihm war lebhaft. Selbst wenn er ruhig stand, schien er in Bewegung zu sein, den Oberkörper nach vorn geneigt in der atemlosen Haltung eines Menschen, der nie genug Zeit für alles hat, was er gern tun würde ... Ich vermutete, daß er aus Amerika kam, einem Land mit einer seltsamen Blutmischung ... Und seine Fragen trafen einen wie Maschinengewehrfeuer.

»In Kainantu gab es zwei alte Frauen mit Kuru«, hielt Gajdusek nach dieser ersten Begegnung mit Zigas' Patientinnen fest. Als er zu den Fore-Frauen kam, konnten sie schon nicht mehr gehen. Sie zitterten unkontrolliert – nicht aufgrund der Kälte, sondern aufgrund der Schäden in ihrem Gehirn. Auch Arme und Beine bebten in langsamen, ständigen, unwillkürlichen Zukkungen – Gajdusek nannte sie »athetotische Bewegungen«. »Sie waren bei klarem Verstand, konnten aber beim Sprechen nur schlecht artikulieren. In ihrer Mimik herrschte ein blödes Grinsen vor.« Zigas erinnerte sich noch, welchen Ausdruck Gajdusek für die übertriebenen Gefühlsäußerungen bei Kuru prägte: »pathologisches Lachen«. Als die australische Presse von Kuru Wind bekam, spielte sie dieses Merkmal zum Namen der eigentlichen Krankheit hoch und nannte sie »lachenden Tod«. Aber aus der Nähe betrachtet war sie alles andere als lustig. »Am Abend«, so Gajdusek, »hatte Zigas mich zur Erschöpfung getrieben mit der Untersuchung seiner Patienten, darunter auch die beiden Frauen mit Kuru. Später am gleichen Abend erzählte er mir noch mehr über diese faszinierende Krankheit der kannibalischen Steinzeitmenschen in dem ›unkontrollierten Gebiet‹ im Süden. Er war von der Herausforderung durch die neue Krankheit so begeistert und erkannte so deutlich, wieviel Forschungsarbeit es erforderte, die Ursachen der Epidemie zu finden, daß ich meine Pläne änderte und mit ihm eine Expedition zu den Südlichen Fore unternahm, um mich mit Kuru zu befassen.« Mit einem Jeep machten sich die beiden am nächsten Morgen auf den Weg.

Carleton Gajdusek, ein tschechisch-amerikanischer Immigrantensohn, war 1923 in Yonkers im US-Bundesstaat New York geboren worden. Sein Vater war nach Amerika ausgewandert und hatte dort einen Metzgerladen. Carleton hatte sich schon als Junge in das Buch *Mikrobenjäger* von Paul de Kruif mit seinen Geschichten über berühmte Biologen und Ärzte vertieft, die im 19. und frühen 20. Jahrhundert für die Revolution in der Medizin gesorgt hatten. Die Namen der Männer, die de Kruif verherrlichte, schrieb der junge Carleton auf die Stufen zu dem kleinen Labor, das er sich auf dem Dachboden seines großen Elternhauses eingerichtet hatte: *Leeuwenhoek,* der als erster durch eine selbstgeschliffene Linse die Mikroorganismen in einem Wassertropfen sah; *Koch,* der als erster nachwies, daß Keime lebendig sind und Krankheiten hervorrufen können; *Pasteur,* der die Pasteurisierung erfand und die ersten im Labor hergestellten Impfstoffe entwickelte; *Walter Reed*, der das Gelbfieber besiegte. Sie und ein halbes Dutzend andere aus de Kruifs Buch ließen den Jungen von einem Leben im Dienste der Forschung träumen. Seine Tante war Wissenschaftlerin – Entomologin, Insektenspezialistin –, und auch von ihr bezog er Anregungen. »Sie ließ mich die ersten Experimente machen, als ich gerade dem Kleinkindalter entwachsen war«, berichtet er: Er sollte die Wirkung von Giften auf Insektenlarven untersuchen.

Schon als Teenager hatte Carleton Gajdusek in dem Institut, in dem Tante Irene arbeitete, mit den ersten eigenen Forschungsarbeiten begonnen. Mit neunzehn machte er an der University of Rochester bei dem angesehenen Physiker Victor Weisskopf sein Examen in Biophysik mit Auszeichnung, und dann ging er an die Harvard Medical School. Dort wollte er sich auf Kinderheilkunde spezialisieren, aber er war auch von der Grundlagenforschung gefesselt. So wechselte er nach dem Medizinstudium für ein Jahr ans California Institute of Technology (kurz Caltech genannt), wo er bei dem Chemie-Nobelpreisträger Linus Pauling physiologische Chemie studierte. Nach Harvard zurückgekehrt, betrieb er mikrobiologische Forschung bei John Enders, dem es gelungen war, Viren in Gewebekulturen zu züchten, also außerhalb des Organismus in einer Schale mit Nährlösung; dieser Erfolg brachte Enders den Nobelpreis ein und schuf die technischen Voraussetzungen für die Entwicklung eines Impfstoffs gegen die Kinderlähmung. Nobelpreisträger suchen sich ihre Assistenten unter den begabtesten jungen Wissenschaftlern aus, die ihnen begegnen, und reichen ihre ungeschriebene Beherrschung des wissenschaftlichen Handwerks an sie weiter; daß zwei Nobelpreisträger nacheinander sich entschlossen, Carleton Gajdusek unter ihre Fittiche zu nehmen, zeigt deutlich, was für ein vielversprechendes Talent er war.

Der junge amerikanische Medizinwissenschaftler war damals mager wie ein Zaunpfahl, wirkte angespannt und unglaublich ehrgeizig, aber er verzettelte sich in tausend Projekten; Enders meinte über ihn: »Er war sehr gescheit, aber man konnte nie wissen, ob er die Arbeit nicht plötzlich eine Woche liegen ließ, um Hegel zu studieren oder um sich einen Monat lang wissenschaftlich mit den Hopi-Indianern zu befassen.« Gajdusek war – und ist noch heute – in Gesprächen sehr impulsiv und sprudelt stundenlang von Ideen über; er redet gut, oftmals brillant, und kann fesselnde Geschichten erzählen, aber für manche Zuhörer ist es einfach zu anstrengend. Einer seiner Freunde, ein Neurologe, äußerte einmal die Vermutung, dieser zwanghafte Redefluß sei vielleicht eine Art Epilepsie; Gajdusek mußte schon als junger Mann lernen, daß die Entspannung auf ein Ruheniveau, das andere Menschen für normal halten, bei ihm eine entsetzliche Migräne auslöste, deren Kopfschmerzen ihn tagelang außer Gefecht setzten. Frauen fanden seine Überspanntheit – und auch seine slawischen Gesichtszüge, seinen sinnlichen Mund und seinen schelmischen, intelligenten Blick – höchst attraktiv, aber er vergrub sich fanatisch in die Arbeit. Der australische Nobelpreisträger Macfarlane Burnet, der Gajdusek Mitte der fünfziger Jahre einlud, bei ihm in Melbourne zu arbeiten – die Tätigkeit, die den Amerikaner nach Neuguinea und zu den Fore führte –, beschrieb ihn in einem scharfsinnigen Brief an einen Kritiker so:

Nach meinem Eindruck hat er, kurz gesagt, einen Intelligenzquotienten über 180 und die emotionale Unreife eines Fünfzehnjährigen. Wenn seine Begeisterung geweckt ist, zeigt er eine geradezu besessene Energie, und er kann auch bei seinen technischen Assistentinnen die Begeisterung wecken. Er ist völlig egozentrisch, dickfellig und rücksichtslos, und er läßt auch nicht zu, daß Gefahren, körperliche Unzulänglichkeiten oder die Gefühle anderer ihm bei dem, was er vorhat, auch nur im geringsten in die Quere kommen. Er interessiert sich offenbar nicht für Frauen, hat aber ein fast manisches Interesse an Kindern; außerdem gibt er nicht das geringste auf Kleidung und Sauberkeit, so daß er quietschvergnügt in einem Slum oder in einer Lehmhütte hausen könnte.

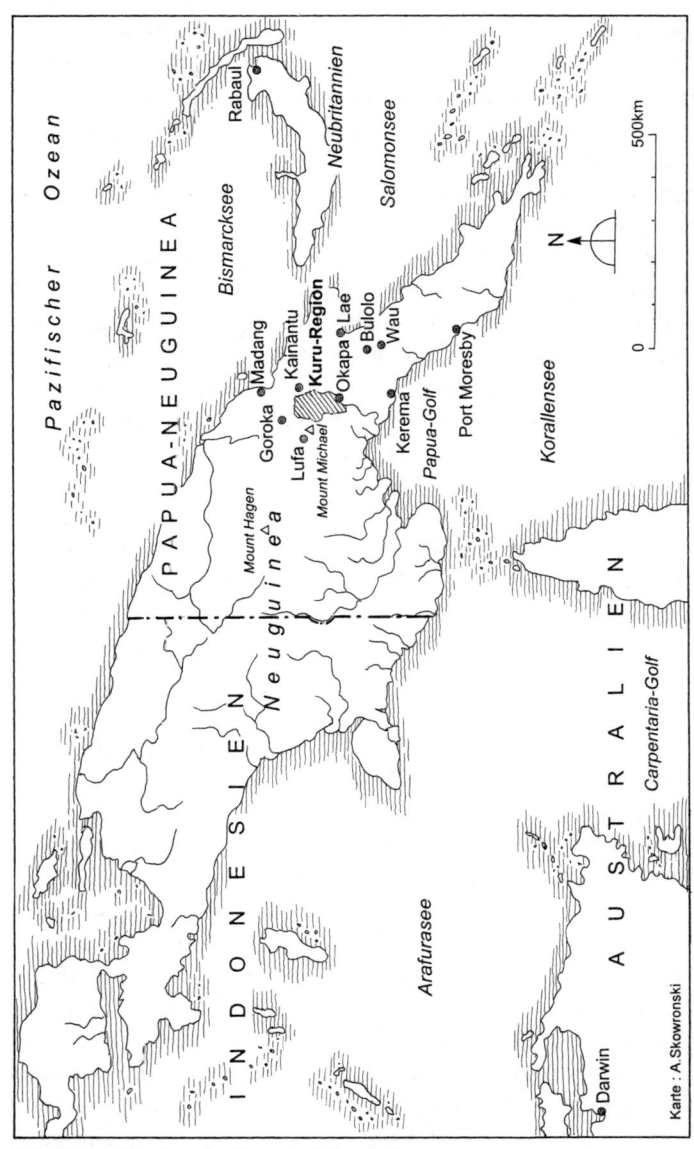

*Die Kuru-Region in Papua-Neuguinea*

Als Gajdusek 1955 nach Australien kam, hatte er bereits in einer ganzen Reihe von Slums und Lehmhütten gehaust – im Nahen Osten hatte er Tollwut und Pest erforscht, als Captain im Sanitätskorps der US-Armee hatte er in Korea während des dortigen Krieges das epidemische hämorrhagische Fieber kennengelernt, und in der Sowjetunion hatte er sich mit Enzephalitis befaßt. Enders hatte ihn von der Harvard University an Joe Smadel weitergegeben, einen strengen, aber klugen Wissenschaftsbeamten des Walter-Reed-Armeeforschungsinstituts in Washington, der wußte, wie man solche Vollblüter anpacken mußte. (»Smadel in Washington«, so Burnets Rat an Gajduseks Kritiker, »sagte, es gebe nur einen Weg, mit ihm fertig zu werden: Man muß ihn in den Hintern treten, und zwar kräftig. Jemand anderes sagte mir, er sei ganz in Ordnung, nur sei einfach nichts Menschliches an ihm.«) Joe Smadel trat ihm in den Hintern. Und Gajdusek parierte.

Bei Mac Burnet in Melbourne arbeitete Gajdusek ein Jahr. Er befaßte sich unter anderem mit der ansteckenden Hepatitis und brachte den Australiern die Viruszucht in Gewebekulturen bei. Im Juni 1956 bereitete er seine Reise nach Neuguinea vor, aber dann stieß er auf eine Methode zur Entwicklung eines neuen diagnostischen Tests, der mit Hautverpflanzungen zu tun hatte – »die erste wirklich originelle und wichtige Sache, die ich aufgestöbert habe«, berichtete er an Smadel –, und diese Forschungsarbeiten hielten ihn weitere sechs Monate in Australien fest. Im März landete er schließlich in Port Moresby, und dort entdeckte er das Thema, das ihn die nächsten vierzig Jahre beschäftigen sollte.

Nach vier Stunden anstrengender Fahrt mit den beiden schwerkranken Fore-Frauen auf dem Rücksitz kamen Gajdusek und Zigas nach Okapa, einem Polizeistützpunkt auf einem kahlen Hochplateau, das tausendfünfhundert Meter hoch mitten im Gebiet der Fore lag und von Kiefernwäldern umgeben war. Als sie dort eintrafen, goß es in Strömen, und der Regen hörte auch während der folgenden Tage nicht auf. Gajdusek wurde sofort zum Mittelpunkt eines ganzen Rudels Kinder, die ihm hinterherliefen und »Dokta Amerika« oder »Karton« riefen. Er führte klappernd Tagebuch auf einer betagten Reiseschreibmaschine und vertraute sich seinen Aufzeichnungen an, wenn er kein lebendiges Ohr zum Zuhören bewegen konnte. Die fremdartige Maschine zog die Kinder an wie das Licht die Motten. Wenn sie ihn umschwärmten, brachten sie einen ganzen Zoo von Fliegen und Läusen mit – Baden war bei den Fore nicht üblich. »Ich befinde mich in einem der abgelegensten, erst kürzlich zugänglich gemachten Gebiete Neuguineas«, schrieb er zwei Tage nach seiner Ankunft ein wenig angeberisch an Joe Smadel, »… inmitten der Stammesgruppen von Kannibalen … noch vor ein paar Tagen sind sie mit Speeren aufeinander losgegangen, und erst vor wenigen Wochen … haben sie den Körper einer Kuru-Kranken gekocht und den Kindern zu essen gegeben.« Kuru kam fast ausschließlich bei Frauen und kleinen Kindern vor. Gajdusek und Zigas gingen an die Arbeit und untersuchten sie:

Man hatte ein Kind hierher gebracht, einen ungefähr siebenjährigen Jungen; er wird ganz offensichtlich nicht mehr lange leben, kann nicht mehr gehen, spricht kaum noch verständlich, uriniert und kotet im Haus, obwohl er weder Durchfall hat noch inkontinent ist. Wie alle Kranken muß er jetzt gefüttert werden, denn er ist nicht mehr fähig, selbst Nahrung zum Mund zu führen. Man kann kaum glauben, daß es sich um einen ganz neuen Fall handelt, einen Jungen mit bisher normaler Intelligenz und Entwicklung, aber mehrere zuverlässige Informanten bezeugen, daß er noch vor drei Monaten ganz normal laufen, gehen und spielen konnte … es handelt sich um den beschriebenen klassischen Verlauf von Kuru, d. h. auf einen Monat mit unregelmäßigem Gang folgen im zweiten Zittern, Athetose und verwischte Sprache, und jetzt im dritten hat die fast völlige Behinderung eingesetzt.

In Neuguinea hat sich als gemeinsame Sprache das Pidgin eingebürgert, ein bunter Mischmasch aus Englisch, Deutsch und Spanisch mit ein paar Eingeborenenwörtern dazwischen. Die beiden Ärzte verständigten sich mit den Fore über Zigas' beide junge Assistenten, die *dokta bois,* die sowohl Fore als auch Pidgin sprachen. Zigas beherrschte das Pidgin fließend, und der von Natur aus sprachbegabte Gajdusek, der bereits in fünf oder sechs europäischen Sprachen zu Hause war, begriff den einfachen Dialekt rasch und lernte von seiner kleinen Rasselbande ebenfalls Fore. Schnell bemerkten die beiden, so Gajdusek, daß »die Kuru-Diagnose der Einheimischen ebenso zuverlässig ist wie jede moderne medizinische Beurteilung. Die Fore teilten die fortschreitende und letztlich tödliche Krankheit in drei Stadien ein: *wokabout yet (walkabout yet)* – ›kann noch gehen‹; *sindaun pinis (sit down finish)* – ›kann nicht mehr gehen‹; und *slip pinis (sleep finish)* – Stupor. Auch das Frühstadium kannten die Fore genau: *kuru laik i-kamap nau (kuru like he come up now)* – ›Kuru fängt jetzt an‹, und ebenso das Endstadium *klostu dai nau (close to die now)* – kurz vor dem Tod.«

»Es ist eine so erstaunliche Krankheit«, schrieb Gajdusek von Okapa aus an Joe Smadel, »daß man die klinische Beschreibung nur voll Skepsis lesen kann … Eine klassische, fortschreitende Parkinson-Krankheit, die in jedem Alter auftritt – in der überwältigenden Mehrzahl der Fälle bei Frauen, aber auch viele Jungen und ein paar Männer hatten sie –, ist ein äußerst seltsames Krankheitsbild. Ganze Gruppen wohlgenährter, gesunder junger Erwachsener, die herumtorkeln, mit athetotischen Zuckungen, die viel eher hysterisch als natürlich aussehen, das ist schon ein merkwürdiger Anblick. Und dann zuzusehen, wie der neurologische Verfall regelmäßig in drei bis sechs Monaten – meist drei – fortschreitet und zum Tode führt, ist jedoch ganz etwas anderes, das man nicht mit einem Achselzucken abtun kann.« Der Tod war grausam: Das entkräftete Kuru-Opfer konnte nicht mehr schlucken, so daß es verhungerte und verdurstete, oder es erlag schon vorher einer Lungenentzündung oder den tiefen, brandigen Wunden, die durch das starre Liegen im eigenen Kot und Urin entstanden. Der geistige Verfall milderte die Wahrnehmung ihres Leidens nicht: Die Kuru-Kranken blieben in der Regel bis kurz vor dem Ende wach und bei Bewußtsein, konnten aber nicht mehr sprechen.

Die Symptome waren bei Kuru die gleichen wie bei den Verfallskrankheiten des Gehirns, die man in den Industrieländern kannte – Parkinson, Alzheimer, Multiple Sklerose, ALS. Aber sie alle galten als degenerative Erkrankungen, die durch pathologische Veränderungen im Gehirngewebe entstanden, und nicht als Infektionskrankheiten, und keine davon verbreitete sich epidemieartig. Die beiden Ärzte führten in den Wochen nach ihrer Ankunft in Okapa Untersuchungen durch und machten mit einer Reihe von *bois* als Trägern Erkundungsgänge zu den Südlichen Fore. Sie bahnten sich Wege durch Regenwälder voller Orchideen und leuchtend orangefarbener Springkräuter, wateten durch den tiefen roten Morast und stellten fest, daß es in jedem Dorf, jedem Weiler der Fore erst kürzlich Todesfälle durch Kuru gegeben hatte.

Die Untersuchungen weiteten sich schon bald auf eine Gruppe von etwa zweihundert Patienten aus – darunter fünfzig Kinder, der Rest fast ausschließlich erwachsene Frauen. Nach ihren Berechnungen war jedes Jahr ein volles Prozent der Fore-Bevölkerung betroffen, die insgesamt etwa dreißigtausend Menschen umfaßte, das heißt, es gab ungefähr dreihundert Fälle pro Jahr. In den am schlimmsten heimgesuchten Dörfern erreichte der Anteil fünf bis zehn Prozent, und über die Hälfte aller Todesfälle in den letzten fünf Jahren gingen in diesen Siedlungen auf Kuru zurück. Es war, so Gajdusek verbissen in einem Brief an Smadel, »das wichtigste gesundheitliche Problem bei den Fore, noch vor der Säuglingssterblichkeit ... und es ist vielleicht die zweitwichtigste Todesursache nach Kriegsverletzungen«.

Zigas hatte vermutet, die Krankheit werde durch einen Erreger verursacht, und anfangs glaubte auch Gajdusek das. Aber eine Infektion – das fremde Protein körperfremder Lebewesen, die in den menschlichen Organismus eindringen – verursacht eine Entzündung, weil Lymph- und Immunsystem eine Ab-

31

wehrreaktion in Gang setzen, um den Eindringling zu zerstören. Mit der Entzündung treten Fieber, eine erhöhte Zahl von Lymphzellen im Liquor (der Flüssigkeit, die Gehirn und Rükkenmark umspült), und andere körperliche Veränderungen auf. Nichts davon fanden die verwunderten Ärzte bei ihren Kuru-Patientinnen. »Einem Nichtmediziner kann man nur schwer erklären, wie seltsam es ist, wenn man keine Entzündung beobachtet«, sagte Gajdusek zu mir, als ich mich zum erstenmal mit ihm unterhielt. »Und bei Kuru gab es *keine*. Absolut keine.«

Und doch mußte nicht Hexerei, sondern irgendein Krankheitsgeschehen die Symptome auslösen, was die Fore selbst auch immer glauben mochten. Die beiden Männer legten Blutkulturen von den Betroffenen an und schickten sie nach Port Moresby in der Hoffnung, das dortige Labor könne die Erreger heranzüchten, aber man fand nichts Ungewöhnliches. Konnte es sich um eine Erbkrankheit handeln, die in der weiblichen Linie von der Mutter zum Kind weitergegeben wurde? »Wenn ja«, so Gajdusek in einem Brief an Smadel, »dann haben wir die am dichtesten gehäufte ›Epidemie‹ einer Erbkrankheit, die jemals beobachtet wurde«. Zigas und Gajdusek gelangten zu der Überzeugung, versierte Neuropathologen müßten das Gehirn einiger Kuru-Patientinnen sezieren, denn im Gehirn trat offenbar die Schädigung auf. Die Kranken würden ohnehin bald sterben. Es mußte ein Weg gefunden werden, um vollständige Gehirne zu beschaffen, zu konservieren und von Okapa nach Australien sowie in die Vereinigten Staaten zu transportieren. Es blieb ihnen nichts anderes übrig, als die Steinzeitkannibalen im Busch des östlichen Hochlandes zu obduzieren.

Die erste Gelegenheit ergab sich Mitte Mai:

Lieber Joe,
… Ich schreibe Dir sofort, um Dir mitzuteilen, daß wir einen Todesfall durch Kuru hatten und eine vollständige Obduktion vorgenommen haben. Ich führte sie um zwei Uhr morgens beim Heulen des Sturmes und im Licht einer Laterne in einer Eingeborenenhütte durch, und das

Gehirn mußte ich ohne Gehirnmesser sezieren. Aber das Gehirn ist in 10% Formalin an die Neuropathologie in Melbourne gegangen, und zwar zusammen mit allen anderen Körperteilen und Organen, die ich entnommen habe: Leber, Niere, Muskeln und Bänder von der vorderen Bauchwand, Lunge, Pankreas, Aortenwand, ein Abschnitt des Rückenmarks, ein Eierstock, ein Teil der Großhirnrinde und die Milz ... Bei der nächsten Obduktion werde ich versuchen, alles an Dich zu schicken und nicht nach Melbourne.

Das erste Gehirn hatten sie nach Melbourne geschickt, weil die australische Presse die Geschichte vom »lachenden Tod« aufgegriffen hatte, und Mac Burnet hatte sein Mißfallen geäußert, weil die Untersuchung nicht von gebürtigen Australiern durchgeführt wurde (Zigas war ein Flüchtling aus Estland, den es nach dem Zweiten Weltkrieg nach Australien verschlagen hatte). Daraufhin schrieb Gajdusek sehr frech an seinen australischen Betreuer, er solle mit dem Unsinn aufhören. »Von da an verhielt sich Burnet höchst kooperativ«, prahlte er gegenüber Smadel. Zigas war mittlerweile zu seinen eigentlichen Aufgaben in Kainantu zurückgekehrt; er nahm zwar den schwierigen Weg nach Okapa auf sich, so oft er abkömmlich war, aber die Hauptarbeit blieb an Gajdusek hängen.

Der probierte bei der Krankheit jede Therapie aus, die er sich nur vorstellen konnte. »Ich kann keinerlei Reaktion auf Antibiotika, Phenobarbital, Benadryl oder Pyribenzamin, Cortisonacetat, ACTH, Aspirin oder Vitaminpräparate erkennen«, schrieb er an Smadel. »Wir hatten eine bemerkenswerte Gelegenheit, die verschiedenen Therapieformen zu beurteilen, aber unsere Patientinnen verfielen auch bei hoher Dosierung weiter ... Wenn Du mir irgendwelche Beruhigungsmittel schicken könntest ... oder insbesondere irgendeines von den neuen Medikamenten gegen Parkinson, würde ich sie unbedingt sofort ausprobieren. Ich habe das Haus aus dem hier gebräuchlichen Baumaterial fast fertig, und wir werden in Kürze die Geräte für Lumbalpunktion, Obduktion und Urinanalyse sowie die ganzen Reagenzien vom … Eßtisch des örtlichen Polizeibeamten wegräumen können.« Gajdusek und der örtliche Polizist hatten gemeinsam ein Treffen von etwa eintausend Fore-Männern organisiert, um ein »großartiges neues Krankenhaus« und ein kleineres Gebäude für Gajdusek zu bauen; das strohgedeckte Haus war »ein ganz gemütliches Zuhause in dem stürmischen Sturzbach, der auf unseren Berg niedergeht«. Aber die Fore hatten Vorbehalte gegen die Obduktionen. »Unsere Ex- (und nicht-Ex-)Kannibalen mögen den Gedanken nicht, daß wir den Schädel öffnen. Das übrige Auseinandernehmen scheint sie dagegen nicht zu stören … aber der Tod, weit weg von ihren abgelegenen Dörfern, stört sie sehr wohl!« Sie waren »keine Menschen, die man zu etwas drängen kann. Sie sind stolz und haben ihre eigenen, höchst intelligenten Ideen, und obwohl sie zugegeben haben, daß ich bei ihnen Meningitis und Lungenentzündung heilen kann, sind sie der Meinung, daß dieser Zauber [Kuru] zu stark für mich ist und daß es ihnen überhaupt nichts nützt, wenn ich die wundgelegenen Stellen behandle und so das Leben verlängere. Sie wollen zu Hause sterben, und wenn sie völlig behindert sind, soll der Tod möglichst schnell kommen. Bei einer derart hoffnungslosen neurologischen Krankheit können wir ihnen daraus keinen Vorwurf machen«.

Eine fünfzigjährige Frau namens Yabaiotu starb im Krankenhaus an Kuru, und ihre Angehörigen willigten ein, daß Gajdusek ihr Gehirn entnahm. Er war kein Pathologe und hatte die erste Obduktion falsch ausgeführt, indem er das frische Gehirn in Scheiben schnitt, so daß ein schrecklicher Brei daraus wurde – frisches Gehirn hat die Konsistenz von weichem Rührei –, aber kurz bevor sich zum zweitenmal eine Gelegenheit zur Obduktion bot, hatte Smadel ihm eine exakte Anleitung geschickt, und Gajdusek hielt sich peinlich genau daran: Er legte das Gehirn zum Konservieren zwei Wochen lang in Formaldehyd, wickelte das nun gummiähnliche Organ in Verbandmull und schickte es per Buschpilot und Quantas Airways um die halbe Welt zu Smadel.

Joe Smadel hatte mittlerweile das Walter Reed Institute verlassen und war jetzt beigeordneter Direktor an den National Institutes of Health [NIH] in Bethesda (Maryland) bei Washington, D.C., der führenden staatlichen Institution für medizinische Forschung in den USA. Er verfügte über wichtige Kompetenzen und setzte sie weiterhin ein, um Gajduseks Arbeit zu erleichtern. So besorgte er seinem Schützling ein Stipendium in Höhe von tausend Dollar von der Nationalstiftung für Kinderlähmung – Gajduseks persönliche Ersparnisse gingen zur Neige – und machte sich bei medizinischen Fachzeitschriften für die Veröffentlichung eines ersten Berichtes über Kuru stark, den Gajdusek und Zigas entworfen und eingereicht hatten, um sich das Erstlingsrecht für die Entdeckung der Krankheit zu sichern. Und was am wichtigsten war: Er sorgte dafür, daß Dr. Igor Klatzo, ein erstklassiger Neuropathologe am NIH, die Kuru-Gehirne untersuchte.

Yabaiotus Gehirn war das erste in einer ganzen Reihe, die Gajdusek aus dem wilden Hochland Neuguineas an Klatzos Pathologielabor am NIH in Bethesda schickte. Im Laufe des Sommers folgten fünf weitere Gehirne, darunter auch einige von Kindern. In einem vorläufigen Bericht über die Frau mit Namen Yabaiotu beschrieb Klatzo Mitte August 1957 umfangreiche Schäden im Kleinhirn, dem Teil des Gehirns, der den zeitlichen Ablauf der Muskelbewegungen kontrolliert. Die Nervenzellen im Kleinhirn und in anderen unteren Gehirnbereichen waren degeneriert, aber seine Befunde, so Klatzo, »liefern keinerlei Grund, ein infektiöses oder entzündliches Geschehen anzunehmen«. Andererseits »paßt die umfangreiche Beteiligung zahlreicher Strukturen [des Gehirns] auch zu keiner der bekannten erblichen Verfallskrankheiten«. Klatzo glaubte, die Ursache könne irgendeine Giftsubstanz sein, mit der die Fore in ihrer Nahrung oder ihrer Umwelt in Berührung kamen.

Mit dieser Möglichkeit hatte Gajdusek sich auch schon befaßt, bisher allerdings ohne Erfolg. Eine Anthropologin, die die Australier ihm zu Hilfe geschickt hatten, untersuchte die Ernährung der Fore eingehend und stellte bei ihren Umfragen lange

Listen von Pflanzen und Tieren zusammen, doch darin fand sie nichts, was sich von der Ernährung der Nachbarstämme unterschieden hätte.

Aber nicht alle Nachbarn der Fore aßen ihre Toten. Die Möglichkeit, daß der Kannibalismus mit der Übertragung von Kuru zu tun hatte, lag von Anfang an nahe. Der australische Arzt Michael Alpers, der ein paar Jahre später in Neuguinea zu Gajdusek stieß, erzählte mir von den Vermutungen, die damals in den Kneipen von Goroka, der Hauptstadt des östlichen Hochlanddistriktes, die Runde machten: »Ein alter Abenteurer sagte dann immer: ›Ach, die Leute da draußen, die kriegen diese schreckliche Krankheit.‹ Und hinter vorgehaltener Hand fügte er hinzu: ›Na klar kriegen sie die, die fressen einander auf, das sind schreckliche Menschenfresser!‹« Aber es gab keine Anhaltspunkte für eine Entzündung und damit auch keine Anhaltspunkte für eine Infektion; daraus konnte man schließen, daß es auch keine Krankheitserreger gab – keine Bakterien, keine Viren, keine Rikkettsien oder andere Parasiten, die sich durch den Kannibalismus hätten ausbreiten können, und tatsächlich hatte sich auch in den von Gajdusek angelegten Kulturen nichts gezeigt. Und so widerwärtig dem Besucher aus dem Westen die Vorstellung, Menschenfleisch zu essen, auch sein mochte: Die grausige Nahrung als solche war nicht toxisch, denn sonst wären wahrscheinlich auch andere Kannibalen in Neuguinea an Kuru erkrankt. Aber von wenigen Ausnahmen abgesehen – ein paar Frauen aus anderen Gruppen, die in den Stamm eingeheiratet hatten –, kam Kuru nur bei den Fore vor. Wie verwirrend die Tatsachen insgesamt auch erscheinen mochten, Gajdusek und seine Kollegen waren aufgrund logischer Überlegungen gezwungen, die Kannibalismus-Theorie zu den Akten zu legen. »Ich gelange immer stärker zu der Überzeugung«, schrieb er in diesem Sommer an Smadel, »daß Kuru heute eines der spannendsten, faszinierendsten ungelösten medizinischen Rätsel ist, das der Medizin viele neue Erkenntnisse zu bieten hat, insbesondere in der heutigen Zeit mit ihrer Angst vor genetischen Gefahren für die Bevölkerung … denn wo sonst in der Welt ist eine Bevölkerungsgruppe so von einer tödlichen Genkombination bedroht? Natürlich denke ich nach wie vor an genetische Gründe, aber ich bin auch aufgeschlossen für toxische, infektiöse oder andere Ursachen, wenn man sie finden kann. Bisher hatten wir damit allerdings kein Glück.«

Klatzo setzte seine Gewebeuntersuchungen den ganzen Sommer über fort und verfaßte im September einen weiteren Bericht. Er glaubte immer noch, »irgendein toxischer Stoffwechselvorgang« sei die Ursache der Defekte an den Gehirnen, die Gajdusek ihm geschickt hatte. Doch nun untersuchte er auch Kindergehirne, und die Schäden, die er dabei fand, erinnerten ihn an eine bekannte Krankheit. Er teilte seine Gedanken Gajdusek mit. Bei dem Symptom, das ihm aufgefallen war, handelte es sich um mikroskopisch kleine Klumpen eines Proteins, das unter dem Namen Amyloid bekannt war. In einem Kindergehirn hatte man die sogenannten »Amyloidplaques« allerdings noch nie gefunden: Sie waren ein bekanntes Nebenprodukt des Alterns und häufig im Gehirn von Alzheimer-Patienten zu beobachten. Die Amyloidplaques, die Klatzo im Gehirn der an Kuru verstorbenen Kinder gefunden hatte, waren besonders groß. In seinen Mikroskopfotos sahen sie aus wie schwarze, behaarte Scheiben, die zwischen den kleineren grauen Nervenzellen eingestreut waren. Später, als Gajdusek Gelegenheit hatte, Klatzo persönlich kennenzulernen, witzelten die beiden Ärzte, die auffälligen Kuru-Plaques sähen aus wie die »galoppierende Vergreisung von Jugendlichen« – beschleunigte Alterung. Aber beide maßen dem einzigartigen Befund – Amyloid im Gehirn von Kindern – kein großes Gewicht bei, denn einige der von Klatzo untersuchten Gehirnschnitte zeigten diesen Zustand nicht. »Aber natürlich«, sagt Gajdusek heute voller Bedauern wegen der übersehenen Indizien, »schneidet man nicht das ganze Gehirn in Scheiben, sondern man untersucht nur Stichproben.«

Die Amyloidplaques und andere charakteristische Schädigungen, die Klatzo in den Kuru-Gehirnen beobachtete, erinnerten ihn an eine seltene Verfallskrankheit, die zwei deutsche

Ärzte fast vierzig Jahre zuvor erstmals beschrieben hatten. »Die größte Ähnlichkeit, die mir einfällt«, schrieb er an Gajdusek, »besteht zu der Krankheit, die von Creutzfeldt und Jakob beschrieben wurde.« Es war nicht genau das gleiche Krankheitsbild, denn die Creutzfeldt-Jakob-Krankheit betraf stärker als Kuru die höheren Gehirnabschnitte und war in der Regel eine Krankheit des mittleren Lebensalters – »Fälle, in denen Kinder oder Jugendliche betroffen waren, werden nicht erwähnt«. Aber wie bei Kuru war die Ursache unbekannt. Und sie war viel seltener: »Insgesamt wurde nur über etwa 20 Fälle berichtet.« Zusammenfassend meinte Klatzo, es gebe »keine bekannte Erbkrankheit, die auch nur entfernt dem Bild von Kuru ähnelt«. Doch die von Kuru verursachten Schäden hatten Ähnlichkeit mit denen, die bei der seltenen Creutzfeldt-Jakob-Krankheit auftraten. Das war zwar nur ein schwacher Anhaltspunkt, aber für Gajdusek war es besser als gar nichts. In den folgenden Jahren sollte sich dies zu einer Flut neuer Entdeckungen ausweiten.

# Zweiter Zusammenhang . . .

| SPEZIES | KRANKHEIT | PROGNOSE |
|---------|-----------|----------|
| Mensch | Kuru | tödlich |
| **Mensch** | **Creutzfeldt-Jakob** | **tödlich** |

# 3

# Dr. Creutzfeldt und Dr. Jakob

*Breslau und Hamburg, 1913–1921/*
*London, 1951*

Im Juni 1913 erlitt Bertha Elschker, ein Dienstmädchen in einem Kloster in Breslau, das damals zum Deutschen Reich gehörte, einen Zusammenbruch. Man brachte sie in die Universitätsklinik, die von dem berühmten Neurologen Alois Alzheimer geleitet wurde, dem Entdecker der Alzheimer-Krankheit. Einer von Alzheimers Assistenten, ein junger Arzt namens Hans Gerhard Creutzfeldt, hielt die Krankengeschichte des dreiundzwanzigjährigen Waisenmädchens fest. Etwa einen Monat zuvor hatte sich ihr bis dahin fröhliches Wesen ganz plötzlich verändert. »Sie wollte auf einmal weder essen noch baden«, notierte Creutzfeldt. »Sie achtete nicht mehr auf ihr Äußeres, wurde schmutzig ... und nahm seltsame Körperhaltungen ein.« Drei Tage, bevor er sie zu sehen bekam, »schrie sie plötzlich, ihre Schwester sei tot, es sei ihre [Berthas] Schuld, sie sei vom Teufel besessen, sie sei selbst tot, und sie wolle sich opfern«. Diese Veränderungen hätten erste Anzeichen einer Geisteskrankheit sein können, aber Berthas verwirrter Gesichtsausdruck, ihr albernes Kichern, das Augenzwinkern und der unsichere Gang zeigten nach Creutzfeldts Ansicht ganz eindeutig, daß sie an einer schweren körperlichen Schädigung des Gehirns litt.

Der junge deutsche Arzt untersuchte die ausgemergelte Frau und stellte bebende Gesichtsmuskeln, unkontrollierte Zuckungen der Arme, ein Zittern, das bei jeder willkürlichen Bewegung einsetzte (ein Zeichen für neurologische Schäden, das die Ärzte Intentionstremor nennen), anormale Reflexe, eine verzerrte Sprache und – nach Creutzfeldts Einschätzung – »unmotivierte

Ausbrüche von Gelächter« fest. Er wies sie in ein Krankenhaus ein. Ihr körperlicher Zustand verschlechterte sich zusehends, und auch geistig verfiel sie immer mehr. Mehrere Tage lang schrie sie ununterbrochen, und an anderen Tagen verharrte sie in völliger Starre. Anfang August befand sie sich im Status epilepticus – die epileptischen Anfälle folgten in kurzen Abständen aufeinander –, und sie reagierte nur noch, wenn Creutzfeldt sie mit einer Nadel stach. Ihre letzten Tage beschreibt er so: »Am 6. August findet ein echter epileptischer Anfall statt ...; gegen Abend ein zweiter Anfall ... An den folgenden Tagen liegt die Patientin ... zuckend ... Während der letzten Stunden nimmt der Stupor zu, das Schluckvermögen ist beeinträchtigt; der Tod tritt am 11. August im Status epilepticus ein.«

Nachdem Bertha gestorben war, nahm Creutzfeldt eine Obduktion vor und untersuchte ihr Gehirn. Dort stieß er auf umfangreiche Schäden, fand aber keine Entzündung. Irgend etwas hatte Millionen Gehirnzellen absterben lassen. Sie waren beseitigt, und teilweise waren Gliazellen an ihre Stelle getreten, die manchmal zerstörerisch wirkenden Reparaturzellen des Gehirns (das griechische *glia* bedeutet »Leim«). Als Creutzfeldt Dünnschnitte von Berthas Gehirn anfärbte, um die Schäden deutlich sichtbar zu machen, erinnerte die geschwollene, vermehrte Glia im Mikroskop an braune Sterne, die dicht an dicht vor einem toten grauen Himmel stehen.

Creutzfeldt erkannte, daß es sich bei Bertha Elschkers tödlichem Leiden um eine neue Krankheit handelte – doch bevor er über seine Entdeckung berichten konnte, brach der Erste Weltkrieg aus. Erst 1920 konnte er endlich einen Aufsatz für eine deutsche medizinische Fachzeitschrift verfassen. Dr. Alfred Jakob, ein Kollege an der Universität Hamburg, las den Artikel noch während er im Druck war. Vier seiner Patienten waren gestorben, deren Symptome und Obduktionsbefunde nach seiner Ansicht zu Creutzfeldts Fall paßten, auch wenn alle vier erheblich älter als Bertha Elschker gewesen waren. Jakob beschrieb die Krankengeschichten in einem Aufsatz, der 1921 erschien. Heute gilt nur einer dieser Fälle als authentisch: Bei einem zweiundvierzigjährigen Verkäufer namens Ernst K. begann die Krankheit mit Schmerzen in den Beinen und Schwindelgefühlen und später schritt sie wie bei Bertha bis zum Endstadium mit geistigem Verfall und Stupor fort. Auch im Gehirn von Ernst K. war keine Entzündung zu erkennen, wohl aber große Bereiche mit abgestorbenen Zellen und die sternförmige, stark vermehrte Glia.

Diese beiden ersten Berichte beschrieben eine neue Verfallskrankheit des Gehirns: die Creutzfeldt-Jakob-Krankheit (nach dem englischen *Creutzfeldt Jakob disease* mit CJD abgekürzt). Wie man heute weiß, ist CJD eine zwar ungewöhnliche, doch nicht ausgesprochen seltene Krankheit – Tollwut kommt seltener vor –, wenn auch während der folgenden vier Jahrzehnte nur über wenige Fälle berichtet wurde. Als Igor Klatzo 1957 in seinem Brief an Gajdusek den Zusammenhang zwischen CJD und Kuru herstellte, waren ihm nur zwanzig solcher Fallbeschreibungen bekannt, darunter keine einzige aus Amerika, obwohl CJD überall auf der Welt mit geradezu gespenstischer Regelmäßigkeit auftritt: Ihre Häufigkeit ist, so schrieb Gajdusek, »in allen Rassen und Klimazonen ähnlich, von der Arktis bis zu den Tropen« – weltweit kommt etwa ein Fall auf eine Million Menschen. In der Frühzeit berichteten nur wenige Ärzte über CJD, weil die Krankheit leicht mit einer ganzen Reihe anderer nur ungenau beschriebener Gehirnkrankheiten zu verwechseln ist, die man ebenfalls noch nicht verstand.

Es hat den Anschein, als hätten Creutzfeldt und Jakob in ihren genauen Beschreibungen der Gehirnpathologie das entscheidende Merkmal der Krankheit übergangen, die ihren Namen tragen sollte: die Löcher. Wie man im Mikroskop leicht erkennt, sind die Zellkörper der Nervenzellen im Gehirn von Bertha Elschker und Ernst K. durchlöchert wie ein Schwamm. Dieser Zustand, »spongiforme Veränderung« genannt, wurde zum entscheidenden Kriterium bei der Diagnose der CJD. Warum wurde sie von den Neuropathologen, die Gehirne von Betroffenen untersuchten, jahrzehntelang übersehen? Eine Antwort gibt Dr. Paul Brown, ein weltweit anerkannter Fachmann für CJD und einer der begabten Wissenschaftler, die Gajdusek nach seiner Rückkehr aus Neuguinea in seine Arbeitsgruppe ans NIH holte; nach seiner Ansicht waren sie als Forscher peinlich berührt – »sie hatten einen begreiflichen Widerwillen, Löchern eine Bedeutung beizumessen«. Brown, ein schlanker Arzt von der Harvard University mit einem Sinn für trockenen Humor, meint: »Pathologen verabscheuen die Leere, sie verabscheuen Löcher, und eine Diagnose auf Löchern aufzubauen, ist für einen Pathologen ganz schön viel verlangt. Sie können mit dem Gewebe nämlich Sachen anstellen« – zum Beispiel unabsichtlich während der Konservierung –, »durch die es Löcher bekommt, die von denen bei CJD praktisch nicht zu unterscheiden sind. Deshalb hielt man sie jahrzehntelang für unwichtig.«

Als Gajdusek bei den Fore herumreiste und Kuru-Fälle erfaßte, suchte er nach Ernährungsgewohnheiten, Häufigkeitsverteilungen, Kontakten mit Überträgern wie Zecken oder Vögeln, also nach allem, was Anhaltspunkte für die Ursache der Krankheit liefern konnte. Diese verwickelte Detektivarbeit nennt man Epidemiologie, das bedeutet: »Wissenschaft von den Epidemien«. »Eigentlich ist Epidemiologie die Erforschung von Verteilungen«, erklärte mir Brown. »Das ist alles. Es geht um die Verteilung von irgend etwas, und das Indiz, hinter dem wir her sind, ist eine unregelmäßige Verteilung. Wenn wir schlau und scharfsinnig sind, können wir in der menschlichen Bevölkerung einzelne Gruppen herausgreifen, für die im Prinzip ein erhöhtes Risiko besteht.« Was Kuru anging, waren die Fore eine solche Gruppe, und in dieser Gesamtgruppe war das Risiko für Frauen und Kinder größer als für Männer. CJD war dagegen weltweit gleichmäßig verteilt, und das erschwerte den Nachweis ihrer Ursachen.

Kuru und CJD führten zu ähnlichen Gehirnschäden, aber Verlauf und Epidemiologie waren unterschiedlich. »Kuru war praktisch immer die gleiche Krankheit«, sagt Brown über die Symptome. »Bei CJD dagegen haben wir die ganze Palette, von Leuten, die blind werden und den Verstand verlieren, bis zu schwersten Koordinationsstörungen und Persönlichkeitsveränderungen als

Hauptmerkmale. Bei CJD ist es ein breites Spektrum; eigentlich ist es keine einzelne Melodie, sondern eine ganze Symphonie.« Trotz des jugendlichen Alters der ersten Creutzfeldt-Jakob-Patientin handelt es sich in der Regel um eine Krankheit des mittleren Lebensalters: Sie bricht nur selten vor dem vierzigsten Lebensjahr aus und kommt vorwiegend in der Altersgruppe der Fünfzig- bis Fünfundsiebzigjährigen vor – das durchschnittliche Todesalter liegt bei etwa sechzig. Bei Menschen über fünfundsiebzig Jahren geht die Häufigkeit seltsamerweise zurück – warum, weiß niemand. Ein gemeinsames Merkmal beider Krankheiten ist das rätselhafte Fehlen einer Entzündung. Für Neurologen, die mit CJD zu tun hatten, sprach diese fehlende Entzündungsreaktion – wie für Gajdusek bei Kuru – gegen eine Infektion als Ursache.

Der von Klatzo hergestellte Zusammenhang erweiterte Gajduseks Kenntnisse über Kuru, bot aber keine unmittelbare Antwort auf die Frage nach der Ursache. Er konnte weiter darüber nachgrübeln, welche Verbindung zwischen den beiden rätselhaften, tödlichen Gehirnkrankheiten bestehen könnte und warum nur eine von ihnen häufig auch Kinder dahinraffte.

Das menschliche Gehirn war in den fünfziger Jahren noch ein weißer Fleck auf der medizinischen Landkarte. Zwar wußten die Ärzte schon im alten Griechenland, daß es der Sitz von Gedanken und Gefühlen ist, aber seine winzig kleinen, durchsichtigen Einzelteile hatten sich der anatomischen Untersuchung entzogen, bis man Ende des 19. Jahrhunderts das Mikroskop vervollkommnete und Methoden zum Färben von Gewebe entwickelte. Durch blindes Herumprobieren lernten die Anatomen, daß verschiedene Farbstoffe – jeder davon selbst eine kleine Errungenschaft – in der komplizierten Anatomie des Gehirns unterschiedliche Teile anfärbten und sichtbar machten. Behandelte man Dünnschnitte des Gehirns beispielsweise mit dem Farbstoff Kongorot, waren die Amyloidplaques zu erkennen. Beleuchtet man ein solches mit Kongorot gefärbtes Präparat mit polarisiertem Licht, treten alle Amyloidplaques mit grünlich glimmenden Umrissen hervor. Unser Gehirn ist das komplexeste Organ, das die Evolution jemals hervorgebracht hat: Über eine dreiviertel Million Kilometer Nervenfasern sind zu einer weichen, tief gefurchten, eineinhalb Kilo schweren Masse verflochten, die in einer nährstoffhaltigen Flüssigkeit in einer Schutzhülle aus kräftigen Häuten schwimmt, und das Ganze ist von der dicken Knochenkapsel des Schädels umgeben. Als Gajdusek ein kleiner Junge war, verglich man das Gehirn häufig mit einer großen Telefonzentrale. Nach dem Zweiten Weltkrieg legte die Entwicklung der ersten Digitalrechner einen realistischeren Vergleich nahe. Der Physiker Philip Morrison bezeichnete das Gehirn einmal eigenwillig als »langsam getakteten, modifizierten Digitalrechner mit mehrfach unterscheidbarer Parallelverarbeitung, der in Salzwasser funktioniert«. Das Gehirn verarbeitet Informationen in Form elektrochemischer Signale, die über Nervenfasern weitergeleitet werden, und diese Fasern sind gegeneinander durch die fetthaltige Glia isoliert. Die Fasern sind untereinander vielfach verbunden, so daß verschiedene Gehirnbereiche einander ansprechen und miteinander in Wechselwirkung treten können.

Am bekanntesten ist das Großhirn mit seinen beiden großen, walnußähnlichen Hälften oder Hemisphären, die für das Denken, die Verarbeitung von Sinneswahrnehmungen und das Gedächtnis verantwortlich sind. Weniger vertraut ist uns das kleinere, aber lebenswichtige Kleinhirn oder Cerebellum, das wie ein Haarknoten unter und hinter dem Großhirn am Hirnstamm sitzt; dieses Organ, das etwa den Umfang eines großen Eies hat, bezeichnete ein Wissenschaftler einmal als »die aufregendste Struktur des Wirbeltiergehirns«. Im Kleinhirn richten Kuru und Creutzfeldt-Jakob-Krankheit die größten Schäden an. Ein einziger Dünnschnitt durch ein konserviertes Kleinhirn, bei dem man die spongiforme Veränderung durch geeignete Färbemethoden sichtbar gemacht hat, reicht für den eindeutigen Nachweis beider Krankheiten aus. Das Kleinhirn arbeitet unbewußt. Bei CJD sind, anders als bei Kuru, in der Regel auch die bewußten Tätigkeiten des Großhirns in Mitleidenschaft gezogen; deshalb erkennt man bei CJD-Kranken meist schon früh erste Anzeichen geistigen Verfalls (zum Beispiel Bertha Elschkers »Teufelsbesessenheit«), während die Opfer von Kuru noch bis kurz vor dem Tod wach und bei Bewußtsein sind.

Das Kleinhirn ist der einzige Gehirnbereich, der nicht in zwei Hälften geteilt ist. Schon diese Eigenschaft weist auf seine Funktion hin. Weitere Anhaltspunkte sind sein erstaunlich gleichmäßiger, einheitlicher Aufbau aus genau parallel verlaufenden Nervenfasern und die Tatsache, daß der ganze Körper dreimal in drei rechtwinklig zueinander angeordneten »Karten« auf seiner gefurchten und gestreiften Oberfläche abgebildet ist. Soweit die Anatomen heute wissen (die Funktionen sind immer noch umstritten), ist das Kleinhirn für den Gleichgewichtssinn, die Muskelspannung und die zeitliche Koordination der willkürlichen Bewegungen verantwortlich. Die Signale, die von oben aus dem Großhirn oder von unten aus dem Körper kommen, durchlaufen das Kleinhirn und werden dort verlangsamt oder beschleunigt, so daß sie zum richtigen Zeitpunkt wirksam werden. Um beispielsweise das Gleichgewicht aufrecht zu erhalten, muß das Gehirn die Körperhaltung wahrnehmen und Beine, Arme und Rumpf unbewußt so einstellen, daß sie ein Gegengewicht zur Rückwärts-, Vorwärts- oder Seitwärtsneigung bilden – und gerade der Gleichgewichtssinn gehört zu den ersten Funktionen, die bei Kuru und CJD beeinträchtigt sind. Zur Koordination komplizierter Bewegungsabläufe wie Schreiben, Sprechen, Spielen eines Musikinstruments oder Bedienen einer Maschine ist es unbedingt notwendig, daß viele große und kleine Muskeln genau zur richtigen Zeit tätig werden. Das Kleinhirn kann noch Zeitabstände bis hinunter zu einer Zehntausendstelsekunde unterscheiden, und in diesem Bereich liegt auch die Feinabstimmung der Muskelsteuerung. Das Sprechen beeinträchtigen Kuru und CJD vermutlich nicht, indem sie unmittelbar die höheren Sprachzentren im Großhirn schädigen, sondern indem sie den komplizierten Zeitablauf durcheinanderbringen, der zur Steuerung von Atmung, Kehlkopf, Gaumen, Zunge und Lippen erforderlich ist. Creutzfeldt bemerkt in seinem Bericht über

Bertha Elschker, ihre »unmotivierten Lachausbrüche« machten auf ihn »den Eindruck einer ausschließlich motorischen Tätigkeit«. Ganz ähnliche Schäden waren vermutlich auch die Ursache des »pathologischen Gelächters«, das Gajdusek bei Kuru beobachtete. Stolpern, Fallen und der Verlust der Muskelsteuerung bis hin zur Unfähigkeit zu schlucken, die schließlich zum Tod führt – all das waren Folgen der Schädigungen im Kleinhirn. Doch worin die Ursache der typischen Schäden bei Kuru und CJD lag, konnte man, als die fünfziger Jahre zu Ende gingen, nur raten.

Bis dahin hatten Gajdusek und Zigas ihr Erstlingsrecht für die Entdeckung von Kuru bereits in mehreren medizinischen und naturwissenschaftlichen Fachzeitschriften angemeldet, und Gajdusek hatte eine Stelle als Gastwissenschaftler am National Institute of Neurological Disorders and Stroke des NIH bekommen. Joe Smadel hatte seine Einstellung empfohlen und geschrieben, Gajdusek sei »eine jener einzigartigen Medizinerpersönlichkeiten, in denen sich eine nahezu geniale Intelligenz mit der Abenteuerlust eines Freibeuters vereinigt«. In diesem Zustand des abenteuerlustigen Freibeutertums war Gajdusek zweieinhalbtausend Kilometer durch das steile, regenwaldüberwucherte Gebirge im Osten Neuguineas gewandert, um das Verbreitungsgebiet von Kuru einzugrenzen; er hatte mit Hilfe eines australischen Filmteams einen Film über Kuru produziert, für den er selbst das Drehbuch geschrieben und Regie geführt hatte; er hatte Hunderte von Blutproben und Fallgeschichten gesammelt, mehrere tausend Fotos von Kuru-Kranken gemacht und weitere Gehirne nach Bethesda geschickt. Seine eifrige Tätigkeit blieb nicht unbemerkt. Die australische Presse feierte ihn, und das Magazin *Time* druckte einen einigermaßen zutreffenden Bericht über seine Arbeit. 1958 kehrte Gajdusek in die USA zurück und richtete sich am NIH ein. Er veranstaltete eine Ausstellung über Kuru und zeigte dort unter anderem zahlreiche Farbfotos von pathologisch veränderten Gehirnen, die später eine Rundreise durch die medizinischen

Museen in den USA und anderen Ländern antraten. Im Mai 1959 leitete er auf einer internationalen Tagung im belgischen Antwerpen eine Podiumsdiskussion über Kuru. Im Juni war er wieder in Neuguinea, und in seinem Tagebuch verkündete er: »Endlich ... als ob ich nach Hause komme!«

Ende Juli bekam Gajdusek in Kainantu einen bemerkenswerten Brief aus England, der die Richtung seiner Forschung veränderte. Der Absender war William J. Hadlow, ein amerikanischer Fachmann für Veterinärmedizin, der sich auf Tierpathologie spezialisiert hatte. Hadlow hatte das vergangene Jahr in der Außenstation des British Agricultural Research Council in Compton gearbeitet, südöstlich von London, in der Grafschaft Berkshire; dort hatte er sich mit einer altbekannten, aber immer noch rätselhaften Krankheit bei Schafen beschäftigt.

Geboren und aufgewachsen war Bill Hadlow in Ohio; 1959 war er achtunddreißig, zwei Jahre älter als Gajdusek. Der gepflegte, gutaussehende Mann mit hoher Stirn und eckigem Kinn war klug, gewissenhaft und im gleichen Maße zurückhaltend wie Gajdusek temperamentvoll war. Er war an die Briten »ausgeliehen«, und zwar von einer Außenstelle des NIH in Hamilton (Montana), die in einem wunderschönen, parallel zum Bitterroot Range der Rocky Mountains verlaufenden Tal lag. Der Staat Montana hatte das Labor in den Rockies 1920 gegründet, um dort das tödliche, von Zecken übertragene Rocky-Mountain-Fleckfieber erforschen zu lassen. Zecken gab es überall in Montana, aber die Bevölkerung von Hamilton war so besorgt, die Insekten könnten aus dem Labor entkommen und die Stadtbewohner bedrohen, daß die Erbauer der Forschungseinrichtung sich entschlossen, das zweistöckige rote Ziegelgebäude mit einem kleinen Wassergraben zu umgeben, einer frühen, eher symbolischen Form einer biologischen Sicherheitseinrichtung. 1952, als Hadlow dorthin kam, hatte man den Graben aufgefüllt, und das Labor war an das NIH übergegangen.

Hadlow war in einzigartiger Weise qualifiziert, pathologische Forschung sowohl an Tieren als auch an Menschen zu betreiben. Er hatte 1948 an der Ohio State University seinen Doktor in Tiermedizin gemacht und dann einen Sommer lang im Staat New York bei einem Tierarzt gearbeitet, der bei Kühen künstliche Befruchtung vornahm. Anschließend war er einer Einladung der University of Minnesota gefolgt, am neuen tiermedizinischen College der Universität eine pathologische Abteilung zu eröffnen. »Das war von einem frisch Promovierten ganz schön viel verlangt«, erzählte mir Hadlow, als ich mich 1995 in Hamilton mit ihm unterhielt. Tierpathologie war in den USA 1948 noch kein eigenes Fachgebiet der Veterinärmedizin; eigentlich suchte Hadlow selbst nach einer weiterführenden Ausbildung. Kurz nachdem er in Minnesota eingetroffen war, ging er quer über das Universitätsgelände zur medizinischen Fakultät, fand dort den Professor für Pathologie, der zigarrerauchend an seinem Mikroskop saß, und schaffte es mit seiner Überredungskunst, daß er zusammen mit den Medizinstudenten menschliche Pathologie studieren durfte.

In der Folgezeit belegte Hadlow sämtliche Lehrveranstaltungen, die in der Fakultät angeboten wurden. Außerdem sammelte er praktische Erfahrung. »Ich mußte bei eingeschicktem Operationsmaterial helfen«, erinnert er sich – das heißt, er mußte Gewebe untersuchen, das man Menschen bei Operationen entfernt hatte. »Ich mußte bei Obduktionen helfen, und damals wurde alles der Abteilung aufgehalst. Es gab in Minneapolis und St. Paul nur wenige Pathologen, und die machten viel mehr Obduktionen als heute. Etwa sechzig bis siebzig Prozent aller Obduktionen von Verstorbenen in den beiden Städten blieben an ihnen hängen. Man wurde zusammen mit einem Assistenzarzt in die kalte Leichenkammer irgendeines kleinen Krankenhauses geschickt, um eine Obduktion vorzunehmen. Ich weiß noch, wie ich mit der Straßenbahn nach Hause fuhr, und ich hatte eine Glasflasche mit konserviertem Gewebe dabei. Ich hatte nicht einmal soviel Anstand, sie in eine Tragetasche zu packen. Aber ich lernte etwas. Eine formale Ausbildung in Tierpathologie hatte ich nie. Nur mit Menschen. Das mit den Tieren mußte ich mir selbst beibringen.«

Die Schafkrankheit, die Bill Hadlow 1958 in England erforschen wollte, hieß Scrapie. Der Name beschreibt das offenkundigste Symptom: Schafe, die mit der Krankheit infiziert sind, kratzen sich so heftig, daß die Wolle sich an ihren Körperseiten löst. Sie reiben sich an Wänden, Bäumen und Zäunen, um Linderung zu finden. Außerdem torkeln die erkrankten Tiere; sie bekommen Zuckungen, erblinden, fallen um und sterben schließlich. Ursache und Herkunft der Krankheit waren unbekannt. Sie schien etwas Einzigartiges zu sein. Erste Berichte über ihr Auftreten in England stammen aus dem Jahr 1730; damals sollen Scrapie-kranke Tiere im Osten der Insel aufgetaucht sein, in Mitteleuropa war die Krankheit allerdings bereits vorher verbreitet. Möglicherweise war sie mit den spanischen Merinoschafen eingeschleppt worden, die man seit dem Mittelalter in die Länder des Nordens verkaufte, um die Qualität der mitteleuropäischen und englischen Wolle zu verbessern. Im 19. Jahrhundert veranlaßten Scrapie-Epidemien die Behörden in Europa, befallene Herden unter Quarantäne zu stellen und zu schlachten, aber die britischen Schäfer hielten die Krankheit meist für erblich und verheimlichten ihre Verluste, und die britische Regierung kümmerte sich nicht weiter um die Eindämmung von Scrapie. Anfang des 20. Jahrhunderts war die Krankheit in Großbritannien weit verbreitet: Jedes Jahr starb etwa ein Prozent der erwachsenen Schafe daran. Lamm- und Hammelfleisch aus infizierten Herden aßen die Menschen schon seit Jahrhunderten – die Krankheit war also offenbar nicht auf Menschen übertragbar, aber in den Herden der Bauern sorgte sie für schwere Verluste.

In den dreißiger Jahren wiesen französische Tierärzte nach, daß Scrapie ansteckend ist: Sie entnahmen Gewebe von einem Schaf, das die Krankheit von selbst bekommen hatte, homogenisierten es und spritzen es gesunden Tieren. Nach einer langen Inkubationszeit stellten sich bei etwa dreißig Prozent der so behandelten Schafe die Krankheitssymptome ein, und schließlich starben sie. Das gleiche Experiment machten die französischen Wissenschaftler auch mit Ziegen, und die erwiesen sich als zu hundert Prozent anfällig: Jede Ziege, der sie den Gewebeextrakt injizierten, bekam Scrapie und starb.

Ungefähr zur gleichen Zeit, als diese Forschungen in Frankreich liefen, machte Dr. William Gordon, der Leiter der Außenstation in Compton, wo Hadlow später arbeiten sollte, ebenfalls ein großangelegtes Experiment zur Übertragung von Scrapie. Gordon und seine Mitarbeiter entwickelten einen Impfstoff gegen ein von Zecken übertragenes Virus, das bei Schafen die sogenannte Springkrankheit verursachte. (Das Virus schädigt das Gehirn, und das führt dazu, daß die Schafe beim Gehen auf und ab hüpfen; diesen seltsamen Gang bezeichnen die Briten als »Springen«.) Der Impfstoff bestand aus homogenisiertem Gehirn-, Rückenmarks- und Milzgewebe von Schafen, die an der Springkrankheit litten; es war mit Salzlösung verdünnt und durch Zusetzen einer geringen Menge Formaldehyd inaktiviert. In den Jahren 1935 und 1936 stellte man in Compton vierundvierzigtausend Dosen des Springkrankheit-Impfstoffes her. Zu Gordons Entsetzen bekamen die Schafe, die mit der Impfstoffcharge aus dem Jahr 1935 geimpft wurden, 1937 Scrapie. Der Impfstoff war also ganz offensichtlich verunreinigt. »Ich war auf fast allen Bauernhöfen, auf denen man 1935 Schafe geimpft hatte«, erinnerte sich Gordon später, »... ich werde nie vergessen, welche tiefgreifenden Auswirkungen es auf meine Gefühle hatte, als man mich ... freundlich begrüßte, weil der Springkrankheit-Impfstoff so großen Nutzen brachte, während ich mit meinem Besuch in Wirklichkeit vor allem herausfinden wollte, ob sich bei den geimpften Schafen Anzeichen von Scrapie zeigten.« Nur die lange Inkubationszeit von Scrapie rettete Gordons Ruf bei den Bauern. Da viele Tiere bei der Impfung gegen die Springkrankheit bereits drei oder vier Jahre alt waren, wurden sie in ihrer Mehrzahl bereits geschlachtet, bevor Scrapie ausbrechen konnte. Eine Erkenntnis aus dem Unfall mit dem Impfstoff lautete: Scrapie ist widerstandsfähig. Formaldehyd ist ein starkes Desinfektionsmittel, das häufig zum Konservieren von Leichen verwendet wird. Es tötete auch das Springkrankheitsvirus in dem Gewebeextrakt, aber der Scrapie-Erreger, der ihn verunreinigte, lebte weiter.

In den Vereinigten Staaten tauchte Scrapie 1947 zum erstenmal auf, und zwar auf einer Schaffarm in Michigan, wo man reinrassige Suffolk-Schafe, die aus England stammten, aus Kanada importiert hatte. Weitere größere Epidemien gab es 1952 in Kalifornien und 1954 in Ohio. Das US-Landwirtschaftsministerium, so erzählte mir Hadlow, »griff mit einem Schlachtprogramm ein«: Wenn Scrapie in einer Herde auftauchte, ordneten Tierärzte des Ministeriums die Schlachtung aller Tiere an, um die Krankheit einzudämmen. Außerdem verhängte die Behörde ein Embargo gegen Schaffleischimporte aus England. »Das löste auf britischer Seite ein großes Interesse an weiterer Forschung aus.« In den USA wurden keine Labors zur Untersuchung von Scrapie eingerichtet, so daß amerikanische Wissenschaftler nicht im eigenen Land daran arbeiten konnten. Aber Briten und Amerikaner hatten natürlich ein gleich großes Interesse an der Forschung, und in Großbritannien gab es die Labors. Das US-Landwirtschaftsministerium hatte noch Geld aus dem Zweiten Weltkrieg übrig – es stammte aus einem Programm, mit dem sichergestellt werden sollte, daß die in anderen Ländern für amerikanische Truppen beschafften Lebensmittel ungefährlich waren – und finanzierte damit die Arbeiten. »Aber es gab dort niemanden, der schon Erfahrung mit Scrapie hatte«, stellt Hadlow fest. Deshalb entschloß sich die Behörde, jemanden für zwei Jahre nach Compton zu schicken, damit er dort die Krankheit kennenlernte. So bekam Bill Hadlow seine Fahrkarte.

Hadlow erinnert sich noch, daß Gordon die Einrichtung in Compton leitete »wie sein eigenes kleines Rittergut«. Mit über acht Quadratkilometern war das Gelände nach britischen Maßstäben riesig, und neben drei Milchkuhhöfen umfaßte es auch Gebäude mit Schweinen und Hühnern. »Angeblich waren die dazu da, Versuchstiere zu liefern, aber der alte Bill Gordon war ein knauseriger Schotte und betrieb ein regelrechtes Wirtschaftsunternehmen« – er verkaufte nebenher Milch und

Fleisch. »Als ich auftauchte, war er ein wenig enttäuscht, denn er hatte mit einem Virologen gerechnet. Ich sagte, na ja, Virologe bin ich nicht, sondern Pathologe, aber das US-Landwirtschaftsministerium hat mir gesagt, daß so einer hier gebraucht wird.« Hadlow und seine Frau zogen im Herrenhaus ein.

»Ich dachte, ich könnte am besten zu den Arbeiten der Briten beitragen, wenn ich mir die Gehirne der Tiere ansah«, erinnert sich Hadlow, »denn die wurden ansonsten weggeworfen.« Das entscheidende Kennzeichen von Scrapie waren Löcher im Kleinhirn. Die britischen Pathologen sahen sich zur Bestätigung der Diagnose einen Dünnschnitt durch ein Schaf- oder Ziegen-Kleinhirn an, identifizierten die spongiforme Veränderung, und warfen das übrige Gehirn weg. Hadlow wollte wissen, welche Schäden Scrapie sonst noch im Gehirn der Tiere anrichtet. Dazu stellte Gordon ihm einen qualifizierten Assistenten zur Seite. »Er war erstklassig. Es war ein Glück, daß ich ihn hatte. Wir fertigten Dünnschnitte durch ein ganzes Schaf- oder Ziegengehirn an. Mit seinem großartigen, riesigen Mikrotom stellte er die großen Schnitte her. Nicht die üblichen mickrigen Stückchen, bei denen man einen halben Tag braucht, um herauszufinden, wo man sich eigentlich im Gehirn befindet. Ich bekam wunderschöne Dünnschnitte.«

Als Hadlow diese wunderschönen Dünnschnitte im Mikroskop untersuchte, fand er neben den Löchern im Kleinhirn noch andere Schäden, die für Scrapie charakteristisch waren. Nervenzellen waren eingeschrumpft oder verkümmert. Die typische schwammartige Struktur zog sich nicht nur durch das Kleinhirn, sondern auch durch die Hirnrinde, die äußere Schicht des Großhirns, mit der die Menschen denken. Das auffälligste Merkmal hatte man bei der Erforschung von Scrapie bis dahin übersehen: Die sternförmigen Gliazellen waren anormal stark vermehrt, ein Phänomen, das man als Astrogliose bezeichnet. »Nachdem wir ein Jahr lang beobachtet hatten, wie die Krankheit bei vielen Tieren fortschritt«, so Hadlow zusammenfassend über seine Erkenntnisse, »und nachdem wir uns viele solche Gehirne beschafft und Erzählungen über Scrapie aus vielen Quellen zusammengetragen hatten, konnte ich mir ein recht gutes Bild von der Krankheit machen: Es ist eine übertragbare, nichtentzündliche Verfallskrankheit des Gehirns, und als Erreger konnte man sich damals am ehesten ein Virus vorstellen. Eine ähnliche andere Krankheit war mir weder bei Menschen noch bei Tieren bekannt.«

Ende Juni 1959 kam Bill Jellison, ein Freund und Kollege von Hadlow aus dem Labor in den Rocky Mountains, auf dem Rückweg von einer wissenschaftlichen Tagung in Osteuropa in Compton vorbei. »Beim Abendessen erwähnte er ganz nebenbei, ich würde mich vielleicht für eine Ausstellung interessieren, die er vor kurzem im Wellcome Museum in London gesehen hatte. Sie habe mit einer seltsamen Gehirnkrankheit bei einem Naturvolk in Neuguinea zu tun.« Damit meinte er Carleton Gajduseks Kuru-Ausstellung, die immer noch auf Tournee war. Hadlow wurde neugierig. Anfang Juli fuhr er mit dem Zug nach London, um sich die Sache selbst anzusehen.

Er fand die Ausstellung im Erdgeschoß des Museums gleich hinter dem Haupteingang. Die großen Farbfotos von den Fore – von den Menschen und ihrer Umgebung – waren interessant, aber wie vom Donner gerührt war Hadlow, als er die farbigen Mikroskopfotos von Gehirnschnitten voller Löcher sah. Soweit er wußte, waren Löcher in einem menschlichen Gehirn etwas ganz und gar Ungewöhnliches, und sie erinnerten ihn sofort an die spongiforme Degeneration, die er seit einem Jahr bei Schafen und Ziegen untersuchte. Er notierte sich die Titel mehrerer Fachartikel von Gajdusek und Zigas, und nachdem er wieder in Compton war, schrieb er an Gajdusek am NIH und bat um Sonderdrucke. Gajduseks Sekretärin schickte sie Anfang Juli, und Hadlow war von der Lektüre völlig gefesselt, verblüfft über die Ähnlichkeit der beiden Krankheiten. »Die Übereinstimmung zwischen Kuru und Scrapie wirkte auf mich geradezu beängstigend«, berichtet er. Er erkannte bald, daß die beobachteten Ähnlichkeiten zu bedeutsam waren, als daß er die Sache für sich behalten konnte. Innerhalb einer Woche formulierte er mit großer Sorgfalt einen Leserbrief an das angesehene britische Medizin-Fachblatt *Lancet,* den er am 18. Juli abschickte. Drei Tage später – in England streikten gerade die Drucker, und er befürchtete, die Veröffentlichung könne sich verzögern – sandte er eine Kopie des Briefes ans NIH zu Gajdusek. Das Schreiben wurde nach Kainantu weitergeleitet, und dort bekam Joe Smadels fast genialer Freibeuter es Anfang August zu Gesicht.

In dem Brief an *Lancet* verglich Hadlow die beiden Krankheitsbilder. »Beide Krankheiten«, schrieb der Tierarzt, »sind endemisch in ganz bestimmten, begrenzten Populationen, nämlich in der Herde oder dem Stamm, und dort ist ihre Häufigkeit in der Regel mit einem bis zwei Prozent recht gering. Das klinische Bild kann bei Schafen oder Menschen auftreten, wenn sie bereits Monate zuvor aus der Herde oder Gemeinschaft ausgeschieden sind ... Außerdem kann Scrapie in einer zuvor nicht betroffenen Herde auftauchen, wenn zu dieser ein Bock oder Mutterschaf aus einer anderen Herde, in der die Krankheit bekanntermaßen vorkommt, hinzugekommen ist. In ganz ähnlicher Weise kann auch Kuru durch Eheschließung in Bevölkerungsgruppen gelangen, die bis dahin frei von der Krankheit waren. Aber ... welcher Mechanismus der ›Ausbreitung‹ von Scrapie oder Kuru zugrunde liegt, ist ein Rätsel.« Ebenso verhielt es sich mit der Ursache: »Es wurde kein mikrobiologischer Erreger isoliert, und es gibt auch keine überzeugenden Anhaltspunkte, daß es sich bei Scrapie oder Kuru um Infektionskrankheiten im allgemein anerkannten Sinn handelt.« Verlauf und Symptome beider Krankheiten waren nach Hadlows Ansicht »verblüffend ähnlich«. »Der Ausbruch beider Krankheiten erfolgt schleichend und ohne jede Anzeichen für eine Vorerkrankung.« Beide Krankheiten gingen nicht mit Fieber einher und schritten erbarmungslos fort. »Beide enden in der Regel innerhalb von drei bis sechs Monaten nach dem Ausbruch tödlich.« Und beide wiesen ähnliche Symptome auf. Der Koordinationsverlust bei Bewegungen, »der allmählich immer stärker wird, sowie Zuckungen und Verhaltensänderungen sind Merkmale beider Krankheiten«. Die Anomalien im Gehirn waren bemerkenswert ähnlich: umfangreiche Degeneration der Nervenzellen, Astrogliose, fehlende Entzündung und vor allem die charakteristischen Löcher. »Große, einzelne oder mehrfache ›Seifenblasen-Vakuolen‹ im Körper der Nervenzellen gelten bei Scrapie schon seit langem als charakteristischer Befund; diese äußerst ungewöhnliche Veränderung, die in menschlichem neuropathologischem Untersuchungsmaterial offenbar nur selten beobachtet wird, kommt auch bei Kuru vor.«

Dann kam Hadlow zu seiner aufregendsten Aussage: Scrapie ließ sich im Experiment von einem Schaf auf das andere und auch von Schafen auf Ziegen übertragen. Wenn eine Schafkrankheit in Großbritannien und eine Erkrankung bei Menschen in Neuguinea sich in so vielen anderen Eigenschaften ähnelten, konnte man annehmen, daß auch Kuru möglicherweise experimentell übertragbar war – womit bewiesen wäre, daß es sich um eine Infektionskrankheit handelte. Zum Naheliegendsten äußerte sich Hadlow nicht: Wissenschaftler können nicht mit Menschen experimentieren. Als zweitbeste Möglichkeit (aus menschlicher Sicht) schlug er vor: »Es könnte sich lohnen … die Möglichkeit ins Auge zu fassen, Kuru experimentell im Labor bei einem Primaten zu erzeugen.« Wenn es gelang, einen Schimpansen oder Kleinaffen mit Kuru zu infizieren, konnte man weitere Laboruntersuchungen durchführen und vielleicht den Erreger identifizieren.

Hadlows Brief muß Carleton Gajdusek wie ein Blitz getroffen haben. Er besaß zwar ein nahezu enzyklopädisches Wissen über die Krankheiten der Menschen, aber er war ein Stadtkind, und von Scrapie hatte er noch nie gehört. Am 6. August schrieb er an Hadlow, er sei dem Tiermediziner für seinen Brief »zutiefst dankbar« – daß er Scrapie nicht gekannt hatte, gab er allerdings nicht zu. Außerdem versuchte er den Eindruck zu erwecken, als hätte man mit Experimenten, wie Hadlow sie vorschlug, bereits begonnen. Er schrieb, sie hätten bisher »mit Übertragungsexperimenten wenig Glück gehabt«, und die Möglichkeiten, mehr zu tun, seien »bisher sehr gering gewesen«. Und weiter: »Wir gehen aber zur Zeit dementsprechend vor und injizieren im Rahmen der diesjährigen Untersuchungen von Kuru gefrorenes und frisches Material in eine Reihe von Wirtstieren.« Damit verschleierte er den wahren Sachverhalt allerdings entscheidend, wie Gajdusek mehrere Jahre später auf einer Tagung selbst einräumte. Bevor er Hadlows Brief bekam, so sagte er bei dieser späteren Gelegenheit, »war die Infektion ... bei Kuru als eine sehr unwahrscheinliche Möglichkeit erschienen«. Erst der Brief habe ihn »gezwungen, die Frage neu zu überdenken«. Gute Wissenschaftler sind immer von Konkurrenzdenken geprägt, und für keinen galt das in jener Frühzeit der Kuru-Forschung mehr als für Carleton Gajdusek. Es hatte ein paar bescheidene Versuche gegeben, Gewebekulturen, Hühnerembryonen, Mäuse, Meerschweinchen, Kaninchen und Ratten mit Kuru zu infizieren, und man hatte auch an Versuche mit Primaten gedacht, aber im August 1959 lag die erste Übertragung auf einen Schimpansen – weit weg in einem staatlichen Tierreservat bei Washington, D.C. – noch um fast vier Jahre in der Zukunft.

# Dritter Zusammenhang . . .

| SPEZIES | KRANKHEIT | PROGNOSE |
|---------|-----------|----------|
| Mensch | Kuru | tödlich |
| Mensch | Creutzfeldt-Jakob | tödlich |
| **Schaf** | **Scrapie** | **tödlich** |

# Über die Artgrenzen hinweg

*Neuguinea, östliches Hochland; Bethesda, Maryland;*
*Hamilton, Montana, 1959–1963*

Carleton Gajdusek verließ Neuguinea Anfang September 1959 und kehrte nach Bethesda zurück, um mehr über die Scrapie-Krankheit zu erfahren. Bill Hadlows Idee, zwischen Scrapie und Kuru könne ein Zusammenhang bestehen, eröffnete für die Erforschung von Kuru vielversprechende neue Möglichkeiten. Während Kuru und Creutzfeldt-Jakob seltene Erkrankungen mit unbekannter Ursache waren, hatte die Schafkrankheit schon eine lange Geschichte, und es war nachgewiesen, daß sie ansteckend ist.

Joe Smadel wußte über Scrapie Bescheid. Gajdusek erfuhr jetzt, daß die Schafkrankheit in Compton und im Moredun Institute im schottischen Edinburgh schon seit der Zeit vor dem Zweiten Weltkrieg erforscht wurde. Er fand heraus, daß der isländische Pathologe Björn Sigurdsson 1954 eine in seiner Heimat verbreitete Form von Scrapie, die dort *rida* hieß, beschrieben hatte; Sigurdsson hatte außerdem vorgeschlagen, diese ungewöhnlichen Krankheitserreger einer eigenen Gruppe zuzuordnen und sie als »langsame Viren« zu bezeichnen. Unsere übliche Vorstellung von Infektionskrankheiten, darauf hatte der Isländer hingewiesen, ist von akuten Infektionen wie Masern, Kinderlähmung oder Grippe bestimmt: Ein Mikroorganismus dringt in den Körper ein, setzt sich fest, vermehrt sich und breitet sich aus. Daraufhin tauchen innerhalb weniger Stunden oder Tage die Krankheitssymptome auf, der Körper ergreift Abwehrmaßnahmen, und »es folgt eine Phase des Kampfes zwischen Eindringling und Wirt, die in der Regel einige Tage dauert«. Danach ist der Wirt entweder tot, oder er erholt sich. Neben solchen akuten Infektionen, so Sigurdsson weiter, gibt es auch chronische Infektionskrankheiten wie Tuberkulose und Malaria, bei denen Wirt und Erreger sich manchmal jahrelang bekriegen, in »einem langem Kampf mit ungewissem Ausgang«.

Bei *rida* – Scrapie – dauerte der Kampf ebenfalls lang, aber sein Ausgang war nicht ungewiß. Die Krankheit nahm mit der gleichen Regelmäßigkeit wie eine akute Infektion mehr oder weniger immer den gleichen Verlauf, aber die Inkubationszeit war extrem ausgedehnt. Ein noch wichtigerer Unterschied war aber nach Sigurdssons Ansicht das Fehlen einer Immunantwort – der Entzündung. »Man ist manchmal versucht anzunehmen, daß es bei den langsamen Infektionen keine wirksame Immunantwort gibt, denn sie schreiten offenbar lange Zeit ungehindert fort, bis sie schließlich tödlich wirken. Wenn sich überhaupt eine Abwehrreaktion entwickelt, ist sie offenbar wirkungslos.« Da die Immunreaktion den Versuch des Körpers zeigt, die fremden Proteine des Erregers zu zerstören, stellte Sigurdsson die Frage, ob die langsamen Viren vielleicht so gut an ihren Wirt angepaßt oder »getarnt« sind, daß der Körper sie für eigenes Gewebe hält. Wie die Beobachtungen in den Amyloidplaques, so sollte sich auch diese Vermutung später als wichtiger Anhaltspunkt erweisen, aber zu jener Zeit wußte weder Sigurdsson noch Gajdusek oder irgend jemand anderes, wie man sich in diesen Fragen Gewißheit verschaffen sollte.

Gajdusek selbst glaubte immer noch, Erbfaktoren würden sich als die naheliegendere Erklärung für Kuru erweisen, aber er sah ein, daß man dazu ein langsames Virus als Ursache zunächst einmal ausschließen mußte. Wenn Kuru sich als ansteckend erwies, würde die Theorie der langsamen Viren erklären, warum die Krankheit bei den Kleintieren, die er und seine Kollegen im Labor infiziert hatten, nicht ausgebrochen war. Sie hatten die Tiere höchstens ein paar Monate lang beobachtet, aber die Inkubationszeit eines langsamen Virus konnte durchaus im Bereich von Jahren liegen – vielleicht überschritt sie sogar die Lebensdauer der Tiere. Hadlows Vorschlag, nichtmenschliche Primaten mit Kuru zu infizieren, war aus immunologischer Sicht sinnvoll, denn Schimpansen und Kleinaffen sind im Tierreich die nächsten Verwandten des Menschen und deshalb am ehesten anfällig für die Krankheit. Aber bevor sie mit Ergebnissen rechnen konnten, das erkannte Gajdusek mittlerweile voll Sorge, mußte er bereit sein, die Infektionsexperimente jahrelang fortzusetzen.

Ende November 1959 trafen Hadlow und Gajdusek in Washington erstmals persönlich zusammen. Das Programm zur Ausrottung von Scrapie, das vom Landwirtschaftsministerium der USA ins Leben gerufen worden war, löste massive Proteste bei den Schaffarmern aus. Die Bundesbehörden zahlten zwar Entschädigungen, wenn von Scrapie befallene Herden vollständig zur Schlachtung bestimmt wurden, aber die Beträge reichten nicht aus, um als Ersatz reinrassige Tiere von hoher Qualität zu beschaffen. Außerdem wollten die Schafzüchter keine reinrassigen Linien vernichten, auf deren Verbesserung sie viele Jahre lang hingearbeitet hatten. Unterstützung für ihre Ansichten fanden sie in den Arbeiten eines einflußreichen, aber irregeleiteten Wissenschaftlers der Universität Oxford namens H. B. Parry: Er war überzeugt, Scrapie sei eine Erbkrankheit, obwohl man die Krankheit in Experimenten mehrfach von Schaf zu Schaf und von Schaf zu Ziege übertragen hatte.

Der Tierarzt James Hourrigan, der für das Scrapie-Ausrottungsprogramm des US-Landwirtschaftsministeriums verantwortlich war, entschloß sich, die aufgebrachten amerikanischen Schafzüchter mit den Fakten vertraut zu machen. Er bat Hadlow sowie William Gordon (den Direktor von Compton), John Stamp (den Direktor des Moredun Institute) und einen weiteren Beamten des Landwirtschaftsministeriums, mit ihm zusammenzuarbeiten. Am 23. November begannen sie in Washington mit ihren Vorträgen. Hadlow erinnert sich noch, wie er Gajdusek bemerkte, »den jungen Mann mit dem Bürstenhaarschnitt, der ruhig ganz hinten im Saal stand, während ich meinen Vortrag hielt«, und wie er sich hinterher mit ihm traf. Die beiden Wissenschaftler verglichen ihre Notizen über Kuru und Scrapie, und dann sprachen sie über das Infizieren von Primaten.

Hourrigan setzte sich auf seiner Scrapie-Vortragsreise in Columbus (Ohio), Chicago, Denver und San Francisco mit aufgebrachten Schaffarmern auseinander. »Zu Schlägereien kam es nirgendwo«, erzählte mir Hadlow, »aber es ging sehr lautstark und ein wenig grob zu. Jim konnte gut damit umgehen.« Gajdusek bekam von Australien ein neues Visum und reiste Anfang 1960 wieder nach Neuguinea; dort fand er Zigas betrunken und zitternd mitten in einer Ehekrise vor – seine Frau hatte erklärt, sie sei an Kuru erkrankt, und war nach Sidney geflüchtet. Eine neue zermürbende Reihe von Streifzügen durch den Busch zog sich bis Mai hin, und auf einem davon entkam Gajdusek nur mit knapper Not dem Angriff wütender Krieger aus einer Sprachgruppe, die damals in Neuguinea unter dem Namen Kukukuku bekannt war – dieses Schimpfwort bedeutet soviel wie »Hurensöhne«. Die Kuks (heute werden sie mit dem von Gajdusek geprägten Namen Anga bezeichnet) waren die Apachen Neuguineas und vielleicht die wahren Ureinwohner der Insel, belegt durch archäologische Spuren, die sechzigtausend Jahre weit zurückreichen – kriegerisch, arrogant, und, wie nicht anders zu erwarten, Gajduseks besondere Lieblinge. Sie lebten in unmittelbarer Nachbarschaft der Fore jenseits des Lamari, eines reißenden Flusses. Trotz der geographischen Nähe und trotz aller Ähnlichkeiten in Kultur und Ernährung gab es bei ihnen jedoch keinerlei Hinweise auf Kuru. Sie dienten Gajdusek als Kontrollgruppe für epidemiologische Vergleichsuntersuchungen, und er befaßte sich eingehend mit ihnen. »Von wenigen Tagen abgesehen«, schrieb er im Mai dieses Jahres an Joe Smadel, »lebe und arbeite ich dieses ganze Jahr in den Dörfern der sogenannten ›Wilden‹; in vielen Fällen sind es Dörfer, die noch nie Besuch aus der Zivilisation hatten und in denen noch nie ein zivilisierter Mensch war.« Weiter berichtete er über die Ergebnisse seiner Untersuchungen an Kuru, Lepra und anderen Krankheiten sowie über seine Sammlung von mehr als tausend Blut- und Urinproben und »viele weitere Proben von Obduktionsmaterial, die … noch in Kainantu in der Fixierlösung ›aushärten‹«. Persönlich bedeutsamer war für ihn aber die Begegnung mit diesen Naturvölkern. »Ich kann nicht genug betonen, daß dies alles in meinem Bewußtsein von untergeordneter Bedeutung ist gegenüber den Beobachtungen und Erfahrungen, die ich durch den engen Kontakt mit diesen Seltsamkeiten und ›Orchideen‹ der menschlichen Kultur gesammelt habe – sie sind empfindlich und werden bald aussterben, aber sie liefern Aufschlüsse über den Menschen und seinen Zustand, wie man sie vielleicht nie wieder gewinnen wird!«

Gajdusek war besorgt, er könne selbst zu einem Unruhefaktor werden. In sein Tagebuch schrieb er, die primitiven Kulturen seien ihm lieber als seine eigene. Aber als Arzt war er verpflichtet, Kranke zu heilen:

Es ist anthropologisch eine entsetzliche Schande und für die Menschheit ein großer Verlust, wenn eine der farbigsten Kulturen, die sie zieren, verschwindet, aber diese Orchideen der Kultur können auf dem künstlichen Nährboden der Zivilisation nicht überleben … Wir können ihre Leiden und Geschwüre nicht heilen, ihre sterbenden Kinder nicht retten, ihnen die Pfeilspitzen nicht entfernen und ihre Wunden nicht behandeln, ohne zu ihnen zu kommen. Und wir können nicht zu ihnen kommen, ohne uns selbst und unser Leben in ihren Gesichtskreis zu bringen, und dann können wir uns nicht ihrem Wunsch verschließen, die Außenwelt zu sehen; wir können uns auch nicht denen anschließen, die kommen und sie studieren wollen, und insbesondere denen, die ihnen »helfen« oder sie in irgendeiner Form ändern wollen (auch wenn sie ein Leben voll Krieg, Mord, Angst, Aberglauben, Hunger oder Seuchen beenden wollen) und gleichzeitig bestrebt sind, sie »zu lassen, wie sie sind, primitiv und malerisch« … Das ist eine Beleidigung für ihre menschlichen Bestrebungen und ihre Intelligenz, und es wird nie funktionieren. Wenn wir zu ihnen kommen, verpflichten wir uns der Veränderung, und wir sind deren Verursacher. Die Veränderung beunruhigt uns, denn wir wissen besser als sie, wie farblos, öde und unbefriedigend die Früchte der Zivilisation manchmal sein können.

Für sich persönlich versuchte er den Konflikt aufzulösen, indem er so viel Zeit wie möglich im östlichen Hochland zubrachte; er studierte und erlebte den Alltag in Neuguinea und hielt ihn in seinen Tagebüchern und Filmen fest. Schließlich konnte er auch bei einer Kannibalenmahlzeit zusehen und sie filmen, aber er gab den Film nie frei. »Wenn man beobachtet, wie Kinder in Kriegführung unterrichtet werden«, schrieb er im Mai an Smadel, »wie Babys über Leichen krabbeln, wie Jugendliche das Durchbohren der Nase, die zeitweilige Isolierung und andere ›Initiationsriten‹ sowie die institutionalisierte Homosexualität erleben, wie jugendliche Heterosexualität, Polygamie und viele andere psychosexuelle Verhaltensweisen ablaufen, wird die Unsinnigkeit vieler pseudowissenschaftlicher Spekulationen und Philosophien in unseren medizinischen Fachzeitschriften sofort deutlich. Aber was man mit solchen Beobachtungen anfangen soll, wie man sie macht und festhält und was man daraus schließen soll, das sind keine einfachen Fragen, und ich werde mich hüten, eine vorschnelle Antwort zu geben.«

Im folgenden Winter, auf dem Rückweg in die USA (und nach einem Abstecher in die libysche Wüste, wo er die Malaria untersuchte) machte Gajdusek Zwischenstation bei den wichtigsten Zentren der Scrapie-Forschung in Compton, Edinburgh und Island. »Ich kehrte zurück«, so schrieb er später, »mit der Überzeugung, daß wir dringend solche Infektionsexperimente und die langfristige Beobachtung von Tieren in Angriff nehmen mußten, insbesondere mit Primaten.« In London warb er Elizabeth Beck an, eine erfahrene Neuropathologin, die Kuru-Gehirne untersuchen sollte; sie hatte für Parry in Oxford bereits vierunddreißig Scrapie-Gehirne seziert und kannte die für diese Krankheit charakteristischen Gewebeschäden. Als Gajdusek in

Bethesda ankam, hatte er entgegen den amerikanischen Quarantänevorschriften eine ganze Tasche voller luftdicht verschlossener Reagenzgläser mit Scrapie-Gewebeextrakt dabei; das ersparte ihm bürokratische Verzögerungen, brachte ihn aber später in ernsthafte Schwierigkeiten. Das Team, das er für die Forschungen an den Primaten zusammenstellen wollte, sollte mit dem Scrapie-Extrakt Erfahrungen in der Beobachtung und Analyse langsamer Viren sammeln, und als erstes wollte man versuchen, die Krankheit von Schafen auf Mäuse zu übertragen.

Gajdusek hatte nicht nur Scrapie und Kuru im Sinn. Mit der für ihn typischen Dynamik richtete er den Blick auf die ganze abscheuliche Sammlung der chronischen Nervenerkrankungen des Menschen bis hin zu Parkinson, ALS und Multipler Sklerose. Die Ärzte hatten schon seit langem den Verdacht, daß es sich auch bei diesen Leiden um Infektionskrankheiten handelte, aber man hatte nie einen Erreger nachweisen können. Eine langfristig angelegte Untersuchung an Primaten würde die Möglichkeit schaffen, Übertragungsexperimente mit einem ganzen Spektrum solcher Krankheiten durchzuführen, und das würde auch den großen finanziellen Aufwand rechtfertigen.

Die lange Inkubationszeit von Scrapie – bei Schafen fünf Jahre und selbst bei Ziegen noch ein volles Jahr – machte Gajdusek mehr als ungeduldig, denn als Virologe hatte er es bisher immer mit akuten Infektionen zu tun gehabt. Wenn es bei Kuru bis zum Ausbruch der Krankheit ebenso lange dauerte wie bei Scrapie – und die Zeit konnte durchaus auch noch länger sein –, würden Experimente, die man in der üblichen Weise nacheinander durchführte, ewig dauern. Man infiziert ein Tier A, wartet bis zum Auftreten der voll ausgeprägten Symptome, tötet es, weist die Krankheit in seinem Gehirn nach, infiziert mit dem Gehirnextrakt ein Tier B, wartet wiederum bis zum Auftreten aller Symptome – welcher junge Wissenschaftler konnte es sich leisten, zehn Berufsjahre für eine oder zwei Passagen eines Krankheitserregers aufzuwenden, der ansteckend sein konnte oder auch nicht? In Compton war es kurz zuvor erstmals gelungen, Mäuse mit Scrapie zu infizieren, und diese Tiere gaben die Krankheit wahrscheinlich schneller weiter (um mit solchen Arbeiten beginnen zu können, hatte Gajdusek – wie erwähnt – gesetzeswidrig Scrapie-Extrakte um die US-Qarantäne herumgeschmuggelt). Er erkannte aber auch, daß er die Verzögerung durch die Inkubationszeit verringern konnte, wenn er mehrere Experimente parallel ansetzte: Er mußte einer ganzen Reihe von Primaten gleichzeitig Extrakte von verschiedenen Kuru-Fällen und unterschiedlich verdünnte Extrakte des gleichen Falles injizieren.

Aber auch wenn er zur Lösung des Problems alle möglichen biologischen Kunstgriffe anwandte, blieb ihm doch die Verantwortung für die Organisation eines umfangreichen Projektes, an dessen Erfolg er nach wie vor nicht glaubte, und dann mußte er auch noch jahrelang auf die Ergebnisse warten. Er gelangte zu dem Schluß, er müsse das Vorhaben »geduldigeren und weniger ehrgeizigen Kollegen« schmackhaft machen und dann »voller Skepsis auf ihre ersten Erfolge warten«, bevor er selbst sich auf dieses Gebiet begab.

Er brauchte, wie er selbst sagt, einen Ort, »wo niemand sehen konnte, was wir machten«. Die amerikanischen Bundesbehörden verfügen über gewaltige Ressourcen; Gajdusek fand sein Versteck in einer Einrichtung, die von der Behörde für Fischerei und Wildtiere des Innenministeriums im Rahmen eines Programms zur Erforschung seltener und aussterbender Arten betrieben wurde: einhundertsechzig Quadratkilometer mit unzugänglichen Seen, Sümpfen und Wäldern südlich von Fort Meade zwischen Washington und Baltimore, ein Gelände, das den Namen Patuxent Wildlife Research Center trug. Tief im Inneren dieses Gebietes lagen die Überreste eines Farmgeländes – ein großer Stall für Fleischrinder und im rechten Winkel dazu ein kleinerer für Milchkühe –, und sie wurden zum Zentrum seines Gebäudekomplexes. Die Fischerei- und Wildbehörde genehmigte das Projekt 1961, aber die Verhandlungen zwischen dem NIH und dem Innenministerium gestalteten sich so schwierig wie bei einem internationalen Abkommen: Sie zogen sich weitere zwei Jahre hin, und erst dann begannen die Bauarbeiten an einem nicht isolierten Backsteingebäude, in dem die Primaten untergebracht werden sollten. Im Sommer 1961 bemühten sich Gajdusek und Joe Smadel, Bill Hadlow als Leiter des Primaten-Infektionsprojekts zu gewinnen. Hadlow war mittlerweile nach Montana zurückgekehrt und hatte vor, sich am Rocky Mountain Laboratory weiter mit Scrapie zu befassen. »Sie sagten mir, sie wollten Schimpansen infizieren und alles tun, was ich ihnen gesagt hatte«, berichtet er. Daraus schloß er – unfairerweise, wie er heute sagt –, »jeder, der die Stelle annahm, würde kaum mehr sein als ein überspannter Affenwärter«. Also antwortete er: Nein, er sei nicht interessiert. »Mein Gott, ich hatte mich eben erst in Montana niedergelassen, meine Frau hatte gerade das Kind bekommen, und mir war nicht danach, schon wieder umzuziehen.« Ohne Bedauern kehrte er nach Montana und zur Scrapie-Forschung zurück.

Als nächsten faßten Gajdusek und Smadel einen untersetzten, vierschrötigen, zielstrebigen promovierten Virologen namens Clarence Joseph Gibbs jr. ins Auge, der in Washington geboren war und sich auf von Insekten übertragene Viren spezialisiert hatte. Er hatte bereits einen wirksamen Impfstoff gegen das Rift-Valley-Fieber entwickelt, eine Krankheit, die in Ostafrika sowohl bei Menschen als auch bei Tieren vorkommt. Joe Gibbs hatte schon am Walter Reed Institute bei Smadel gearbeitet. Er kam eines Tages in Smadels Büro vorbei und teilte dem beigeordneten Direktor des NIH mit, er wolle ein Stipendium der Rockefeller Foundation für Forschungsarbeiten in Brasilien annehmen. »Smadels Reaktion erfolgte umgehend und heftig«, erinnert er sich. »In seiner unnachahmlichen Art zeigte er mit dem Finger in mein Gesicht und sagte ›Verdammt, Gibbs, Sie gehen nicht nach Brasilien!‹« Gibbs fragte nur noch, wohin er verbannt werden solle, und Smadel erklärte, er werde nach Patuxent versetzt.

Gibbs zögerte, seine Erforschung der Arboviren zugunsten der Unwägbarkeiten von Kuru aufzugeben. Gajdusek umwarb ihn beim Mittagessen und versprach ihm, er könne seine eigenen Arbeiten fortsetzen; was er nicht sagte: Auf diese Weise konnte Gibbs sich beschäftigen, während er scheinbar endlos auf das Ausbrechen von Kuru wartete. »Wir können uns aussuchen, was wir tun wollen«, sagte Gajdusek zu ihm. Gibbs unterhielt sich auch mit Hadlow. Smadel gelang es schließlich, ihn zu überreden. »Meine Entscheidung war nicht mehr schwer, als Dr. Smadel mir in väterlichem Ton sagte: ›Joe, ich möchte, daß du diese Arbeit übernimmst, und ich garantiere dir, in spätestens fünf Jahren hast du entweder tolle positive oder tolle negative Ergebnisse, und ich bin sicher, sie werden toll und positiv sein.‹« Gibbs unterschrieb einen Vertrag für, wie Gajdusek es jetzt formuliert hatte, »die Erforschung langsamer, latenter und temperenter Virusinfektionen«. In den folgenden Monaten infizierte der junge Virologe Tausende von Mäusen mit Scrapie, Kuru und anderen Nervenkrankheiten des Menschen. Nachdem Gibbs nun am NIH im Sattel saß und die Übertragungsexperimente in die Hand nahm, kehrte Gajdusek nach Neuguinea zurück.

Er fand die Fore am Wendepunkt vor; ein Anthropologenehepaar war gerade dabei, sich in Wanitabe, einem Dorf der Südlichen Fore, niederzulassen. Robert und Shirley Glasse (heute Shirley Lindenbaum), ein Amerikaner und eine Australierin, hatten das Dorf bei einer Erkundungsfahrt mit dem Landrover südlich von Okapa entdeckt. Die Dorfoberen hatten sie freundlich empfangen und angeboten, ihnen ein Haus zu bauen. Sie nahmen das Angebot an und bezahlten für die strohgedeckte Konstruktion mit Salz, Tabak, Stoff, Glasperlen und anderen Handelswaren. Später erfuhren die Glasses, daß die Dorfoberen zehn Jahre zuvor von Schwindlern der Nördlichen Fore betrogen worden waren und in der Ankunft der Anthropologen eine Vergeltung sahen. Die Nördlichen Fore hatten den Oberen von Wanitabe einen falschen Zauber verkauft und ihnen beigebracht, wie man angeblich örtliche Rohstoffe auf magische Weise in westliche Handelsgüter verwandeln kann; als Gegenleistung hatten sie Schweinefleisch erhalten. Die Oberen erzählten dem Ehepaar Glasse, sie hätten Sand, Kieselsteine und Holzsplitter in ein besonderes Haus gebracht – die Nördlichen Fore hatten sie gewarnt, sie sollten nicht zusehen, während der Zauber wirkte – und dann »Pfeife geraucht und [halluzinogene] Rinde gegessen, bis uns die Kehle austrocknete und der Kopf schwirrte«, aber als sie endlich in das Haus gingen und nachsahen, fanden sie weder Messer noch Gewehre, weder Kugeln noch Muschelgeld. Daraufhin begingen sie den gleichen Betrug an ihren Nachbarn weiter im Süden und holten sich so einen Teil ihrer Verluste wieder, aber ihre Leichtgläubigkeit war ihnen immer peinlich gewesen, bis die Glasses kamen. »Als wir davon sprachen, ein Haus zu bauen und uns in der Gemeinde niederzulassen«, schreibt Shirley Lindenbaum, »sahen sie darin die verspätete Ankunft der ›europäischen‹ Waren, mit denen sie schon zehn Jahre zuvor gerechnet hatten.« Das Haus, das sie für das Ehepaar Glasse gebaut hatten, bezeichneten die Oberen von Wanitabe von nun an als »Dorflager«.

In dem Sommer, als Shirley Lindenbaum bei den Südlichen Fore zu arbeiten begann, war sie achtundzwanzig Jahre alt, eine warmherzige, aufgeschlossene, attraktive Australierin mit rosigem Gesicht und dunkelblonden Haaren. Sie hatte an einer Universität in Australien Englisch im Hauptfach studiert und alte nordische Sagen gelesen, aber dann kehrte ihre Schwägerin vom Anthropologiestudium aus Oxford zurück, und die beiden verbrachten einen Tag zusammen am Strand. Der intellektuelle Anspruch und die philosophische Tragweite der Anthropologie, wie ihre Schwägerin sie ihr vermittelte, fesselten Shirley. Besonders empfänglich für eine solche Offenbarung war sie durch das Gefühl vieler Australier, am Ende der Welt zu leben. Dort unten, auf der Rückseite der Welt, hatte man das Gefühl, man müsse zur europäischen Zivilisation *hinauf*steigen, und dabei war Asien im Weg. Lindenbaums Vater war Holzhändler. »Ich fürchte, meine Familie hat in Ostaustralien den Urwald abgeholzt«, erklärte sie mir augenzwinkernd. Sie gehörte nicht zur Generation der Pioniere, sondern zu den Nachkommen in den Städten und Vorstädten, aber die alte Sehnsucht steckte noch in ihr. Nach der Begegnung mit ihrer Schwägerin zog sie nach Sidney, verkaufte ihren Volkswagen – ihren liebsten Besitz – und bezahlte mit dem Erlös ein Fortgeschrittenenstudium in Anthropologie; sie bereute es nie.

Die Fore, so entdeckte sie, waren »sehr liebenswürdige Menschen, auch wenn das Geschlechterverhältnis schwierig war«. Sie hatte es leichter, weil sie von außen kam. »Europäische Frauen stehen in diesem Umfeld zwischen den Geschlechtern, denn wir verhalten uns wie Männer und haben Besitz wie Männer. Dennoch sollte man nicht über eine garende Süßkartoffel steigen, wie ich es getan habe, denn sonst müssen die Männer sie wegwerfen – man könnte sie mit einem Tropfen Menstruationsblut verunreinigt haben.« Die Frauen der Fore nahmen sie herzlich auf. »Es war ihnen wirklich lieb, daß noch eine Frau da war. Sie betasteten mich, weil sie wissen wollten, ob ich die gleichen Körperteile habe wie sie. Ich trieb mich mit ihnen herum, wie Missionarinnen es nicht taten – die Missionsstation war damals von einem hohen Zaun umgeben, und die Frau und Tochter des Missionars kamen nicht heraus. Deshalb kannten die Fore-Frauen eigentlich überhaupt keine »westlichen Frauen«. Mir gefiel es. Ich hatte niemals Angst, und ich war von warmherzigen Menschen umgeben.«

Lindenbaum fragte die Frauen nach ihrer Lebensweise.

Schließlich erzählten sie ihr auch etwas über den Kannibalismus. Eine Frau erinnerte sich noch, wie sie zugesehen hatte und entsetzt gewesen war, während ihre ältere Schwester am Mahl teilnahm. Die Toten zu essen, war nie etwas Normales gewesen. »Sie versteckten sich im Garten, sie taten es nachts, sie entzogen es den Blicken der anderen, sie taten es in den alten Zuckerrohrpflanzungen und manchmal sogar auf dem Friedhof. Es löste erotische Erregung aus und vermittelte vielleicht auch ein Machtgefühl, das nur zu unserem Geschlecht gehörte. Frauen griffen die Körper von Männern an. Es war ihre ureigene Domäne, und Männer hatten darin nichts zu suchen.«

In die Zeit, als das Ehepaar Glasse vor Ort arbeitete – Mitte 1961 bis Mitte 1963 – fiel bei den Südlichen Fore der Höhepunkt der Kuru-Epidemie. Die Zahl der jährlichen Todesfälle durch die

Krankheit hatte 1959 mit über einhundertdreißig ihren Höchststand erreicht, stieg aber 1963 wieder auf über einhundertzwanzig, fast ausschließlich Frauen und Mädchen. »Von den einhundertzwanzig Männern über einundzwanzig in Wanitabe«, schreibt Lindenbaum, »... hatten dreiundsechzig keine lebende Ehefrau, und zehn hatten nie geheiratet. Das heißt, 1962 hatte fast die Hälfte der erwachsenen Männer in Wanitabe keine Frau. Es gibt bei den Südlichen Fore kaum einen Mann, der nicht mehrere nahe Angehörige durch Kuru verloren hat. Ein Dorfältester von Wanitabe mußte zusehen, wie seine Mutter, seine Halbschwester, vier Ehefrauen und ein Stiefsohn starben. Pigo, ein fünfundvierzigjähriger Mann aus Wanitabe, verlor drei Ehefrauen und drei Töchter durch Kuru, und bei Anatu aus Kamila waren es die Mutter, vier Ehefrauen, eine Schwester, eine Tochter und ein Sohn ... die stammesgeschichtlichen Aufzeichnungen lassen den Eindruck der Ausrottung entstehen.«

Da bei den Fore zunehmend die Angst umging, sie könnten aussterben, beriefen sie große öffentliche Versammlungen ein, und dort beteten Männer und Frauen um ein Ende des Kuru-Zaubers. Bei einer solchen Gelegenheit hörte Lindenbaum, wie eine Frau sagte:

> Warum tötet ihr Männer alle Frauen, indem ihr unseren Kot aus Latrinen stehlt, um [daraus Hexenbündel zu machen und] Hexerei auszuführen? Wir Frauen haben euch Männer zur Welt gebracht. Sucht einmal nach einem schwangeren Mann und zeigt ihn uns. Oder geht und sucht auf den alten Friedhöfen und bringt uns den Schädel oder die Knochen von einem Mann, den wir Frauen umgebracht haben. Ihr werdet keine finden. Ihr Männer versucht, uns auszulöschen.

Eine normale Krankheit hätte auch Männer und Säuglinge befallen, und deshalb war die Tatsache, daß Kuru meist Frauen heimsuchte, für die Fore der Beweis, daß Hexerei dahinterstecken mußte.

Die Männer der Fore nahmen nicht nur an den öffentlichen Versammlungen teil, sondern sie jagten auch Männer, die sie für Zauberer hielten, und töteten sie aus Rache. Für Zauberer hatten die Jäger eine besondere Art des Angriffs, *tukabu* genannt: Sie rissen die Nieren heraus, zerschlugen die Genitalien, brachen die großen Oberschenkelknochen mit Steinäxten und trieben Bambussplitter in die Venen, um sie auszubluten. Gajdusek sah mehr als einen verstümmelten Leichnam und behandelte einen Mann, der bei einem *tukabu*-Angriff schwer verwundet worden war und ihn fast mit dem Leben bezahlt hätte. Durch die Kuru-Epidemie gab es bei den Südlichen Fore im Durchschnitt doppelt so viele Männer wie Frauen, und in manchen Dörfern lag das Verhältnis sogar bei drei zu eins. Da durch das *tukabu* Männer getötet wurden, verminderte sich das Mißverhältnis, als ob ein programmiertes biologisches Gleichgewicht wiederhergestellt werden mußte.

Widerwillig stellten sich die Männer der Fore darauf ein, die bisherigen Frauenarbeiten zu übernehmen, so das Sammeln von Brennholz, die Gartenbewirtschaftung, das Kochen und das Füttern der Kinder. Aber die Fore bemerkten auch als erste, daß die Gesetzmäßigkeit der Epidemie sich veränderte. Bei den Nördlichen Fore ging die Zahl der Todesfälle zurück, im Süden dagegen war sie immer noch hoch. Besonders ermutigend war, daß weniger Kinder an Kuru starben. 1957 waren es sechsundvierzig und 1959 immer noch zweiundvierzig gewesen, aber 1961 gab es bei Kindern nur noch vierzehn Todesfälle.

Ende 1961 kam Michael Alpers mit seiner Frau und seiner zehn Monate alten Tochter aus Australien zu den Südlichen Fore; er war von der Regierung für zwei Jahre abgeordnet, um sich als Arzt mit Kuru zu befassen. Gajdusek beschreibt ihn in einer Tagebucheintragung aus jener Zeit als »jung, still und gewissenhaft«. Alpers hatte schon von dem stürmischen Amerikaner gehört, aber obwohl er auf der Bildfläche erschienen war, um die Präsenz australischer Forscher aufrecht zu erhalten, was dem wilden Kollegen mißfallen konnte, kamen er und Gajdusek gut miteinander zurecht. Im Frühjahr entdeckten sie auf einer gemeinsamen Erkundungsfahrt einen Vulkan, der noch auf keiner Landkarte Neuguineas verzeichnet war. »Wir gingen durch den großen Krater«, berichtet Alpers, »und fanden mittendrin einen gelben, blubbernden See. Bei jedem unserer Schritte stieg Schwefelwasserstoff auf. Wir umrundeten das Ding zur Hälfte; dann blieben wir stehen, sahen uns an und sagten: ›Mensch, das ist ja ein Vulkan.‹ Es dauerte ganz schön lange, bis der Groschen fiel.« An den Ausflug erinnert Alpers sich noch gut, denn unterwegs kam über Funk eine Nachricht für Gajdusek, daß zu Hause jemand im Sterben lag. Gajdusek wußte nicht, ob es sein Bruder Robin (ein Dichter), Joe Gibbs oder Joe Smadel war. Er kürzte die Tour ab. Es ging um Joe Smadel: Er war todkrank, und im Juli, als Gajdusek sich widerstrebend auf eine weitere Heimreise einstellte, vertraute er seinem Tagebuch an, wie er sich vor der Rückkehr in die »Zivilisation« fürchtete:

Ich habe vier Jahre lang in einer Welt der Kinder, des kindlichen Humors, der kindlichen Phantasie und der kindlichen Leidenschaften gelebt, und dazu brauchte ich nicht die unwiderrufliche Rolle des Vaters zu übernehmen. Könnte ich doch in dieser selben Welt alt, töricht alt werden ... Das wäre mein höchstes Glück! Ich verlasse jetzt die spielerischste, lohnendste aller Kinderwelten, und ich bereue es schon jetzt! ... Diese faszinierenden Dörfer bedeuten mir mehr als Washington und Boston. Ehrlich gesagt, fürchte ich mich ein wenig davor, nach Hause zu kommen und Mutter wiederzusehen, und Joe Smadel sterben zu sehen – und es widerstrebt mir ein wenig, mich wieder mit Familie, Freunden und ihrem komplexen Leben zu befassen.

Im Rocky Mountain Laboratory baute Bill Hadlow ein neues Forschungsgebiet mit Nerzen auf. Diese lebhaften kleinen Raubtiere, die wegen ihres schönen Pelzes geschätzt werden, werden im Norden der Vereinigten Staaten, in Kanada und in ganz Nordeuropa und Asien auf Zuchtfarmen in Käfigen gehalten. Hadlow befaßte sich mit der Aleuten-Krankheit, einer schweren Infektionskrankheit der Nerze, die jedes Jahr Millionenverluste verursachte. »Nerze waren für mich etwas völlig Neues«, berichtet er. »Ich mußte erst lernen, wie man mit ihnen arbeitet. Ich entwarf Nerzställe und Nerzkäfige, suchte nach dem richtigen Futter und fand eine Bezugsquelle nur zwölf Meilen talabwärts auf einer kleinen Zuchtfarm. Wir hatten mit dem Züchter ausgemacht, daß er keinen Nerz von außen aufnahm, daß er seine Tiere nicht auf Ausstellungen präsentierte und daß er keinen anderen Züchter zu seinen Tieren ließ. Ich sezierte alle verstorbenen Tiere. Das funktionierte gut. In anderen Labors mußten die Leute sich die Nerze für ihre Versuche von irgendwoher besorgen, und die Hälfte davon starb, bevor sie überhaupt anfangen konnten. Ich hatte immer saubere Nerze.«

Im Frühsommer 1963 erhielt Hadlow einen Anruf vom leitenden Tierarzt des staatlichen US-Gesundheitsdienstes. Er bat ihn, erkrankte Nerze auf einer Farm in Blackfoot in Idaho zu untersuchen. Der Veterinär erklärte Hadlow, in der Farm bestehe der Verdacht auf Toxoplasmose, eine Parasitenkrankheit, die das Zentralnervensystem warmblütiger Tiere beeinträchtigt und an der auch Menschen erkranken können. »Ich hatte hier im Labor ein wenig mit Toxoplasmose herumprobiert«, erinnert sich Hadlow, »und deshalb sagte ich, na gut, er soll mir einen Nerz bringen. Am Samstagnachmittag brachte er ein paar Nerze, und sie zeigten deutliche neurologische Symptome. Wir töteten sie, nahmen eine Obduktion vor und sezierten die Gehirne. Und siehe da, es sah aus wie Scrapie.«

Damals nahm man an, daß Schafe Scrapie unter sich weitergaben, weil sie die Nachgeburt fraßen oder sie sich auf Weiden holten, auf denen andere Schafe gegrast hatten. Aber daß Nerze Scrapie bekommen können, wußte man nicht. Nachdem Hadlow die Toxoplasmose ausgeschlossen hatte, erörterte er seine Befunde mit den Kollegen. Dabei erfuhr er, daß eine Scrapie-ähnliche Krankheit 1947 und 1961 die Nerzbestände im Norden von Wisconsin dezimiert hatte und daß zwei Nerzfarmen dort gerade kürzlich wieder über neue Epidemien berichtet hatten.

»Diese Information genügte mir«, erzählte mir Hadlow. »Ich fuhr sofort hin.« Auf der Farm, die Hadlow aufsuchte, fand er verwirrte, schmutzige Nerze vor, die ziellos in ihren Käfigen im Kreis liefen, das Hinterteil nachzogen und den Schwanz seltsam über dem Rücken krümmten. Er erlöste zehn der kranken Tiere von ihrem Leiden, reihte die toten Körper auf einem Campingtisch auf und führte vor Ort eine grobe Autopsie durch. Mittels eines geliehenen Schweißbrenners schmolz er Gewebeproben luftdicht in Glasröhrchen ein, ließ sie tiefgefrieren, konservierte die Gehirne in Glasflaschen und transportierte alles unter seinem Flugzeugsitz nach Montana. Wie die Nerze aus Blackfoot, so zeigten auch die Tiere aus Wisconsin in ihrem Gehirn spongiforme Veränderungen, den Verlust von Nervenzellen und die bekannten braunen Sternenhaufen der Astrogliose. Mit dem mitgebrachten, eingefrorenen Gewebe infizierte Hadlow einige seiner sauberen Labornerze. Acht Monate später zogen die so behandelten Tiere plötzlich das Hinterteil nach und liefen mit über den Rücken gekrümmtem Schwanz im Kreis.

Der Krankheit wurde der Name »übertragbare Enzephalopathie der Nerze« (*transmissible mink encephalopathy*, TME) verliehen.

*Enkephalos* ist das altgriechische Wort für »Gehirn«; die Endung »-pathie« (»Krankheit«) kommt von dem ebenfalls griechischen Wort *pathos,* das ursprünglich »Leiden« bedeutet. Bei wilden Nerzen war TME unbekannt; sie kam offenbar nur bei Tieren vor, die auf Farmen gezüchtet wurden. Die Tierärzte, die sich mit der Krankheit befaßten, schöpften deshalb den Verdacht, das Futter der Nerze könne dafür verantwortlich sein. Nerze sind Fleischfresser; die Züchter füttern sie normalerweise mit rohem Fleisch, Schlachtabfällen, Fisch, Leber und Getreideprodukten. Die Schlachtabfälle konnten auch Fleisch und andere Überreste von Schafen enthalten, das heißt, der naheliegendste Erreger von TME war Scrapie. Aber die erste TME-Epidemie in den USA hatte es in Wisconsin schon 1947 gegeben, noch bevor Scrapie nach Amerika gelangt war – die erste Scrapie-Epidemie der USA, die sich ebenfalls 1947 ereignet hatte, war auf eine Farm in Michigan beschränkt geblieben. Damit schied Scrapie als Ursache der TME-Epidemie von 1947 zumindest vorläufig aus. Nach den Feststellungen der Tierärzte, die sich mit der ersten TME-Epidemie befaßt hatten, waren die Tiere, die später an der Krankheit starben, vorwiegend mit dem Fleisch erkrankter Rinder gefüttert worden, die man tot oder gelähmt aufgefunden hatte, so daß sie für den menschlichen Verzehr nicht mehr geeignet waren. Auch die Nerze auf der Farm, die Hadlow 1963 besuchte, hatten das Fleisch kranker Rinder zu fressen bekommen. Aber bei Rindern war keine Scrapie-ähnliche Krankheit bekannt.

Nun lag also eine weitere spongiforme Enzephalopathie mit rätselhafter Ursache und verheerenden Auswirkungen vor. Durch die Epidemie von 1947 starben eintausendzweihundert Nerze. Die Krankheitswellen von 1961 in Wisconsin forderten weniger Opfer, aber die Todesfälle machten immer noch zwanzig bis dreißig Prozent der betroffenen Nerzbestände aus. Im Verlauf der Epidemie von 1963, mit der Hadlow sich beschäftigte, kamen wiederum eintausendzweihundert Tiere um – unter den erwachsenen Tieren in den Beständen eine Sterblichkeit von hundert Prozent. Was die Ursache war, konnte niemand mit Sicherheit sagen. Die Tiermediziner gingen an die Arbeit und versuchten, TME auf andere Tiere und Scrapie auf Nerze zu übertragen. Es waren die gleichen Experimente, die Gajdusek und Gibbs mit Kuru an den Schimpansen unternahmen – deren Arbeiten konnten 1963 in Patuxent endlich beginnen, und sie erbrachten erstaunliche Ergebnisse.

# Vierter Zusammenhang . . .

| SPEZIES | KRANKHEIT | PROGNOSE |
|---------|-----------|----------|
| Mensch | Kuru | tödlich |
| Mensch | Creutzfeldt-Jakob | tödlich |
| Schaf | Scrapie | tödlich |
| **Nerz** | **übertragbare Nerz-Enzephalopathie** | **tödlich** |

# 5

# Leben und Tod von Georgette

*Patuxent Wildlife Research Center und östliches Hochland*
*von Neuguinea, 1963–1965*

Joe Gibbs fand es widerwärtig, Schimpansen für medizinische Experimente zu benutzen. Die klugen, reizenden Primaten waren einfach zu menschenähnlich. Schimpansen mit tödlichen Krankheiten zu infizieren hatte Gibbs schon vor Jahren aufgegeben – »Ich konnte es einfach nicht mehr«, sagt er heute. Aber 1963, als die Kuru-Epidemie bei den Fore Hunderte von Frauen und Kindern dahinraffte und die Familien des Stammes dezimierte, befürworteten alle, die mit der Erforschung der Krankheit zu tun hatten, Experimente mit Schimpansen. Das ähnlichste bekannte Modell für die Krankheit, die sie untersuchten, war die Übertragung von Scrapie bei Schafen. Manche Schafrassen waren anfälliger für Scrapie als andere. Entsprechend würden – wenn Kuru sich als übertragbar erwies – auch manche Primaten anfälliger für die Krankheit sein als andere, und die Schimpansen, die mit den Menschen genetisch am engsten verwandt sind, waren die geeignetsten Kandidaten. Carleton Gajdusek und Michael Alpers würden von ihrem Außenposten in Neuguinea immer neue Kuru-Gehirne liefern, und Joe Gibbs in den Vereinigten Staaten fiel die belastende Aufgabe zu, die Tierversuche durchzuführen.

Gibbs wohnt noch heute in dem Haus der Familie auf dem Capitol Hill, das seine Urgroßeltern gebaut haben. Sein Vater war ein Landtierarzt in den Diensten des Staates Maryland gewesen, und Joe hatte schon als Kind mitgeholfen, Tieren das Leben zu retten. »Im Sommer sind wir wegen der Tollwut oft herumgelaufen, um Hunde und Katzen zu erschießen«, erzählte er mir. »Mein Vater war in den USA der erste Tierarzt, der kostenlose Tollwutimpfungen für Haustiere organisierte. Das war bereits im Jahr 1939. Es führte dazu, daß im folgenden Jahr die Zahl der Tollwutfälle bei Hunden und Katzen drastisch zurückging. Diese kostenlose Tollwut-Prophylaxe führte er bis zu seinem Tod 1971 fort.« Die tierärztliche Tätigkeit war für Gibbs eine gute Vorbereitung auf die wissenschaftliche Arbeit, und nach einem kurzen Abstecher zur Marine am Ende des Zweiten Weltkrieges machte er an der Catholic University in Washington den B.A., den M.A. und den Doktor – wobei er die Promotion in nächtlicher Teilzeitarbeit beendete, während er eigentlich schon als Wissenschaftler am Walter Reed Institute arbeitete.

Als Gibbs sich Gajduseks Projekt zur Erforschung der langsamen Viren anschloß, standen ihm kaum Forschungsmittel und keine Versuchstiere außer Mäusen zur Verfügung. Die verfallenen Ställe in Patuxent mußten instandgesetzt werden, das Backsteingebäude für die Primaten existierte nur auf dem Papier, und die Ausrüstung mußte er irgendwo zusammenkratzen. »Man gab mir gerade genug Geld für eine einzige Zentrifuge und ein paar Chemikalien«, erzählte er trocken. »Das übrige Gebäude möblierte ich aus der Rumpelkammer des Militärs. Ich fing mit zwei technischen Assistentinnen an. Sie beklagten sich nicht, daß wir dieses oder jenes brauchten. Meine Maxime lautete: Wir bitten um nichts. Wir liefern Ergebnisse, und dann brauchen wir nicht mehr zu betteln.«

Ein Schimpanse kostete damals dreihundert Dollar (zum Vergleich: heute fünfundzwanzigtausend Dollar). In der ersten Jahreshälfte 1963 beschaffte Gibbs drei zweijährige Tiere. Gajdusek war gerade in den USA und infizierte am 17. Februar zusammen mit Gibbs den ersten Schimpansen mit der Bezeichnung A-1, »liebevoll auch Daisy genannt«. A-4, der dritte, traf im Laufe des Sommers im NIH ein und wog damals etwa fünf Kilo; er wurde zunächst in Quarantäne gehalten, auf Tuberkulose untersucht und dann am 17. September infiziert. Sie tauften A-4 auf den Namen George. Das Gehirngewebe, mit dem George infiziert wurde, stammte von einem kleinen Fore-Jungen namens Eiro.

Mike Alpers hatte eine Teilobduktion durchgeführt und nur das Gehirn entnommen. Mit sterilen Handschuhen an den Händen hatte er kleine Stücke von dem frischen Gehirn abgeschnitten, in keimfreie Flaschen gefüllt, alles in der Tiefkühltruhe des Krankenhauses von Okapa über Nacht eingefroren und die Proben dann höchstpersönlich mit einem gecharterten Flugzeug nach Lae an der Nordostküste Neuguineas gebracht. Dort wurden sie auf Eis gelegt und an ein Labor in Melbourne geschickt, das sie tiefgefroren aufbewahrte, bis sie in Trockeneis verpackt zum NIH geflogen werden konnten. (»Anschließend fuhr ich wieder in das Dorf des Patienten und nahm an den Trauerfeierlichkeiten teil«, schreibt Alpers. »Ich brachte etwas für den Leichenschmaus mit und trauerte so aufrichtig wie die anderen Teilnehmer.«)

Am 17. September taute Gibbs in Gajduseks Labor am NIH die Gehirnstücke auf, homogenisierte sie mit einem Mixer und verdünnte die schaumige, rosarote Flüssigkeit mit keimfreier Salzlösung. Die beiden Wissenschaftler betäubten George mit Äther, bohrten mit einem Zahnarztbohrer vorn, knapp links von der Mitte, ein Loch in seinen Schädel, zogen mit einer Spritze zwei Zehntelmilliliter der Kuru-infizierten Lösung auf und injizierten sie unmittelbar ins Großhirn. »Fünf Minuten nach der Injektion«, so Gibbs in seinen Aufzeichnungen, »hatte sich das Tier von der Äthernarkose erholt, und in den folgenden Tagen ... zeigte es äußerlich keinerlei Anzeichen von Unwohlsein.« Als A-4 erwachsen wurde, stellte Gibbs fest, daß sie sich mit dem Geschlecht geirrt hatten. Aus George wurde Georgette, ein kleines Weibchen mit abstehenden Ohren und lebhaften dunklen Augen.

Um sich ausreichend zu beschäftigen, belegte Gibbs ein ungenutztes Laborgebäude in Patuxent mit Beschlag und weitete die von Gajdusek begonnenen Versuche mit Mäusen und Scrapie aus. Er vereinbarte mit einer privaten Biotechnologiefirma in Falls Church in Virginia, daß dort einige hundert Rhesusaffen und afrikanische Grüne Meerkatzen gehalten wurden, die er und seine beiden technischen Assistentinnen mit Kuru, Parkinson, ALS und anderen Nervenkrankheiten des Menschen infizierten. Nach einem halben Jahr war diese erste Versuchsreihe von einer Katastrophe betroffen: In der Vertragsfirma wurde unabsichtlich eine höchst ansteckende Tuberkulose eingeschleppt. »Es war eine Tragödie«, erzählte Gibbs mir betrübt. »Es hatte uns soviel Mühe gekostet, die Tiere zu beschaffen, zu infizieren und zu beobachten, und dann mußte diese Tuberkulose ausbrechen – sie verbreitete sich wie ein Buschbrand. Es blieb uns nichts anderes übrig, als die ganze Kolonie zu töten. Wir taten es selbst und bluteten sie alle aus, denn wir wollten wenigstens die Gehirne haben. Wir hoben von allen Tieren die Gehirne auf und untersuchten sie.« Doch sechs Monate waren als Inkubationszeit für Kuru nicht lang genug gewesen.

Nach dem Desaster von Falls Church fing Gibbs in Patuxent wieder von vorn an. Das Backsteingebäude war mittlerweile fertig – ein nicht isolierter, weiß getünchter, einstöckiger Kasernenblock mit einer Reihe von Außenkäfigen an der Ostseite und einer Propangasflasche zum Heizen. Im April 1963 brachte Gibbs seine Scrapie-infizierten Mäuse vom NIH-Gelände in Bethesda in das leerstehende Labor in Patuxent. Zur Ausweitung der Scrapie-Experimente brauchte er weitere Typen infizierten Gewebes aus Island, und deshalb beantragte er beim US-Landwirtschaftsministerium eine Einfuhrgenehmigung. Das löste eine weitere Katastrophe aus, diesmal eine bürokratische. »Der Verantwortliche aus der Abteilung für Tierüberwachung und Quarantäne – er hieß Dr. Robert C. Reisinger – kam zu uns, sah sich alles an und war völlig von den Socken. Er schrieb einen Brief an den Direktor des NIH und stellte darin fest, wir hätten gänzlich unzureichende biologische Sicherheitsvorkehrungen, unzureichende Belüftungsanlagen und keine Sicherungen gegen Mücken. Abschließend meinte er, man dürfe mir keine Genehmigung für irgendwelche Arbeiten erteilen. Besonders hart ging er mit unserer ›ungewöhnlichen Methode zur Beschaffung des Scrapie-Virus‹ ins Gericht, wie er es nannte« – gemeint waren Gajduseks »Hosentaschenimporte« aus Compton, die sich jetzt als verhängnisvoll erweisen sollten.

»Als nächstes hörte ich«, fuhr Gibbs fort, »Reisinger stelle eine Kommission zusammen, die unsere biologischen Sicherheitsvorkehrungen begutachten solle. Zu seinem Pech suchte er dafür aber meine alten Kumpels aus, und die waren alle sehr wohlwollend. Aber er hatte nicht unrecht. Offiziell gesehen waren unsere Einrichtungen völlig unzureichend. Er fürchtete, ein paar infizierte Mäuse könnten aus ihren Käfigen entwischen und in die wilde Mauspopulation dieser Gegend gelangen.« Um die Angriffe des Kontrolleurs zu entschärfen, verlegte er seine zehntausend Mäuse nach und nach in den Keller des Kuhstalles auf der anderen Seite des Komplexes gegenüber vom Primatenhaus. »Ich hatte die alten Viehverschläge herausreißen und die Wände neu verputzen lassen, damit es ein wenig sauberer aussah. Und ich hatte ein paar Fenster eingebaut, damit man eine Klimaanlage und eine Heizung betreiben konnte.«

Aber Reisinger war immer noch nicht zufrieden. Fast wäre es ihm gelungen, die Untersuchung der langsamen Viren ganz zu verhindern. Aber Gibbs ist ein hartnäckiger, entschlossener Mensch; die ständigen Störungen überstiegen seine Schmerzgrenze. »Wenn ich weiß, daß ich recht habe«, sagte er mir, »und wenn ich weiß, daß der andere völlig danebenliegt, dann darf man mir nicht in die Quere kommen, denn dann sorge ich dafür, daß etwas geschieht und die Situation bereinigt wird. Ich konnte den Leuten nicht begreiflich machen, daß es sich hier nicht um ansteckende Krankheiten handelt, absolut keine ansteckenden Krankheiten. Mücken übertragen Scrapie nicht. Und Mäuse auch nicht. Ich entschied, daß Reisinger verschwinden mußte. Irgendwie sorgte ich dafür, daß man ihm eine Stelle am National Cancer Institute anbot, und weg war er. Letztlich freundeten wir uns sogar ein wenig an. Er sah ein, daß er sich geirrt hatte.«

Als die Kleintierkolonien in Patuxent waren, wollte Gibbs die Forschungsanlage endgültig institutionalisieren. Er überführte auch die Schimpansen vom NIH in das Primatenhaus zu den Tieren, die er dort bereits untergebracht hatte: fünfundsiebzig Rhesusaffen, afrikanische Grüne Meerkatzen, Javaner- und Totenkopfaffen. Dann kamen vier weitere Schimpansen hinzu – »allmählich platzte das Haus aus allen Nähten«. Die Kleinaffen blieben in den Käfigen, aber die Schimpansen mußten unterhalten werden. »Ich machte es mir zur Gewohnheit, immer vormittags und am späten Nachmittag Tiere zu beobachten. Die Schimpansen waren noch so klein, daß man mit ihnen gut umgehen konnte. Man muß mit ihnen spielen. Ich holte sie heraus, nahm einen von ihnen bei den Händen, warf ihn in die Luft, so daß er ein paar Saltos machte, und fing ihn wieder auf.« Biologische Sicherheitseinrichtungen waren nicht notwendig. »Biologische Sicherheit hieß für uns, daß wir sie im Haus behielten«, witzelt Gibbs. In einem Jahr ließen die Schimpansen einmal mitten im Winter die Kleinaffen aus den Käfigen. Die Tiere stürmten kreischend auf die Bäume zu, und dann traf die Kälte sie wie ein Schlag. »Man konnte herumgehen und sie von den Ästen pflücken«, lacht Gibbs. »Die Schimpansen waren schlauer. Die gingen wieder nach drinnen, wo es warm war.«

Anfang 1964 zog Mike Alpers nach Bethesda. Systematisch arbeitete er sich dort durch die umfangreichen epidemiologischen Berichte, die Gajdusek seit 1957 angehäuft hatte. Er hoffte, er werde in den Aufzeichnungen versteckte Gesetzmäßigkeiten finden, die den anderen bisher noch nicht aufgefallen waren. Und so kam es auch:

Es war schon ein aufregender Augenblick ... als ich alle Zahlen nach Altersgruppen aufschlüsselte und sie in die frühere Phase von 1957 bis 1959 und die spätere von 1961 bis 1963 unterteilte. Aus der epidemiologischen Arbeit vor Ort hatte sich bereits der Eindruck ergeben, daß die Krankheit bei Kindern seltener wurde, und dieser Eindruck verstärkte sich, wenn man systematisch alle Befunde durcharbeitete ... Plötzlich hatten wir die Zahlen vor uns: Kuru war bei Kindern tatsächlich zurückgegangen, und in der jüngeren Altersgruppe war es sogar praktisch verschwunden. Das war eine spannende neue Beobachtung, und sie schrie geradezu nach einer Erklärung. Vorerst konnte ich aber nur über diese Erleuchtung staunen, die durch unsere trockenen Diagramme hindurchschimmerte.

Im Dezember 1964 fand eine vom National Institute of Neurological Diseases and Blindness finanzierte Arbeitstagung über langsame, latente und temperente Viren statt. Die Organisatoren waren Gibbs und Gajdusek. Die meisten wichtigen Teilnehmer kamen nach Bethesda, um ihre Ansprüche anzumelden und über Erfolge zu berichten: Scrapie-Spezialisten aus Compton und Edinburgh, die Neuropathologin Elizabeth Beck aus London, Bill Hadlow, Jim Hourrigan, der beim US-Landwirtschaftsministerium das Programm zur Ausrottung von Scrapie leitete, Paul Brown und Igor Klatzo, die als Kollegen von Gibbs und Gajdusek am NIH arbeiteten, und sogar Gibbs' bürokratischer Racheengel Robert Reisinger. Die Isländer, die immer noch über Gajduseks Einbruch in das Gebiet schmollten, waren auffallend unterrepräsentiert: Sie schickten nur einen Vertreter. In den Diskussionen ging es nicht nur um Kuru und Scrapie, sondern auch um die Aleuten-Krankheit der Nerze, verschiedene Arten der Enzephalitis, Multiplen Sklerose und ALS. Seltsamerweise wurde in keinem einzigen offiziellen Vortrag das wenige zusammengefaßt, was man über die Creutzfeldt-Jakob-Krankheit wußte; allerdings machte Klatzo erneut darauf aufmerksam, daß Kuru nach seinen Befunden dieser rätselhaften Krankheit ähnelte. Alpers berichtete über seine spannende Entdeckung, daß Kuru bei kleinen Kindern nicht mehr vorkam. Ein Wissenschaftler aus Compton fragte ihn, ob dieses Verschwinden zeitlich mit dem Ende des Kannibalismus bei den Fore zusammenfiele. Alpers bestätigte, das sei der Fall, und wies darauf hin, die Übertragung von Kuru durch den Kannibalismus sei »Dr. Gajduseks erste Hypothese« gewesen, aber er spielte diesen Zusammenhang als unwichtig herunter. Gajdusek pflichtete ihm bei: »Ich glaube nicht, daß der Kannibalismus des Rätsels Lösung ist, aber wenn man alle Möglichkeiten in Betracht ziehen will, bitte sehr: Die Fore haben tatsächlich oft nur teilweise gekochtes Gehirn gegessen, das mit verwesendem Fleisch und Eingeweiden verunreinigt war.«

Der berühmte deutsche Arzt Robert Koch, der als erster die Erreger von Milzbrand, Tuberkulose und Cholera nachwies, formulierte in den achtziger Jahren des 19. Jahrhunderts die logischen Schritte, mit denen man in der medizinischen Wissenschaft beweisen muß, ob ein bestimmter Erreger eine Krankheit auslöst. Die drei von ihm festgelegten Kriterien sind heute als »Kochsche Postulate« bekannt:

1. Der Erreger muß in allen Fällen der Krankheit vorhanden sein.
2. Bei einem Tier, das man mit einer Reinkultur des Erregers infiziert, muß die Krankheit ausbrechen.
3. Kulturen des Erregers, die man aus derart erkrankten Tieren gewinnt, müssen die Krankheit reproduzierbar immer wieder erzeugen.

Die Kochschen Postulate dienten Gajdusek und seinen Kollegen als Richtschnur bei ihren Versuchen, Kuru auf Primaten zu übertragen. Sie waren davon ausgegangen, daß der Erreger bei den an Kuru erkrankten Menschen vorhanden war, und für die Zwecke ihres Experiments hatten sie außerdem angenommen, daß er übertragbar ist. Wenn ihre Versuchstiere eine Krankheit bekamen, die wie Kuru aussah, und wenn man Kuru mit dem Gehirngewebe dieser erkrankten Tiere auf eine weitere Tiergeneration übertragen konnte, wäre unwiderleglich bewiesen, daß Kuru ansteckend war. Um die Kochschen Postulate in vollem Umfang zu erfüllen, würden sie dann den Erreger in Reinkulturen außerhalb des Körpers züchten müssen – »in vitro«, wie man es mit dem lateinischen Wort für »Glas« auch nennt. Allerdings lassen sich nicht alle bekannten Krankheitserreger in vitro züchten. Eine solche Ausnahme war ganz offensichtlich auch Scrapie, das heißt, die Wissenschaftler mußten auf die ursprünglich von Louis Pasteur entwickelten Methoden zurückgreifen und den Scrapie-Erreger von Tier zu

Tier übertragen. Genau das tat, zumindest bisher, auch Carleton Gajdusek.

Neben der Auswertung der Befunde über Kuru in Gajduseks Labor arbeitete Alpers auch bei Gibbs' Untersuchungen an den Primaten mit. »Ich betätigte mich als Schimpansen-Neurologe«, schreibt der australische Arzt, »und beobachtete die Tiere; man hatte sie mit dem Material aus dem Gehirn von Kuru-Kranken infiziert, das wir so mühsam bei meinen Patienten in Neuguinea … gewonnen hatten … Viele Stunden lang hielt ich geduldig und in regelmäßigen Abständen in Notizen den klinischen Zustand dieser Tiere fest.« Das gleiche taten auch Gibbs und Mike Sulima, sein hochgewachsener, zuverlässiger technischer Assistent. Sulima bemerkte am 28. Juni 1965 als erster eine Veränderung in Georgettes Verhalten; in seinem Labortagebuch notierte er: »Wirkt nicht so lebhaft wie sonst. Bleibt allein in einer Käfigecke.« Nach Gibbs' Berichten »zog Georgette sich immer stärker zurück, und ihre Augen blickten ins Leere. Außerdem bemerkten wir ein leichtes Zittern, als sei sie plötzlich von einem kalten Luftzug getroffen worden«.

Gibbs hatte nie einen Kuru-Patienten längere Zeit beobachtet. »Ich wollte keinen Kuru-Fall sehen, bevor ich diese Tiere beobachtet hatte, damit meine Beobachtungen nicht von dem Gesehenen beeinflußt wurden. Wir beobachteten, wie der Zustand sich über Wochen hinweg weiterentwickelte. Es war eindeutig ein progressiver Verlauf.« Irgendwann hing Georgettes Unterlippe schlaff herunter. Sulima notierte:

*14. Juli 65.* Scheint das »große Zittern« zu haben. Bibbert in kurzen Abständen. Kein Gleichgewichtsgefühl. Stürzt über eine Stufe im Käfig. Bewegt sich sehr langsam. Unterkiefer hängt ständig herunter.
*15. Juli 65.* Zittern setzt sich fort. Fiel heute von der Käfigdecke.

»Wir beobachteten, wie Georgette sich immer häufiger gegen die Käfigwände lehnte, weil sie nicht mehr gerade stehen konnte«, erläutert Gibbs. »Manchmal fiel sie um, wenn sie die Sitzstange im Käfig verließ. Wir sahen zu, wie sie nach dem Futter herumtastete, obwohl es unmittelbar vor ihr stand, und wenn sie es zum Mund führte, zitterten ihre Hände.«

Alpers brachte es auf den Punkt: »Ich weiß noch, wie ich eines Tages in den Vorraum ging, wo ich immer meine klinischen Berichte schrieb, und nachdem ich die Beobachtungen wie üblich hingekritzelt hatte, schrieb ich als Zusammenfassung fast automatisch: ›klinischer Eindruck: Kuru.‹ Das Wort sprang sofort ins Auge.« Alpers fuhr von Patuxent direkt nach Bethesda zu Gibbs. »Ich sagte: ›Joe, dieses Tier hat Kuru.‹ Er lachte nur: ›Das bildest du dir ein.‹ Und ich erwiderte: ›Wir müssen Carleton hinzuziehen.‹« Mittlerweile zeigte auch Daisy erste Krankheitssymptome.

Gajdusek war in Neuguinea. Gibbs teilte ihm in einem Telegramm die Neuigkeiten über den Zustand der Schimpansen mit und bat ihn, nach Hause zu kommen und die Tiere selbst zu untersuchen. »Er flog sofort ab«, sagte Alpers. »Irgendwie ärgerte er sich, daß wir ihn bei der Freilandarbeit gestört hatten – er war gerade bei Kuru-Patienten gewesen.« Am Vormittag des 20. Juli, einen Tag nachdem Gajdusek eingetroffen war, fuhren sie nach Patuxent, um sich die Schimpansen anzusehen. »Georgette zeigte es ihm sogar noch besser als mir«, erinnert sich Alpers. »Ich mußte es ihr sonst sozusagen mit der klinischen Untersuchung aus der Nase ziehen, aber als Carleton da war, kam sie in den Raum, lief herum und stolperte ständig – sie verhielt sich genau wie eine Kuru-Patientin. Carleton hatte einen Tag zuvor noch Menschen mit Kuru gesehen und konnte es einfach nicht glauben. Die Schimpansin lieferte wirklich eine großartige Vorstellung. Das Ganze war völlig überzeugend, und deshalb gelangten wir jetzt alle zu dem Schluß, daß etwas dran sein mußte.«

Gajdusek hatte noch immer seine Zweifel. Am 31. Juli – er wartete gerade auf den Fidschi-Inseln auf einen Anschlußflug – schrieb er in sein Tagebuch, es sei »jetzt wahrscheinlicher als zuvor, daß ein übertragbarer Erreger mit langer Latenzzeit die Ursache von Kuru ist«, aber es würden »noch Jahre vergehen, bevor es durch die Infektionsexperimente mit den Schimpansen wirklich bewiesen« sei. Und dann betete er wieder die Anforderungen der Kochschen Postulate herunter: »Selbst wenn also diese Schimpansin [Georgette] das voll ausgebildete Kuru-Krankheitsbild bekommt und daran stirbt, und wenn ihr Gehirn einen Kuru-artigen pathologischen Befund zeigt, müssen wir das Ergebnis reproduzieren, indem wir andere Schimpansen mit dem Material aus dem Gehirn des Kuru-Opfers Eiro infizieren, und auch indem wir die Krankheit durch Übertragung von diesen auf neue Schimpansen hervorrufen, und zuletzt muß uns das gleiche mit filtriertem Material und auf verschiedenen Ansteckungswegen gelingen. Das alles wird mindestens einige Jahre dauern …« Als Gajdusek das erste Telegramm mit dem Bericht über Georgettes Zustand erhalten hatte, war seine unmittelbare Reaktion, so Gibbs, daß er fragte, ob sie bei den Experimenten einen Fehler gemacht hätten. »Seine Antwort lautete: ›Sagt niemandem etwas von dieser Entwicklung; es könnte durchaus sein, daß wir die Tiere versehentlich mit Scrapie infiziert haben.‹ Ich bezweifelte das sehr, denn ich hatte die Scrapie-kranken Tiere und ihr Infektionsmaterial sehr sorgfältig von dem Versuch mit der menschlichen Erkrankung getrennt.«

Entweder konnte Gajdusek sich nur schwer wieder mit der Idee anfreunden, daß Kuru keine Erb-, sondern eine Infektionskrankheit war, oder er wollte seine Hoffnungen nicht zu hoch schrauben; vermutlich spielte beides eine Rolle. Ein paar Wochen später schrieb er an Gibbs, er sei »genauso begeistert wie du«, und zu Alpers meinte er, man solle nicht lange zögern und »eine genau geplante, völlig keimfreie Obduktion« vorsehen, sobald die Krankheit »eindeutig und unwiderruflich fortschreitet – falls es so kommt …« In der Zwischenzeit, so schrieb er an Alpers, solle dieser »alles genau beobachten und dokumentieren, auch mit Filmaufnahmen und häufigen neurologischen Untersuchungen«. Und an den beigeordneten Direktor des NIH, der jetzt, nach Joe Smadels Tod, über die Finanzierung des Labors zu entscheiden hatte, schrieb Gajdusek: »Daß plötzlich bei einem der ersten mit Kuru infizierten Schimpansen – und vielleicht auch bei einem zweiten – eine derart bemerkenswerte Gehirnkrankheit auftaucht, ist mehr, als wir mit Fug und Recht erwarten konnten. Auf diesen Zug – den spannendsten, den wir jemals finden konnten – nicht mit großem Aufwand aufzuspringen wäre töricht und würde unser ganzes bisheriges, kostspieliges Projekt sinnlos machen.« Wenn die Entdeckung einer neuen Krankheit ebenso prestigeträchtig war wie die Entdeckung eines neuen chemischen Elements, dann sollten beide auch ähnlich belohnt werden: Die Entdecker sollten den Nobelpreis erhalten. Andererseits kann aber auch kaum ein Fehler den Ruf eines Wissenschaftlers so gründlich ruinieren wie eine falsche Behauptung – und je folgenschwerer sie ist, desto größer wird später der Schaden. Kein Wunder also, daß Gajdusek zwischen Begeisterung und Vorsicht hin- und hergerissen war.

Nachdem Georgettes Kuru-artiger Zustand unübersehbar geworden war, ging es ihr schnell sehr schlecht. Gibbs hielt den Niedergang in seinem Tagebuch fest:

*9. Aug. 65.* Heute habe ich Georgette ziemlich lange beobachtet, bevor ich sie aus dem Käfig ließ. Leise postierte ich mich so, daß sie mich nicht sehen konnte, während ich sie gut im Blick hatte. Zu meinem Entsetzen stellte ich fest, daß das Tier, das mit dem Rücken zur Wand auf dem Brett oben im Käfig saß, offenbar von einer »klassischen Schüttellähmung« befallen war – anders konnte ich es nicht nennen … Das Tier war starr aufgerichtet, hatte die Arme eng um den Rumpf geschlungen und die Beine angezogen …

*13. Aug. 65.* Freitag, der 13. Georgette hatte wieder das große Zittern. Sie fiel aus dem Käfig – aber der Sturz war nicht annähernd so schlimm wie viele andere zuvor; äußerlich wirkt sie völlig lethargisch – die Zuckungen setzen sich ebenso fort wie der Zustand der »hängenden Unterlippe«. Ich bin überzeugt, daß sie in bezug auf ihre linke Hand die Tiefenwahrnehmung verloren hat – sie greift nach Futter, bekommt aber *immer* meinen Arm knapp oberhalb des Ellenbogens zu fassen; das angepeilte Futter verfehlt sie völlig ...

*7. Sept. 65.* Mit dem Zustand des Tiers scheint es weiter bergab zu gehen. Heute morgen lag sie auf dem Käfigboden, und obwohl sie regelmäßig atmete, dachte ich zunächst, in der Nacht sei plötzlich der Tod eingetreten ... Eindeutige Zuckungen, aufgerichtete Haarbälge und unkoordinierte, schwache Bewegungen ...

»Das ging soweit«, berichtete mir Gibbs, »daß wir ihre Pflege rund um die Uhr organisieren mußten. Die beiden Tiere – Georgette und Daisy – waren völlig unfähig, auch nur das geringste selbst zu tun. Wir brachten sie nach oben in das Hauptlabor und richteten für sie eine kleine Pflegestation ein.« In Gibbs' Tagebuch heißt es weiter:

*20. Sept. 65.* Ich weiß nicht, wie lange dieses Tier noch weiter verfallen kann. Sie wirkt ausgezehrt und im ganzen schwächer ... Wir füttern sie wieder mit der Hand ...

*27. Sept. 65.* Heute habe ich das Tier mit der Hand gefüttert; habe es geschafft, daß sie drei Äpfel und drei Stück mit Milch und Sahne getränktes Vollkornbrot zu sich nahm ... Hat seit dem 24. Sept. 65 schon 600 Gramm abgenommen. Große Sorgen macht mir die Flüssigkeitsaufnahme ...

*7. Okt. 65.* Georgette bleibt völlig teilnahmslos – hat aber guten Appetit. Ich bin der festen Überzeugung, daß dieses Tier nie mehr gesund werden wird. Sie wird schwächer, hat allerdings in den Armen beträchtliche Kraft – sie kann ihr eigenes Körpergewicht auf- und abbewegen. Mein Leben wird allmählich zur Hölle, weil ich Angst vor ihrem Tod oder vor Komplikationen durch Sekundärinfektionen habe – ich glaube, wir müssen sie bald erlösen ...

»Zuletzt«, berichtete Gibbs gequält, »entschieden wir, daß es genug war. Wir ließen Mrs. Elizabeth Beck aus England einfliegen und bereiteten alles vor, um das Tier zu töten und die Obduktion vorzunehmen. Es war für uns alle wirklich hart, denn diese ganz besonderen Tiere waren uns ans Herz gewachsen, und es würde ein schmerzlicher Verlust werden.« Für die Obduktion machten sie genaue Pläne, die sie in enger Absprache mit Gajdusek in Neuguinea entwickelten.

Am Morgen des 28. Oktober 1965 filmte Alpers ein letztes Mal Georgettes Verhalten, und dann nahm er die abschließende Untersuchung vor:

Versuchte, ihr schlechtes Sehvermögen zu demonstrieren: Fähigkeit, einen Apfel zu riechen und danach zu suchen, aber keine Fixierung des Blicks – das zeigt sich daran, daß sie den Apfel haben will und danach sucht, ihm aber nicht mit den Blicken folgt. Reaktion auf Bedrohungen nur gelegentlich vorhanden. Kann noch alle vier Gliedmaßen bewegen. Versucht zu »gehen« oder eigentlich den Körper in Richtung eines Apfels zu schleppen, den man vor sie hinlegt, während sie sich nach vorn beugt und den Kopf auf den Boden legt ... Eigentlich keine Veränderung im Vergleich zum Vortag.

Sie sagten Georgette Lebewohl, betäubten sie und töteten sie schmerzlos durch Ausbluten, so daß sie von ihrem Leiden erlöst wurde. »Es war eigentlich keine Obduktion, sondern eher ein Zerpflücken des Körpers«, berichtet Alpers. »Joe und ich führten das durch, und Elizabeth stand daneben und legte jedes Gewebestückchen in eine Flasche aus einer langen Reihe – für Gefrierschnitte, Spurenelementanalyse und alles mögliche andere.« Ein Gastwissenschaftler hielt die »Ernte« in seinen Aufzeichnungen fest: Ein paar Gramm Gehirn für virologische Untersuchungen, das übrige Gehirn in Formalin fixiert; die gesamte Wirbelsäule mit Teilen von Brustkorb und Becken, ebenfalls in Formalin fixiert; Herz, Lunge, Leber, Gallenblase, Milz, Bauchspeicheldrüse, Nieren, Nebennieren, linker Eierstock (»rechten Eierstock nicht gefunden«); der gesamte Verdauungstrakt, Lymphknoten, Schild- und Thymusdrüse. »Der linke Arm und das linke Bein wurden abgetrennt, enthäutet und einzeln in Formalin fixiert«, heißt es in den Aufzeichnungen. »Und ebenso wurde der verbliebene Kadaver des Schimpansen in Formalin haltbar gemacht.«

Elizabeth Beck hatte die Aufgabe, Georgettes Gehirn zu sezieren und auf pathologische Veränderungen zu untersuchen. Sie flog nach London und nahm das Organ in einem luftdicht verschlossenen Gefäß mit. »Bevor sie Dünnschnitte machen konnte«, erläutert Alpers, »mußte sie es mindestens drei Wochen lang fixieren lassen, so daß wir eigentlich alle nur warteten und warteten. Sie ist ein Profi und wollte nichts überstürzen. Schließlich entschied sie, daß es soweit war. Sie sezierte es und sah es sich an; dann erhielten wir eines Morgens ein Fernschreiben.«

Das Telex, wie Alpers es in Erinnerung hat, war kurz und kam sofort zur Sache:

PATHOLOGISCHER BEFUND BEI GEORGETTE NICHT VON DEM EINES MENSCHEN MIT KURU ZU UNTERSCHEIDEN.

# Fünfter Zusammenhang . . .

| SPEZIES | KRANKHEIT | PROGNOSE |
|---------|-----------|----------|
| Mensch | Kuru **(auf Primaten übertragbar)** | tödlich |
| Mensch | Creutzfeldt-Jakob | tödlich |
| Schaf | Scrapie | tödlich |
| Nerz | übertragbare Nerz-Enzephalopathie | tödlich |

# 6

# Die Kannibalen-Connection

*Östliches Hochland von Neuguinea, 1962–1963/New York
und Bethesda, 1966–1968*

Shirley Lindenbaum erinnert sich noch lebhaft daran, wie sie und ihr erster Mann, der Anthropologe Robert Glasse, den Zusammenhang zwischen Kuru und dem Kannibalismus der Fore begriffen. »Wenn Anthropologen vor Ort arbeiten«, schreibt sie rückblickend, »lassen sie Angehörige, Freunde und Freizeitvergnügungen hinter sich, aber oftmals nehmen sie Teile ihrer eigenen Kultur mit … Bei uns war es so: Bevor wir im Juni 1961 aus Australien [nach Neuguinea] abreisten, sorgten wir dafür, daß uns eine Menge gewichtiger und weniger gewichtiger Lesestoff nachgeschickt wurde.« Unter anderem abonnierte das Ehepaar Glasse auch das Nachrichtenmagazin *Time*. Es kam immer mit mindestens einem Monat Verspätung an, aber es vermittelte ihnen einen Eindruck von den Ereignissen außerhalb der eng begrenzten Welt der Fore. Im Juni oder Juli 1962 traf in Wanitabe eine Ausgabe von *Time* ein, in der ein seltsamer Bericht stand. Das Blatt schrieb, ein Wissenschaftler habe Planarien – kleine Plattwürmer, die in Wasser und feuchtem Erdreich zu Hause sind – so trainiert, daß sie den Weg durch ein einfaches Labyrinth fanden; dann hatte der Forscher diese ausgebildeten Exemplare kleingehackt und anderen Planarien zu fressen gegeben; anschließend konnte er nachweisen, daß die kannibalischen Planarien sich an das Labyrinth »erinnerten«.* »Die Idee, durch Kannibalismus könne etwas Entscheidendes übertragen werden«, erklärt Lindenbaum,

---

* Die Arbeiten galten später als unglaubwürdig.

»diente uns als eine Art Vorbild, aus dem wir Parallelen zu unseren eigenen Befunden über den Kannibalismus der Fore ableiten konnten.«

Das Ehepaar Glasse zog aus dieser Erkenntnis keine unmittelbaren praktischen Konsequenzen. Im Gegensatz zu Laborforschern stehen Anthropologen, was die Veröffentlichung ihrer Befunde angeht, häufig nicht in Konkurrenz zu anderen, denn in der Regel beobachten sie als einzige Vertreter ihres Faches einen bestimmten Kulturkreis. Carleton Gajdusek führte umfangreiche Tagebuchaufzeichnungen über seine Erlebnisse in Neuguinea, und Mike Alpers nahm in seine epidemiologischen Untersuchungen auch anthropologische Beobachtungen auf, aber beide waren keine ausgebildeten Anthropologen, sondern Ärzte. Nachdem die Glasses durch die *Time*-Geschichte auf die kannibalischen Planarien aufmerksam geworden waren, sammelten sie weitere Daten über den Kannibalismus der Fore und über Kuru – doch jetzt mit dem eindeutigen Gefühl, daß beides zusammenhing.

Schon bevor das Ehepaar Glasse nach Neuguinea kam, hatten Ann und J.L. Fischer, zwei amerikanische Anthropologen von der Tulane University, aus theoretischen Gründen einen Zusammenhang zwischen Kuru und Kannibalismus postuliert; zuvor hatten sie einerseits die Befunde der Anthropologen Ronald und Catherine Berndt ausgewertet, die sich Anfang der fünfziger Jahre mit den Fore befaßt hatten, und andererseits die vielen Fachaufsätze über Kuru gelesen, die Gajdusek, Zigas und verschiedene australische Wissenschaftler veröffentlicht hatten. Die Fischers hatten ihre Erkenntnisse im Frühjahr 1961 in einer amerikanischen Fachzeitschrift zusammengefaßt:

Die Gewohnheit der Fore, Leichen zu essen, läßt Vermutungen zu, auf welchem Weg ein viraler Erreger übertragen werden könnte. (Auch eine toxische Ursache könnte auf diese Weise weitergegeben werden.) Die Opfer mancher Arten von Hexerei werden von den Fore aus Angst vor Vergiftungen nicht gegessen, aber die an Kuru Verstorbenen gehören offenbar nicht in diese Kategorie ... Nach Berndts Angaben ist es zwar kaum zu beweisen, doch bei den Fore essen die Frauen offenbar den größeren Anteil des Menschenfleisches. Jedenfalls werden die Leichen angeblich in allen Verwesungszuständen und unterschiedlich stark gegart verzehrt. Wenn das stimmt, essen die Frauen vermutlich mit größerer Wahrscheinlichkeit mehr rohes Fleisch als die Männer.

Ein infektiöser Erreger wäre eine Erklärung dafür, warum Kuru anscheinend durch die Großmutter von mütterlicher, nicht aber von väterlicher Seite übertragen wird.

Die Argumentation der Fischers war zwar stichhaltiger als die Verwünschungen der betrunkenen Alten in den Kneipen von Goroka, aber auch sie gründete sich auf eine Annahme, die 1961 noch nicht bewiesen war: daß es einen infektiösen Erreger gibt.

Mike Alpers kann sich noch gut erinnern, wie er Anfang 1964 vor seiner Abreise zum NIH mit dem Ehepaar Glasse in Melbourne zu Mittag aß. »Wir sprachen über alles, auch über die Möglichkeit, daß der Kannibalismus tatsächlich etwas damit zu tun hat.« Als er sich aber mit Gajdusek über diesen Gedanken unterhielt, mußte er feststellen, daß der Amerikaner eine solche Möglichkeit nicht für denkbar hielt. »Mir schien, als ob Carleton diese Vorstellung peinlich war«, sagt Alpers heute. »Er wollte Kuru nicht mit dem Kannibalismus in Verbindung bringen, weil die Krankheit ohnehin schon viel zu exotisch war.«

Daß Gajdusek die Annahme eines Zusammenhangs zwischen Kuru und Kannibalismus unangenehm war, könnte durchaus stimmen, vor allem weil die Fore und ihre Nachbarn ihn freundlich aufgenommen hatten und weil er sie mittlerweile liebgewonnen hatte. Aber der eigentliche Grund für Gajduseks Widerwillen war wissenschaftlicher Natur – Alpers meint dazu: »Die Praxis der Menschenfresserei als solche bot keine Erklärung für die epidemiologischen Eigenschaften von Kuru; dazu benötigte man zusätzlich einen übertragbaren Erreger.«

Als im Dezember 1965 der Bericht von Elizabeth Beck über

die pathologischen Veränderungen von Georgettes Gehirn vorlag, wiesen alle Indizien darauf hin, daß Kuru übertragbar ist: Sie hatte umfangreiche Zerstörungen von Nervenzellen, Kuru-Plaques und Astrogliose gefunden, und die spongiformen Veränderungen waren so ausgedehnt, daß sie von »schwerem Status spongiosus« sprach; weiter schreibt sie, die Struktur der geschädigten Gehirnbereiche sei »völlig zerstört, so daß nur noch sehr wenige Nervenzellen intakt sind«. Gajdusek, Joe Gibbs und Alpers machten sich schnell daran, diese wichtige Entdeckung zu veröffentlichen: Sobald sie Elizabeth Becks Befunde erhalten hatten, verfaßten sie einen Artikel für die britische Wissenschaftszeitschrift *Nature*. Mittlerweile zeigte ein dritter Schimpanse erste Anzeichen für eine Erkrankung des Kleinhirns.

Der Aufsatz erschien im Februar 1966; sein letzter Absatz sollte an die Kochschen Postulate erinnern:

Diese bemerkenswerte klinische Parallele der Krankheitsentstehung bei drei Schimpansen, die jeweils mit Gehirnmaterial eines anderen Kuru-Patienten infiziert wurden, der Ausbruch nach einer in allen Fällen sehr langen Inkubationszeit, die Tatsache, daß ein ähnliches Krankheitsbild bei Schimpansen nach derzeitiger Kenntnis nicht von selbst auftritt und auch bei unseren vielen Kontrolltieren nicht beobachtet wurde, und die bemerkenswerte Ähnlichkeit der neuropathologischen Befunde zwischen dem einen bisher untersuchten Fall und denen bei Kuru-Opfern veranlassen uns zu der Überzeugung, daß Kuru im Experiment auf Schimpansen übertragen wurde.

Im April 1967 stellte Robert Glasse in einem Vortrag an der New York Academy of Sciences ausdrücklich einen Zusammenhang zwischen Kuru und Kannibalismus her, aber ebenso ausdrücklich stellte er die Beweiskraft seiner eigenen Befunde in Frage: »Als Sozialanthropologe versuche ich nicht, diese Befunde unter physiologischen Gesichtspunkten zu interpretieren, und deshalb kann ich, was Kannibalismus und Kuru angeht, keine detaillierte Hypothese anbieten.« In einem Artikel, der im folgenden Jahr in der medizinischen Fachzeitschrift *Lancet* erschien, schmiedeten Glasse, Lindenbaum und ein australischer Kollege den Zusammenhang endgültig fest.

Im Jahr 1967 starb auch das letzte Fore-Kind unter zehn Jahren an Kuru. Für Alpers war das erfreuliche Ende des Kindersterbens bei Menschen, die er kennen und lieben gelernt hatte und die mittlerweile ihre Kinder ihm zu Ehren Michael nannten, ein entscheidendes Ereignis:

Eines Morgens – ich arbeitete gerade in meinem provisorischen Büro auf der Veranda unseres Hauses in Bethesda an einem Vortrag für die Tagung der internationalen Akademie für Pathologie – gingen mir alle diese Möglichkeiten durch den Kopf, und plötzlich paßten sämtliche Puzzlesteine zusammen. Der Kannibalismus war zwar eine plausible Erklärung, aber als eigenständiger Mechanismus konnte er die Phänomene bei näherem Hinsehen nicht erklären. Aber Kannibalismus als einziger Übertragungsweg eines ansteckenden Kuru-Virus, das erschien sinnvoll: Es lag plötzlich schmerzlich klar auf der Hand. Es lag auf der Hand, weil damit alles erklärt war, und schmerzlich war es wegen der lähmenden Unsicherheit, wenn die Erklärung so nahe zu liegen scheint und doch nicht ganz offensichtlich ist – bis zu jenem Augenblick, als plötzlich alles paßte. Aber was war das für ein Augenblick! Der Endokannibalismus [das heißt: der Kannibalismus unter Verwandten] als Übertragungsweg für das Kuru-Virus erklärte die Alters- und Geschlechtsverteilung der Krankheit, denn die Frauen und Kinder, nicht aber die Männer aßen das Gehirn; und die Kinder, die ohne Kuru groß wurden, wurden auch in einer Gemeinschaft ohne Endokannibalismus groß; da es sich bei den Praktiken um Endokannibalismus handelte und da nur Verwandte verzehrt wurden, verteilte sich die Krankheit in den Familien.

Vertikal, von der Mutter zum Kind, wurde sie glücklicherweise nicht übertragen; auch das war jetzt eindeutig klar.

Im Jahr 1968 bestand an dem Zusammenhang zwischen Kuru und Kannibalismus kein Zweifel mehr. Alpers und andere machten sogar ganz bestimmte kannibalische Mahlzeiten wie die im ersten Kapitel beschriebene aus, die 1950 in Ketabi, einem Dorf der südlichen Fore, stattgefunden hatten, und konnten von dort aus das Schicksal jeder einzelnen Teilnehmerin nachzeichnen. Ein trauriges Rätsel war gelöst.

Doch 1968 war auch das Jahr einer anderen Entdeckung, und durch diese Entdeckung sollten Kuru und Kannibalismus über eine kleine Volksgrupppe im östlichen Hochland Neuguineas hinaus große Bedeutung erlangen. Gibbs, Gajdusek und Alpers hatten im November 1966 ein dreijähriges Schimpansenmännchen mit dem Gehirngewebe eines neunundfünfzigjährigen Patienten aus England infiziert. Gestorben war der Mann, so der spätere Bericht der Wissenschaftler, an einer »unaufhaltsamen, fortschreitenden Gehirnerkrankung von acht Monaten Dauer«; sie war durch so schwere spongiforme Veränderungen gekennzeichnet, daß das Gehirn bei der Obduktion »aussah, als sei es zur Hälfte seines ursprünglichen Umfangs zusammengesunken«. Dreizehn Monate später bekam der Schimpanse eine ganz ähnliche, fortschreitende Gehirnerkrankung, die sich aber auffällig von dem üblichen Verlauf von Kuru bei Schimpansen unterschied. Dieser Affe war schläfrig, für die Hälfte des Gesichtsfeldes blind und auf einer Körperseite geschwächt. Als man ihn sechzehn Monate nach der Infektion tötete, wurden im Kleinhirn ähnliche Schäden gefunden wie bei Kuru, aber darüber hinaus zeigten auch die höheren Bereiche der Großhirnrinde umfangreiche spongiforme Veränderungen. Gemeinsam mit Elizabeth Beck und dem britischen Arzt, der das Gehirngewebe zur Verfügung gestellt hatte, berichteten Gibbs, Gajdusek und Alpers im Juli 1968 in der amerikanischen Fachzeitschrift *Science*, ihnen sei nun auch die Übertragung der Creutzfeldt-Jakob-Krankheit auf einen Schimpansen gelungen.

Die CJD war nicht auf Neuguinea beschränkt. Sie kam auf der ganzen Welt vor, ihre Symptome zeigen sich erst nach einer monate- bis jahrelangen Inkubationszeit, sie war offenbar zu hundert Prozent tödlich – und jetzt hatte man nachgewiesen, daß sie ebenfalls ansteckend war. Wenn sie vom Menschen auf Schimpansen übertragen werden konnte, dann sicher auch von einem Kranken auf andere Menschen. Chirurgen und Zahnärzte waren also als Kontaktpersonen möglicherweise gefährdet. Ein Risiko bestand auch für ihre Patienten, insbesondere wenn ihnen Nervengewebe transplantiert wurde.

Und was noch schlimmer war: Solange man den Erreger von CJD – das Virus, das die Krankheit auslöste, falls es überhaupt ein Virus war – nicht kannte, konnte man unmöglich mit Sicherheit behaupten, der Erreger könne nur durch Injektionen übertragen werden: Kuru wurde offenbar durch das Essen infizierten Gewebes weitergegeben, und bei Scrapie erfolgte die Ansteckung durch das Fressen der Nachgeburt oder durch die Aufnahme des Erregers auf Weideflächen, wo zuvor infizierte Schafe gegrast hatten.

Eine tödliche Infektionskrankheit bei Steinzeitmenschen weit weg in Neuguinea bedeutete eine traurige Kuriosität. Aber eine ansteckende, tödliche Krankheit, die überall auf der Welt auftauchte, ohne daß die Herkunft der Infektion zu erkennen war, stellte ein Risiko für die gesamte Menschheit dar.

Die erste Phase in der Erforschung langsamer Viren war 1968 zu Ende: Man hatte nachgewiesen, daß die bei Menschen vorkommenden Formen dieser seltsamen Krankheiten übertragbar sind. Jetzt begann das nächste Stadium, und seine Triebkraft war die dringende Sorge um die Volksgesundheit: Ein Wettrennen um den Nachweis der Krankheitserreger setzte ein, denn man wollte sie unschädlich machen oder zumindest eindämmen. Aber eindämmen ließen sie sich nicht. Selbst als man mit energischen Forschungsanstrengungen die Geheimnisse der übertragbaren spongiformen Enzephalopathien allmählich lüftete, eröffneten ihnen Unkenntnis und menschliches Versagen entsetzliche neue Möglichkeiten zum Töten.

# Sechster Zusammenhang . . .

| SPEZIES | KRANKHEIT | PROGNOSE |
|---------|-----------|----------|
| Mensch | Kuru (auf Primaten übertragbar) | tödlich |
| Mensch | Creutzfeldt-Jakob **(auf Primaten übertragbar)** | tödlich |
| Schaf | Scrapie | tödlich |
| Nerz | übertragbare Nerz-Enzephalopathie | tödlich |

*Teil Zwei*

# Das Seltsamste in der gesamten Biologie

# 7

# Die Krankheit, die nicht stirbt

*Edinburgh und London, 1953–1967*

Während der aufregenden ersten Jahre der Kuru-Forschung hatten sich die britischen Wissenschaftler mit der Untersuchung von Scrapie abgemüht. Bill Hadlow hatte es schon erkannt, als er in London Carleton Gajduseks Ausstellung sah: Scrapie hat, was die Ausbreitung und die Schäden im Gehirn angeht, große Ähnlichkeit mit Kuru; außerdem ist es eine natürlich vorkommende Krankheit, die man an Tieren untersuchen kann. Dr. Alan Dickinson, ein schlaksiger, geradliniger Zoologe und Genetiker, der früher die Abteilung für Neuropathologie des National Research Council in Edinburgh leitete (heute ist er pensioniert), erinnert sich mit einer gewissen Abschätzigkeit an Gajduseks erste Vortragsreise, auf der er wie ein Wirbelwind das britische Wissenschaftsestablishment durcheinanderbrachte. »Gajd tauchte mit seinen Kuru-Filmen und einer Zahnbürste auf, und das vermutlich unangemeldet. Ich lernte ihn damals kennen und sah in einem dunklen Raum ein paar von seinen Filmaufnahmen. Ich weiß noch, wie ich dachte: Hier packt ein Kliniker die Sache an« – es war eine medizinisch-diagnostische Vorgehensweise, aber keine biologische Grundlagenforschung. »Das alles besagt gar nichts. Der klinische Ansatz hat bei Problemen wie diesem durchaus seinen Wert, aber dieser Wert liegt nicht darin, daß man das Wesen solcher Krankheiten versteht.« Die Arbeiten von Gibbs, Alpers und Gajdusek mit den Schimpansen in Patuxent hatten einen handfesten Nutzen, aber in Gajduseks Labor fing die Grundlagenforschung gerade erst an.

In Großbritannien konzentrierten sich die Arbeiten in den fünfziger und sechziger Jahren auf die Isolierung des Scrapie-Erregers. Unter dem Mikroskop funktionierte die Suche nach Scrapie nicht besser als bei Kuru oder der Creutzfeldt-Jakob-Krankheit: Die Schäden waren zu sehen, der Erreger aber nicht. Auch alle Bemühungen, den Erreger in Laborkulturen zu züchten, blieben erfolglos. Um ihn auszuschalten, traktierten die britischen Wissenschaftler Scrapie-infizierte Gewebeproben mit einem ganzen Arsenal von Chemikalien und anderen Behandlungen. Spätere Arbeiten über die übertragbaren Enzephalopathien des Menschen bauten auf diesen ersten Versuchen auf. Die Berichte lassen keinen Zweifel, daß die Briten den Weg dorthin ebneten.

Wie Lebewesen sich fortpflanzen, war jahrtausendelang ein Rätsel. Erst mit der Entwicklung des Mikroskops wurde dieses Geheimnis der wissenschaftlichen Untersuchung zugänglich. Eine beliebte Theorie besagte, die Lebewesen gäben kleine Abbilder ihrer selbst weiter. Ein solches Abbild eines Menschen bezeichnete man als Homunculus – Menschlein. Einige der ersten Biologen, die Samenzellen unter den groben frühen Mikroskopen betrachteten, glaubten im Inneren dieser Zellen kleine Homunculi zu sehen, die darin wie in einem winzigen U-Boot ihrer Bestimmung entgegengingen. Die weibliche Eizelle, mit der sich die Samenzelle verband, diente nach dieser Vorstellung nur zur Ernährung des Homunculus: Der kleine Mensch ließ sich darin nieder, aß den Dotter und wuchs heran. Diese Theorie des »Präformismus« verlegte die Frage, wie Lebewesen sich fortpflanzen, in den mikroskopischen Bereich, aber beantwortet war sie damit nicht – denn wie entstand demnach erst einmal der Homunculus?

Durch langwierige wissenschaftliche Arbeiten stellte sich schließlich heraus, daß nicht eine Kopie, sondern Information von den Eltern auf die Nachkommen weitergegeben wird, eine Reihe von Anweisungen, nach denen neue Bakterien, Insekten, Fische, Vögel oder Menschen zusammengesetzt werden. Damit

ein so komplexes Gebilde wie ein Lebewesen entstehen kann, muß eine große Informationsmenge übertragen werden – die Enzyklopädie der menschlichen Genausstattung würde zum Beispiel mehrere tausend Bände umfassen. Andererseits sind Zellen so klein, daß man sie mit bloßem Auge nicht sehen kann: Wie kann soviel Information auf so kleinem Raum gespeichert sein?

Anweisungen können in vielerlei Form gegeben werden, nicht nur als gesprochene Befehle oder Wörter auf einem Blatt Papier. Auch das Loch im Vogelhäuschen, das Eichelhäher fernhält und Rotkehlchen hereinläßt, ist eine Art Anweisung. Das gleiche gilt für die Kerben in einem Schlüssel, die im Schloß die Schließbolzen in eine bestimmte Position bringen, oder die beiden Enden eines Stabmagneten, die eine magnetische Polarisierung erzeugen. Die Anweisungen zum Aufbau neuer Lebewesen mußten angesichts der Größenbeschränkung und der Informationsmenge offenbar in Form großer Moleküle vorliegen, deren Atomanordnung eine Art Code bildet. Eine Zelle ist zwar klein, aber selbst große Moleküle sind noch bedeutend kleiner. Ein großes Molekül in einer Zelle läßt sich in seiner Größe mit einer Katze auf einem Kreuzfahrtschiff vergleichen. In diesem Größenmaßstab wäre ein Atom ungefähr so groß wie eine Weinbeere.

Noch fast während der ganzen ersten Hälfte des 20. Jahrhunderts waren die Biologen überzeugt, bei den Molekülen, welche die Erbinformation tragen, müsse es sich höchstwahrscheinlich um Proteine handeln. In unserem Körper gibt es viele tausend verschiedene Proteine; sie machen mehr als die Hälfte seines Trockengewichtes aus, und jedes hat seine eigene, charakteristische räumliche Molekülstruktur. Die Proteine mit ihren komplizierten organischen Molekülanordnungen erfüllen im Organismus chemische und mechanische Aufgaben, dienen als Strukturgerüst, wirken als Hormone und bilden in vielfachen Kombinationen die Muskelfasern. Das umhüllte Gebilde im Inneren der Zellen, das die genetische Information beherbergt – der Zellkern –, enthält zwar in größerer Menge auch andere Kettenmoleküle, die Nucleinsäuren, aber diese Verbindungen bestehen, zumindest bei den Lebewesen, die man zu jener Zeit untersuchte, aus gleichen Anteilen weniger chemischer Bausteine – und wie sollten diese Bestandteile, die noch dazu in gleichen Mengenanteilen vorlagen, die Anweisungen für so viele verschiedene Lebewesen enthalten? Da sahen die Proteine mit ihrer gewaltigen Vielfalt und Komplexität erheblich vielversprechender aus. Also tat man die Nucleinsäuren als reine Stützmoleküle ab, und die Proteine galten als Informationsträger. Zwar wurde in Experimenten nachgewiesen, daß man aus toten, aufgelösten Bakterien eine Substanz isolieren kann, die dann, lebenden Bakterien beigemischt, ein bestimmtes Merkmal überträgt, und dann konnte man auch zeigen, daß es sich bei dieser Substanz um eine Nucleinsäure handelte; aber solche Befunde wurden abgelehnt oder nicht zur Kenntnis genommen.

James Watson und Francis Crick erregten 1953 mit ihrem Bericht über die Struktur der Nucleinsäure DNA – die berühmte Doppelhelix – vor allem deshalb soviel Aufsehen (und erhielten zusammen mit ihrem Kollegen Maurice Wilkins den Nobelpreis), weil sie nachweisen konnten, daß Nucleinsäuren komplex genug gebaut sind, um genetische Information tragen zu können. Das DNA-Alphabet aus vier chemischen Buchstaben (den Basen), die paarweise als Sprossen einer spiralförmig gewundenen »Leiter« angeordnet sind, ergibt einen genetischen Code aus vierundsechzig (4x4x4) Wörtern – und wie sich herausstellte, bezeichnen einundsechzig davon die zwanzig Aminosäuren, aus denen alle Proteine der Lebewesen aufgebaut sind, während die drei anderen dem Proteinsyntheseapparat der Zellen sagen, wann er die Arbeit einstellen soll. Die Nucleinsäuren haben in diesem Streit seit langem gesiegt, aber die Anhänger der Proteingenetik gaben ihre Ansichten nicht über Nacht auf. Sie stritten heftig gegen das Modell von Watson und Crick, bis es in einem Experiment nach dem anderen bestätigt wurde.

Die DNA-Doppelhelix kann Kopien von sich selbst herstellen (wenn eine Zelle sich teilt), indem die beiden kettenförmigen

Hälften der »Leiter« sich auseinanderwinden und trennen. Jede dieser beiden Ketten – ihr Rückgrat besteht aus Zucker- und Phosphatmolekülen – nimmt dabei jeweils eine Base aus jedem Basenpaar mit, so daß die Basen aus der Kette herausragen wie abgebrochene Leitersprossen. Eine solche mit Basen besetzte Kette enthält, chemisch verschlüsselt, die genetische Information des Lebewesens und zieht nun passende Moleküle an, die in der Zelle herumschwimmen. Auf diese Weise entsteht eine neue, ergänzende oder »komplementäre« Kette, und die jetzt verdoppelten, jeweils aus einer alten und einer neuen Hälfte bestehenden Leitern winden sich wieder zur Doppelhelix auf – aus einem DNA-Molekül sind zwei geworden, originalgetreue Kopien des Ausgangsmoleküls, die sich auf die beiden Tochterzellen verteilen.

Aber wie sich herausstellte, sorgt die DNA nur indirekt für den Aufbau der Proteine. Die Zellen produzieren fast ununterbrochen Protein, und als entscheidender Überträger bei diesem Vorgang entpuppte sich die RNA, eine andere Nucleinsäure, die im Gegensatz zur DNA einzelsträngig ist und in ihren Ketten einen anderen Zucker enthält. Die Zellen brauchen zur Herstellung eines Proteins nicht die ganze DNA-Kette, sondern nur einen kleinen Abschnitt davon – ein Gen. Ein Freund von Carleton Gajdusek, der bekannte ungarische Mikrobiologe George Klein, der das Zentrum für Mikrobiologie und Tumorbiologie am Stockholmer Karolinska-Institut leitet, erklärt den Vorgang in einem Aufsatz so:

> Jeder Zellkern jedes Lebewesens enthält alle Informationen, welche die Zelle während der gesamten Lebenszeit des Organismus braucht. Aber nur die Hornhaut des Auges ist durchsichtig, nur die Zellen der Netzhaut besitzen einen lichtempfindlichen Apparat, nur Nierenzellen können aus dem Blut den Urin herausfiltern, nur Muskelzellen können sich zusammenziehen, so daß der Arm sich beugt oder das Herz als Blutpumpe arbeitet, nur die roten Blutkörperchen können Sauerstoff transportieren …

Die Funktionsvielfalt der Zellen beruht darauf, daß in jeder Zelle höchstens zwei Prozent aller Gene funktionieren, oft sogar noch weniger. Die unterschiedlich »spezialisierten Zellen« nutzen unterschiedliche Teile ihrer genetischen Ausstattung ...

Zu jedem Protein gehört eine Anweisung in der DNA, und jede Gruppe von Anweisungen hat einen Anfang und ein Ende. Ein besonders dafür angepaßtes Protein – ein Enzym – liest die Anweisungen ab. Ihm sind aber nur sehr begrenzte Teile der DNA zugänglich, Bereiche, die sich öffnen wie kleine Fenster in der Fassade eines großen Gebäudes. Die einzelnen Zelltypen halten ihre Fenster in unterschiedlicher Kombination offen. Zeit und Ort für das Öffnen aller Fenster werden während der Embryonalentwicklung von einem äußerst genauen Programm gesteuert. Das Enzym, das für die Ablesung verantwortlich ist, kann während des Lesens gleichzeitig auch schreiben. Es erzeugt einen kleinen Streifen, eine Art Fernschreiben oder Abschrift. Sie ist in der Sprache der RNA geschrieben, die sich von der ursprünglichen DNA-Sprache nur in geringfügigen Einzelheiten unterscheidet – in einer Art Dialekt sozusagen ...

Damit die RNA-Stränge gebildet werden, muß das DNA-»Obermolekül« sich nicht vollständig auseinanderwinden. Helferproteine brechen vielmehr nur einen kurzen Abschnitt der Doppelhelix auf, so daß die beiden Ketten dort getrennt sind, sammeln die Rohstoffe aus der Zellflüssigkeit und bewegen die Öffnung an der DNA entlang weiter, so daß sie den Code der Basen in einer Kette der Doppelhelix ablesen können; dabei setzen sie eine RNA-Kette zusammen, die sie aus der Anordnung herausschieben. Hinter dem Ort des Geschehens lagern sich die DNA-Stränge wieder zusammen, so daß sie gegen Schädigungen besser geschützt sind. Wenn der RNA-Strang fertig ist, wird er freigesetzt. In einem zweiten, eigenständigen Vorgang läuft eine Proteinsynthesemaschine, die man Ribosom nennt, an dem fertigen RNA-Strang entlang, liest dort die Basenfolge und nutzt sie als Matrize zur Herstellung von Proteinmolekülen. Wie die Nucleinsäuren, an denen sie gebildet werden, so sind auch die Proteine, die bei diesem zweiten Vorgang (der Translation) entstehen, Kettenmoleküle. In einer Proteinkette können mehrere tausend Einzelbausteine verknüpft sein. Nach der Translation nimmt das Protein in einem zweiten Schritt ganz von selbst seine endgültige Raumstruktur an. Seine einzelnen Molekülbausteine ziehen einander an oder stoßen sich ab, so daß die lange Kette sich dreidimensional faltet wie ein Seil, das einen komplizierten Knoten bildet. Viele Proteine bestehen aus einem Strukturbestandteil und einer aktiven Komponente. Der aktive Teil ist in der Regel mehr oder weniger kugelförmig, und seine Oberfläche hat Vertiefungen, Löcher, Vorsprünge und Beulen, die mit ihrer Form genau zu anderen Proteinen passen oder bestimmten Molekülen die Anhaftung ermöglichen, so daß einzelne chemische Reaktionen gezielt verstärkt oder verhindert werden. Der Strukturbestandteil ist meist wie ein gefaltetes Blatt Papier geformt. Die verschiedenen fertigen Proteine können beispielsweise als elastische Bausteine in Muskelfasern dienen, bestimmte Stoffe durch die Umhüllung einer Zelle schleusen, in den Blutzellen den Sauerstoff transportieren oder als Botenstoffe Informationen von einer Nervenzelle zur anderen tragen. Sie können zu Antikörpern werden, die sich an körperfremde Krankheitserreger heften und sie für die Abwehrmechanismen angreifbar machen. Wie ein Protein letztlich auch aussieht, immer bestimmt seine Form über sein Schicksal: Sie legt fest, welchem Zweck es dient.

Als die lange Suche nach den Erbmolekülen beendet war, als der Staub sich verzogen hatte und als die Anhänger der Nucleinsäuren Sieger geblieben waren, formulierte Francis Crick das »Zentrale Dogma« der neuen Wissenschaft, die man nun Molekularbiologie nannte: *DNA macht RNA; RNA macht Protein.* Crick wies darauf hin, daß es sich, was die Proteine angeht, um eine Einbahnstraße handelt. »Drei Übertragungen«, so schrieb er 1970, »kommen nach dem zentralen Dogma niemals vor: Protein bringt nie Protein hervor, Protein bringt nie RNA hervor, und RNA bringt nie DNA hervor.« Aber als typischer Naturwissenschaftler war Crick vorsichtig und vertrat sein Dogma nicht allzu dogmatisch. »Unsere heutigen molekularbiologischen Kenntnisse«, so fügte er hinzu, »… sind bei weitem nicht vollständig genug, als daß wir dogmatisch behaupten könnten, diese Einschränkung sei immer richtig.« Aber auch wenn man nicht bewiesen hatte, daß sie immer stimmte, so war sie dennoch etwas Grundlegendes. Crick warnte davor, die Entdeckung »nur eines heute lebenden Zelltyps, der eine der drei unbekannten Übertragungen vollziehen kann, würde die gesamte geistige Grundlage der Molekularbiologie ins Wanken bringen …« Und um diese Aussage zu unterstreichen, zog Crick aus der gesamten Biologie gerade die Scrapie-Forschung heran: »Eine ungelöste Frage ist zum Beispiel die chemische Natur des Erregers der Krankheit Scrapie …« Die chemische Natur des Scrapie-Erregers war eine Frage, mit der sich Forschungsarbeiten in Großbritannien befaßten.

Da in Laborkulturen von Scrapie-infiziertem Gewebe keine Bakterien gewachsen waren und da man auch im Mikroskop keine entdecken konnte, nahm man allgemein an, bei dem Scrapie-Erreger müsse es sich um ein Virus handeln. Bakterien sind große, relativ kompliziert gebaute einzellige Lebewesen, die fressen, Abfallstoffe ausscheiden und sich fortpflanzen können. Viren sind viel kleiner und in ihrer Struktur einfacher. Von Bakterien unterschied man sie anfangs dadurch, daß sie Porzellanfilter überwanden, die Bakterien zurückhielten. Sichtbar machen konnte man sie erst, nachdem das Elektronenmikroskop erfunden worden war. Die Viren erwiesen sich als seltsame Organismen: Sie bestehen nur aus einem DNA- oder RNA-Strang, der von Proteinen umhüllt ist. Ein Virus, so eine witzige Formulierung des angesehenen Biologen Peter Medawar, ist »eine schlechte Nachricht, eingewickelt in Protein«. George Klein ist anderer Meinung. »Viren müssen keine schlechten Nachrichten sein«, schrieb er mir, als ich Medawars Bonmot erwähnte. »Nur ein sehr kleiner Teil aller Viren sind Bösewichte.

Meist bringt es einem Virus keinen Nutzen, eine Krankheit hervorzurufen, und noch viel weniger hat es davon, wenn es seinen Wirt umbringt.« Ein gut untersuchtes Virus ist der Phage T4, ein Parasit von Darmbakterien: Es gleicht im wesentlichen einer winzigen Injektionsspritze aus Protein, die mit DNA gefüllt ist. Trifft ein T4-Phage auf seine bakterielle Wirtszelle, dockt er an sie an und spritzt ihr seine gesamte DNA ein; die leere »Proteinspritze« bricht anschließend von der Zelle ab und wird weggeschwemmt. Viren fressen nicht und scheiden nichts aus; sie können nur den Proteinsyntheseapparat der Zellen unter ihre Kontrolle bringen und Kopien von sich selbst herstellen.

Wenn es sich bei dem Scrapie-Erreger um ein Virus handelte, dann war es anders als alle bisher bekannten Viren. Schafe besitzen wie Menschen ein raffiniertes Immunsystem, das körperfremde Proteine – beispielsweise die Proteinhülle von Viren – erkennt und zerstört, aber Scrapie ruft wie Kuru keine Entzündung und kein Fieber hervor, das heißt, es löst keine Immunreaktion aus. D. R. Wilson, ein Wissenschaftler in Edinburgh, hatte den Scrapie-Erreger zwischen 1939 und 1953 vielen verschiedenen Tests unterworfen und die Ergebnisse in mühseliger Kleinarbeit bestätigt: Immer wieder hatte er Schafen die unterschiedlich behandelten Proben injiziert und die lange Inkubationszeit abgewartet, bis er sehen konnte, ob die Tiere an Scrapie erkrankten. »Er hatte kein Virus gefunden«, schrieb einer seiner Kollegen, »aber er hatte gezeigt, daß der Erreger sehr widerstandsfähig ist«, und das gegen viele verschiedenartige Angriffe. Er überlebte eine halbe Stunde bei Siedetemperatur. Er überlebte zweimonatiges Tiefgefrieren. Er überlebte die Behandlung mit den starken Desinfektionsmitteln Formaldehyd, Karbolsäure (Phenol) und Chloroform. Er überwand feinporige Filter und war so klein, daß er auch nach Zentrifugieren bei vierhunderttausend Umdrehungen pro Minute in Lösung blieb. Er »blieb in getrocknetem Gehirnmaterial mindestens zwei Jahre lang lebensfähig und widerstand auch einer beträchtlichen Dosis von ultraviolettem Licht. Er konnte von Schaf zu Schaf übertragen werden«, indem man ihn unter die

Haut, in eine Vene oder direkt ins Gehirn injizierte. In der Regel erzeugen Krankheiten immer die gleichen Schädigungen, aber im Gehirn von Schafen, die man im Experiment mit Scrapie infiziert hatte, zeigten sich weniger Löcher als bei Tieren, die sich die Krankheit auf natürlichem Weg zugezogen hatten. »Insgesamt«, so schreibt der Kollege, »hatte Wilson bis 1953 nachgewiesen, daß es sich hier um einen höchst ungewöhnlichen übertragbaren Erreger handelte.«

Scrapie war tatsächlich so ungewöhnlich, daß Wilson leider zögerte, seine Befunde zu veröffentlichen, und deshalb wurden sie nie allgemein bekannt. Andere britische Wissenschaftler griffen das Thema auf, und manche von ihnen wiederholten Wilsons Arbeiten. In einem großangelegten Versuch sammelte William Gordon in Compton über eintausend Schafe aus vierundzwanzig verschiedenen Rassen, injizierte der Hälfte jeder Gruppe Scrapie-infiziertes Gehirnmaterial und stellte im Laufe der folgenden zwei Jahre fest, daß die einzelnen Rassen für die Infektion unterschiedlich anfällig waren. Ziegen und Schafe konnte man auch infizieren, indem man ihnen das Scrapie-verseuchte Gewebe fütterte – dieser orale Ansteckungsweg war die Erklärung, warum sich Scrapie in den Beständen ausbreitete, und sprach auch für die Vorstellung, daß Kuru durch den Kannibalismus übertragen wurde. Bei Ziegen und später auch bei Mäusen war eine umgekehrt proportionale Beziehung zwischen Dosis und Inkubationszeit nachzuweisen: Scrapie-Gehirn, in dem der Erreger stärker konzentriert war, ließ die Symptome nach kürzerer Zeit entstehen als Scrapie-Muskel mit seiner geringeren Menge des Erregers. (Aber auch die Muskeln infizierter Tiere riefen bei anderen Tieren die Krankheit hervor – eine rätselhafte Entdeckung, die alle schnell wieder vergaßen. Tiermuskeln, ordentlich zerlegt und verpackt, bezeichnen wir als Fleisch.)

Noch hitziger wurde die Debatte um das Wesen des Scrapie-Erregers durch zwei widersprüchliche Entdeckungen, die man in den sechziger Jahren in Großbritannien machte. Die eine erwuchs aus Arbeiten der jungen Wissenschaftlerin Dr. Tikvah

Alper, die sich am Londoner Hammersmith-Hospital mit Strahlenbiologie befaßte, sowie aus den Untersuchungen von D.A. Haig und M.C. Clarke, zweier Kollegen von Gordon in Compton.

Alle drei beschossen gefriergetrocknete Lösungen Scrapie-infizierter Mausgehirne mit energiereichen Elektronen aus einem leistungsfähigen Teilchenbeschleuniger. Ein solches Elektronenbombardement reißt Moleküle auseinander, und eine ausreichende Strahlungsmenge kann ein Lebewesen töten. Tikvah Alper und ihre Kollegen wußten schon aus früheren Untersuchungen, daß zwischen der Intensität des Elektronenbeschusses und der Größe des Zielmoleküls ein Zusammenhang besteht: Je stärker die Strahlung ist, desto kleinere Moleküle kann sie zerstören. Anhand dieser Beziehung konnten sie die Größe des Scrapie-Erregers abschätzen, unabhängig davon, wie er im einzelnen aussah. Nachdem sie ihre Proben den Elektronen ausgesetzt hatten, legten sie sie wieder in Lösung, stellten Verdünnungsreihen her und injizierten die verschiedenen Verdünnungen in Scrapie-freie Mäuse. Dann verglichen sie die Dosis mit einer Tabelle von Meßwerten für biologische Gebilde mit bekannter Größe, darunter drei Viren aus der Gruppe der Phagen, drei DNA-Moleküle und drei Proteine. Das Ergebnis war verblüffend: Wenn der Scrapie-Erreger genetisches Material in Form einer Nucleinsäure enthielt, mußte dieses Genom tausendmal kleiner sein als die Nucleinsäure des kleinsten bekannten Virus.

Im zweiten Teil ihres Experiments mischten Alper und ihre Kollegen eine Lösung von Phagen mit einem Extrakt aus Scrapie-Gehirn und setzten das Ganze starkem ultraviolettem Licht aus. UV-Licht wirkt keimtötend: es macht Krankheitserreger unschädlich, weil es ihre DNA schädigt. Aber eine Dosis, die von der Infektionsfähigkeit der Phagen nur noch ein Prozent übrigließ, verminderte die Infektionsfähigkeit des Scrapie-Erregers in keinster Weise.

Diese aufschlußreichen Versuche veranlaßten Alper, Haig und Clarke zu einer verblüffenden Schlußfolgerung, die sie in ihrem 1966 erschienenen Fachartikel in einfachen Worten formulierten:

Da der Scrapie-Erreger sich im Wirtstier vermehrt, nahm man bisher an, eine Nucleinsäure müsse ein Bestandteil seiner Struktur sein. Der Befund, daß eine große Dosis ultravioletten Lichts mit einer Wellenlänge, die von Nucleinsäuren spezifisch absorbiert wird, nicht zu seiner Inaktivierung führt, legt aber die Vermutung nahe, daß die Menge des Erregers zunehmen kann, ohne daß er selbst eine Nucleinsäure enthält. Für diese Möglichkeit sprechen auch die Befunde mit der Elektronenbestrahlung, denn die damit ermittelte Größe des Zielmoleküls ist so gering, daß eine Nucleinsäure nicht plausibel erscheint.

Ein Krankheitserreger, der sich ohne Nucleinsäure vermehrte – das wäre in der gesamten Biologie etwas Einmaliges. Diese außergewöhnliche Möglichkeit war der Grund, warum Francis Crick gerade Scrapie als Herausforderung für sein zentrales Dogma anführte. Und sie war auch der Grund, warum eine Schafkrankheit in Großbritannien und eine Krankheit, die nur ein kleines Volk früherer Kannibalen in der Wildnis von Neuguinea betraf, bei den Biologen in aller Welt großes Aufsehen erregten.

Ungefähr zur gleichen Zeit verfolgten Alan Dickinson und seine Kollegen in Edinburgh mit ihren Experimenten eine andere Spur und gelangten dabei zu Schlußfolgerungen, die denen von Alper genau entgegengesetzt waren. Dickinson interessierte sich für die Unterschiede zwischen Scrapie-Erregern unterschiedlicher Herkunft. Um sie zu untersuchen, infizierte er in einem langfristig angelegten Forschungsprogramm eine Riesenzahl von Mäusen und beobachtete sehr genau, wie sie sich mit dem Fortschreiten der Krankheit veränderten. Er stellte schon bald fest, daß das Scrapie-Gehirngewebe verschiedener Schafe, Ziegen oder Mäuse zu unterschiedlich langen Inkubationszeiten führt. Manche Proben riefen nach einhunderteinundsiebzig, einhundertachtundvierzig oder einhundertfünfundfünfzig Tagen die ersten Symptome hervor, bei anderen zeigte sich die Krankheit erst nach dreihundertachtundzwanzig, vierhundertsechsundsechzig oder sechshundertzwei Tagen. Die jeweilige Inkubationszeit blieb auffallend konstant: Wenn Scrapie-Erreger gleicher Herkunft von Maus zu Maus weiterübertragen wurden, schwankte sie um noch nicht einmal zwei Prozent. Nach Dickinsons Interpretation bedeuteten diese Befunde, daß es mehrere Stämme des Scrapie-Erregers geben mußte – als »Stämme« bezeichnet man in diesem Zusammenhang verschiedene Varianten, beispielsweise die unterschiedlichen Formen des Grippevirus, die uns von Jahr zu Jahr heimsuchen und jeweils charakteristische Symptome erzeugen, wobei manche gefährlicher sind als andere. Unterschiedliche Stämme findet man bei Mikroorganismen häufig; die Wissenschaftler in Edinburgh identifizierten letztlich über zwanzig solcher Varianten des Scrapie-Erregers.

Neben den Inkubationszeiten stießen Dickinson und seine Kollegen auch auf andere Unterschiede zwischen den Scrapie-Stämmen. Jeder von ihnen erzeugte andere, charakteristische Schäden im Gehirn – die spongiformen Veränderungen (Löcher in den Nervenzellen) und die Ansammlungen der Amyloid-Plaques waren unterschiedlich verteilt. Und wie die Inkubationszeit, so waren auch die Gehirnschäden bei ein und demselben Scrapie-Stamm immer die gleichen, das heißt, man konnte durch Betrachten eines Gehirn-Dünnschnitts feststellen, welcher Stamm die Maus getötet hatte. Wenn ein Krankheitserreger aus dem Gehirngewebe von Schafen, mit dem man Mäuse infiziert, immer die gleiche Inkubationszeit hat und die gleichen Gehirnschäden erzeugt, und wenn dieses Muster von einer infizierten Maus zur nächsten weitergegeben wird, dann muß auch Information von Tier zu Tier übertragen werden. Und die Moleküle, die genetische Information tragen, sind nun einmal die Nucleinsäuren (etwa bei der Hälfte aller Viren besteht die Erbinformation nicht aus DNA, sondern aus RNA.) Die Arbeiten von Tikvah Alper wiesen darauf hin, daß der Scrapie-Erreger keine Nucleinsäure enthielt. Dickinsons Ergebnisse dagegen schienen genau das Gegenteil zu beweisen: Danach *mußte* es im Scrapie-Erreger eine Nucleinsäure geben, welche die genauen Informationen zur Erhaltung stabiler Stämme trug.

Weitere Arbeiten von Dickinson und seinen Kollegen sprachen noch stärker dafür, daß es Stämme gab. Die Wissenschaftler in Edinburgh injizierten einer Maus einen reinen Scrapie-Stamm namens 22C, der eine lange Inkubationszeit hatte; dann warteten sie neun Wochen, damit die Infektion sich festsetzen konnte, und dann infizierten sie dieselbe Maus mit dem Stamm 22A, dessen Inkubationszeit sehr kurz war. Natürlich erkrankte die Maus an Scrapie, und als sie nun ihr Gehirn untersuchten, fanden sie die charakteristischen Schäden des Stammes 22A, den sie später injiziert hatten. Das hieß, so schrieben sie 1972 in einem Artikel für *Nature*, daß die beiden Stämme konkurriert hatten (vermutlich um die Stellen im Gehirn, an denen sich der Scrapie-Erreger fortpflanzt), und der Stamm 22A hatte den Wettbewerb gewonnen – ein Darwinscher Überlebenskampf und ein noch offenkundigeres Indiz, daß die Scrapie-Erreger sich voneinander unterschieden.

War der Scrapie-Erreger also ein Organismus mit einer Nucleinsäure oder nicht? Und wenn nicht, woraus bestand er dann und wie konnte er Information festhalten und weitergeben? Noch mehr Verwirrung stiftete Ende der sechziger Jahre eine weitere Entdeckung: Man konnte nachweisen, daß die Infektionsfähigkeit von Scrapie-Gehirnextrakten nicht abnahm, wenn man sie mit Enzymen behandelte, die Nucleinsäuren bekanntermaßen zerstören (genau wie Tikvah Alper es für UV-Licht gezeigt hatte). Behandelte man solche Lösungen dagegen mit Enzymen, die Proteine schädigen, ging die Infektionsfähigkeit drastisch zurück – um mehr als neunzig Prozent. Konnte es sich beim Scrapie-Erreger um ein *infektiöses Protein* handeln, was auch immer das sein mochte? Wenn das stimmte, war es ein schwerer, möglicherweise sogar vernichtender Schlag für das zentrale Dogma der Molekularbiologie, und der Streit zwischen Protein- und Nucleinsäuregenetik würde erneut aufflammen.

Wirklich? Die Wissenschaftler, die sich mit den spongiformen Enzephalopathien beschäftigten, bemühten sich sehr um eine Erklärung, die das zentrale Dogma unangetastet ließ, und das aus einem sehr vernünftigen Grund: Alle anderen bekannten

Lebewesen entsprachen dieser Regel – warum also sollte eine winzige Gruppe von Krankheitserregern die einzige Ausnahme bilden? »Mit Vermutungen waren alle schnell bei der Hand«, erinnert sich Gajdusek. Alan Dickinson war der Ansicht, Tikvah Alper und ihre Kollegen hätten vorschnelle Schlüsse gezogen. Ihre Befunde bewiesen letztlich nicht, daß der Scrapie-Erreger keine Nucleinsäure enthielt. Vielleicht war die Nucleinsäure auch durch eine besonders widerstandsfähige Proteinhülle vor UV-Licht und Elektronenbeschuß geschützt. Der französische Wissenschaftler Raymond Latarjet vom Pariser Institut Curie wies darauf hin, der Scrapie-Erreger sei nur doppelt so widerstandsfähig gegen Strahlung wie das Polyoma-Virus, das bei jungen Mäusen Tumore hervorruft. Polyoma schützt sich vor Strahlung, indem es seine DNA repariert; vielleicht machte der Scrapie-Erreger es ja genauso.

Eine bemerkenswerte, weitsichtige Alternativerklärung wurde 1967 in *Nature* veröffentlicht, und zwar nicht von einem Biologen oder Arzt, sondern von einem Mathematiker. J.S. Griffith hatte über Alpers Arbeiten nachgegrübelt und äußerte aufgrund rein logischer Überlegungen die Vermutung, Proteine könnten unter bestimmten Umständen zur Selbstverdoppelung in der Lage sein. »Es gibt mindestens drei unterschiedliche Wege, auf denen es zur Selbstverdoppelung von Proteinen kommen könnte«, schrieb er. Nach seiner Ansicht gab es »keinen Grund zu der Befürchtung, die Existenz eines aus Protein bestehenden Erregers könne das gesamte theoretische Gebäude der Molekularbiologie zum Einsturz bringen«. Einer seiner drei Wege paßte nicht zum Verhalten des Scrapie-Erregers; die beiden anderen waren nicht auszuschließen. Griffith beschrieb sie sehr mathematisch und theoretisch, aber letztlich lassen sie sich auf zwei grundlegende Mechanismen zurückführen. An beiden sind Proteine des *Wirtsorganismus* beteiligt, das heißt, die Information für ihren Aufbau wird vom Wirt (das heißt vom erkrankten Tier) beigesteuert und nicht vom Erreger selbst – damit wären die Probleme gelöst, die Tikvah Alpers Arbeiten aufgeworfen hatten.

Nach Griffith' erstem Mechanismus wäre der Scrapie-Erreger ein Protein, das einen schädlichen, im Wirtsorganismus normalerweise unterdrückten Vorgang aktiviert. Wenn es sich dabei um eines der vielen Proteine handelt, die vielen verschiedenen Tieren und anderen Lebewesen gemeinsam sind, wirkt es auch dann, wenn man es von Schafen auf Ziegen oder Mäuse überträgt. Wird der schädliche Prozeß in dem Wirtstier nicht ganz vollständig unterdrückt, kann er gelegentlich auch von selbst »angeschaltet« werden. Es gab zum Beispiel Scrapie-Epidemien ohne erkennbare Ursache, und auch CJD entstand nach allgemeiner Ansicht spontan.

Mit seinem zweiten Mechanismus unterstellte Griffith, es könne sich bei dem Scrapie-Erreger um eine abweichende Form eines normalen Proteins aus dem Wirt handeln, die manchmal spontan gebildet wird. Wenn eine solche Sonderform als Matrize diente, konnte sie die Produktion weiterer abweichender Molekülexemplare in Gang setzen, so daß diese sich ansammelten und die tödlichen Schäden verursachten.

Wenn der Scrapie-Erreger sich eines dieser beiden Mechanismen bediente, dann, so folgerte Griffith, »handelt es sich um ein Protein oder eine Gruppe von Proteinen, für deren Herstellung das Tier ausgerüstet ist, die es aber normalerweise entweder gar nicht oder nicht in dieser Form produziert. Es kann vielleicht von Tier zu Tier übertragen werden, aber eigentlich handelt es sich bei den einzelnen biologischen Arten um unterschiedliche Proteine. Letztlich besteht in beiden Fällen die Möglichkeit, daß die Krankheit bei zuvor gesunden Tieren von selbst entsteht«.

Die verschiedenen Stämme des Scrapie-Erregers entstanden nach beiden von Griffith vorgeschlagenen Möglichkeiten durch Mutationen des Gens, welches das Wirtsprotein codierte. Spekulationen sind noch kein Beweis, doch die Ideen des britischen Mathematikers fielen auf fruchtbaren Boden.

Gajdusek, der in diesen Jahren ständig zwischen Bethesda und Neuguinea pendelte, leitete eine ganze Gruppe wissenschaftlicher Untersuchungen zu Kuru, CJD und Scrapie; außerdem beobachtete er die unwiderruflichen Veränderungen, die sich im östlichen Hochland nach der Öffnung zur Außenwelt abspielten, und trug selbst dazu bei. »Halsbänder aus menschlichen Fingern sind in diesem Teil des Kukukuku völlig verschwunden«, hielt er eines Tages nüchtern in seinem Tagebuch fest. In dem Dorf Agakamatasa, wo die Fore ihm ein Haus gebaut hatten, »findet das Briefeschreiben bei den Fore-Kindern großen Anklang«, und das, so seine Feststellung, obwohl sie »nur eine einjährige, minimale Schulausbildung erhalten«. Sein breites Tätigkeitsspektrum bot ihm Anregung:

Moderne anatomische Terminologie und Therapie zu unterrichten, mir Sorgen über Kriege und mögliche Angriffe zu machen, Frambösie zu behandeln ... Kampfgesänge und Singsang zu sammeln ..., in den Männerhäusern nach gefährlichen Waffen zu suchen, die Ärger bereiten könnten, Murmeln [für Murmelspiele] an unsere Träger zu verteilen [die Jungen, die auf seinen Rundreisen die Ausrüstung transportierten] und Faulkners Kurzgeschichten ins Fore und Kukukuku zu übersetzen, was nach meiner Methode vor allem über das Pidgin geschieht ... diese unzusammenhängenden und fast anachronistischen Tätigkeiten sind nicht seltsamer, als wenn man noch kürzlich benutzte Kriegsknüppel kauft ..., Steinäxte und Keulen gegen Seifenstücke, Stecknadeln, Messer und Streichholzschachteln ... [oder] als der Kauf eines einen Meter hohen und zwei Meter breiten Haufens aus Kaukau [Süßkartoffeln], Mais, Zuckerrohr, verschiedenen Gemüsesorten ... Schraubenbaumfrüchten und sogar selbstgemachten Salzblöcken [aus pflanzlichem Kalium], Streichhölzern, Seife und kleinen Messern für die Träger, und dann streitet man mit einem Vater über das Abnehmen der zeremoniellen Bauchbinde, weil man bei seinem leidenden Sohn verfilzte Krusten eines Hautausschlags reinigen und verbinden will ... Alle diese Gegensätze sind wunderbar, spannend, geistig anregend, und ich freue mich keineswegs darauf, morgen in die »Zivilisation« zurückzukehren, auch wenn ich von dem abgelegensten Regierungsstützpunkt in Neuguinea komme!

Die Häufigkeit von Kuru ging drastisch zurück. Bei Vier- bis Neunjährigen war die Krankheit 1968 verschwunden, bei Zehn- bis Vierzehnjährigen 1972 und bei Fünfzehn- bis Neunzehnjährigen 1973. Auch die Zahl der Todesfälle bei Erwachsenen war um mehr als zwei Drittel gesunken – 1972 waren es noch nicht einmal mehr sechzig. Von den Kindern, die nach dem Ende des Kannibalismus geboren worden waren, hatte kein einziges mehr die Krankheit bekommen. Die anpassungsfähigen Fore hatten den Rat ihrer australischen Betreuer befolgt und Kaffee angebaut; die Männer pflegten nun neben den Gärten der Frauen ihre kleinen Kaffeeplantagen und hatten so eine angesehene, einträgliche Arbeit, so daß die Stammesfehden unter dem Einfluß der australischen Friedenspolitik aufgehört hatten. (Nach Gajduseks Ansicht hätten die Australier deswegen den Friedensnobelpreis verdient. »Das Gebiet, das sie befriedet haben, ist komplexer als ganz Europa, Nordamerika und Australien«, erklärte er mir, »und sie haben es ohne Blutvergießen geschafft, nur mit zeremoniellen Regeln. Sie riefen die Gruppen zusammen, legten rote Roben und Perücken an, und sprachen Recht von Gottes Gnaden.«)

Shirley Lindenbaum ging erneut nach Neuguinea, um ihre früheren anthropologischen Studien fortzusetzen; sie fand eine veränderte Welt vor:

Als ich 1970 für mehrere Wochen zu den Südlichen Fore zurückkam, fand ich überall Anzeichen für eine neue Lebensweise. Die örtlichen Stammesgruppen in der Gegend um Wanitabe hatten eine eigene Zubringerstraße zu der Hauptstraße zwischen den nördlichen und südlichen Fore gebaut, so daß die Kaffeeaufkäufer aus den Kleinstädten Kainantu und Goroka leichter zu ihnen kommen konnten. Außerdem hatten 1970 mehrere Gehöfte im Gebiet der Südlichen Fore eigene Vorratslager, wo sie Konserven, Kleinartikel und Kleidung aufbewahrten. Es war die hiesige Form der größeren, von Weißen betriebenen Handelsniederlassungen, die früher westliche Güter in das Hochland gebracht hatten. Der Bedarf an Bargeld nahm so stark zu, daß ein Huhn bei den Südlichen Fore heute teurer ist als in New York. Und was genauso verblüffend war: Am ersten Morgen nach meiner Ankunft weckte mich eine kleine Gruppe von Kindern, die lauthals »Good morning« riefen, während sie zu der Grundschule weiter oben am Berg liefen.

Trotz aller persönlichen Vorlieben vernachlässigte Gajdusek sein wachsendes Labor für die Erforschung des Zentralnervensystems am NIH in Bethesda nie. Es wurde von Joe Gibbs geleitet: Er betreute ein Team begabter junger Wissenschaftler (»Ich war Carletons Feigenblatt«, witzelt Gibbs). Sie berichteten über unterschiedlich gute Erfolge bei ihren Versuchen, Kuru, CJD, Scrapie und die übertragbare Nerz-Enzephalopathie unter den verschiedensten Bedingungen auf zahlreiche Tierarten zu übertragen: auf Schimpansen und Gibbons; auf Neuweltaffen wie Klammer-, Totenkopf-, Kapuziner-, Woll- und Marmoset-Affen; auf Altweltaffen, darunter Rhesusaffen, Buschbabys, Stummelaffen, Javaneraffen, Mangaben und afrikanische Grüne Meerkatzen; auf Schafe, Ziegen und Kälber; auf Nerze; auf Albino- und schwarze Frettchen; auf Hauskatzen; auf Waschbären; auf Stinktiere; auf Mäuse und Ratten; auf Gold- und chinesische Hamster; auf Renn- und Wühlmäuse, Meerschweinchen und Kaninchen. In diesen Arbeiten zeigte sich das bemerkenswert breite Wirtsspektrum des übertragbaren spongiformen Enzephalopathien oder TSEs, wie man sie jetzt (nach dem englischen *transmissible spongiform encephalopathies*) auch nannte. In dem amerikanischen Wissenschaftsblatt *Science* schrieben sie, die Versuche seien gerechtfertigt, weil es »keine Hinweise auf das Virus gibt … außer der Infektionsfähigkeit, der klinischen Erkrankung und den neuropathologischen Schäden bei den Versuchstieren«. Sie konnten Kuru von einem Schimpansen zum anderen übertragen, womit ein weiteres Kochsches Postulat erfüllt war. Und als sie das Phänomen der Stämme genauer untersuchten, fanden sie bei der CJD nicht weniger als einhundertzwölf solcher Varianten (jede von einem anderen erkrankten Menschen) mit unterschiedlichen Inkubationszeiten und Krankheitsbildern. Hatte Alan Dickinson noch geglaubt, Gajduseks Feldforschung bei den Fore summiere sich nur zu einigen klinischen Studien, so stellte Anfang der siebziger Jahre niemand mehr den Rang des Labors als führendes Zentrum der TSE-Forschung in Frage. Und deshalb wandte sich die weltweite Medizinergemeinde auch an Carleton Gajdusek und sein Team, als die ersten Patienten starben.

# 8

# Neuzeitlicher High-Tech-Kannibalismus
## New York, 1971–1974

Erkrankungen, die ein Arzt unabsichtlich verursacht, nennt man iatrogen (griechisch für »vom Arzt hervorgebracht«). Als eine spongiforme Enzephalopathie zum erstenmal (jedenfalls soweit man weiß) außerhalb der Fore von einem Menschen zum anderen übertragen wurde, handelte es sich um eine iatrogene Infektion.

Dr. Arthur DeVoe, ein Augenarzt, der die ophthalmologische Abteilung des College of Physicians and Surgeons an der New Yorker Columbia University leitete, untersuchte 1971 eine fünfundfünfzigjährige Frau, die über unterschiedliche Beschwerden klagte: Sie nahm um Lichtquellen einen hellen Hof wahr, und wenn sie morgens aufwachte, konnte sie nicht klar sehen, was sich im Laufe des Tages jedoch besserte. Ihre Beschreibung hörte sich nach einer Beschädigung der Hornhaut an, die vorn das durchsichtige »Fenster« des Auges bildet, und bei der Untersuchung bemerkte DeVoe, daß die Hornhäute aufgequollen und voller Wasser waren; das Krankheitsbild wird nach dem Wiener Arzt, der es 1910 zum erstenmal beschrieb, als Fuchs-Hornhautdystrophie bezeichnet. (Der Hof um die Lichtquellen entsteht durch die Lichtbrechung in der angeschwollenen Hornhaut, und tagsüber bessert sich das Sehvermögen, weil die überschüssige Flüssigkeit, die für die Schwellung sorgt, bei geöffneten Augen verdunsten kann.) In leichten Fällen spricht die Fuchs-Dystrophie manchmal auf medikamentöse Behandlung an, aber wenn sich die flüssigkeitsbedingten Schwellungen bereits eingestellt haben, hilft nur noch eine Hornhauttransplantation, die nacheinander an beiden Augen durchgeführt wird.

Ein Spender stand zur Verfügung: Es war ein Mann mittleren Alters, der zwei Monate lang an Gedächtnisverlust und unwillkürlichen Zuckungen gelitten hatte, bevor er an Lungenentzündung starb. In der Leichenkammer des Krankenhauses entnahm ein Ophthalmologe die Augäpfel, legte sie in ein kleines Gefäß mit keimfreier Salzlösung und brachte sie in die chirurgische Abteilung.

Dort wartete schon DeVoes Patientin, benommen von den Beruhigungsmitteln und das Gesicht hinter einem sterilen Verband versteckt, der eine runde Öffnung für ein Auge freiließ. Mit einer langen, dünnen Kanüle zog DeVoe Novocain in einer Spritze auf, führte die Nadel in die Augenhöhle der Frau ein und schob sie um den Augapfel herum an dessen Unterseite. Die Novocaininjektion betäubte den Sehnerv und die ebenfalls zu den Augen führenden Ziliarnerven, so daß das Auge vorübergehend gefühllos und blind wurde.

Ein Assistent nahm DeVoe die Spritze ab und reichte ihm ein Skalpell sowie das in Verbandmull gebettete Spenderauge. DeVoe schnitt quer durch den Augapfel, als ob er ein gekochtes Ei köpfen wollte, und legte das abgetrennte Oberteil in eine Teflonschale. Der Assistent gab ihm ein rasiermesserscharfes Stanzeisen aus Edelstahl, und mit einer Drehung seiner geübten Hand schnitt der Chirurg von innen die Hornhaut des Spenders heraus.

Nachdem er sich vergewissert hatte, daß das Transplantat in Ordnung war, setzte DeVoe das Stanzeisen auf das betäubte Auge der Patientin, drehte es noch einmal und trennte die Hornhaut heraus. Dann legte er Messer und Hornhaut beiseite. Das Loch, das sich in dem Auge öffnete, glitzerte feucht.

Der Arzt nahm die Spenderhornhaut wie eine Kontaktlinse zwischen die Finger und plazierte sie über dem Loch im Auge der Patientin. Sie paßte genau. Während der folgenden Stunde vernähte DeVoe die Ränder der Hornhaut und den Augapfel gewissenhaft mit Nylonfaden, und die Knoten wurden in der Operationswunde untergebracht.

*ein Transplantat.*

Das Auge heilte. Die Frau konnte durch die Hornhaut des Toten wieder deutlich sehen – offenbar eine gelungene Operation. Aber der Sehnerv, der vom Auge unmittelbar zum Gehirn führt, bietet leider einen guten Infektionsweg. Und das Gehirn des Mannes, der an Lungenentzündung gestorben war, war erst nach der Entnahme der Hornhaut obduziert worden: Es zeigte die charakteristischen Schäden der Creutzfeldt-Jakob-Krankheit. Die operierte Frau litt eineinhalb Jahre nach dem Eingriff plötzlich unter Übelkeit und Schluckbeschwerden, fing an zu sabbern, zu stolpern und zu zucken, bekam spastische Krämpfe, konnte nicht mehr sprechen und vegetierte schließlich ohne Gedächtnis dahin. Zwei Jahre nach der Operation – sie war völlig ausgemergelt und wundgelegen – wurde sie durch den Tod von ihrem Leiden erlöst. Ihr Gehirn sah bei der Obduktion genauso aus wie das des Mannes, von dem ihre Hornhaut stammte – wie ein Schwamm. Hätte Arthur DeVoe den Befund nur vor der Operation gekannt! Mit der Hornhaut hatte er eine Krankheit verpflanzt, die Löcher in das Gehirn seiner Patientin gefressen hatte.

Als Carleton Gajdusek und Joe Gibbs von DeVoes Fall hörten, hatten sie sich bereits mit der Gefahr einer Übertragung von CJD bei Operationen befaßt. Im Jahr 1973 hatten sie das Gehirn eines vierundfünfzigjährigen Neurochirurgen untersucht, der zwar an Hautkrebs, aber auch mit Anzeichen einer fortschreitenden Gehirnerkrankung gestorben war. Gehirngewebe dieses Patienten, mit dem sie einen Schimpansen und ein Totenkopfäffchen infizierten, ließ bei beiden Tieren eine TSE (übertragbare spongiforme Enzephalopathie) entstehen. Die beiden Wissenschaftler berichteten bei einer internationalen neurologischen Tagung über den Fall und wiesen darauf hin, die CJD sei bei dem Neurochirurgen zwar vermutlich spontan entstanden, sie stelle aber auch »ein Berufsrisiko für Chirurgen und Pathologen dar, die mit menschlichem Gehirngewebe umgehen«.

Um die entsprechenden Berufsgruppen auf diese Gefahr aufmerksam zu machen, schrieben Gajdusek und Gibbs einen Kurzbericht für das *Journal of Neurosurgery* und faßten darin die Kenntnisse über die Ansteckungswege von CJD zusammen. Ihr Rat: Vorsichtshalber solle man davon ausgehen, daß der CJD-Erreger gegenüber Hitze, Formaldehyd und ultraviolettem Licht mindestens ebenso widerstandsfähig sei wie der Erreger von Scrapie. »Insbesondere«, so heißt es in dem Artikel, »muß man annehmen, daß der Erreger durch Kochen nicht abgetötet wird.« Sie wiesen darauf hin, daß die Ärzte eine CJD häufig falsch diagnostizieren, beispielsweise als Alzheimer-Krankheit, Pick-Krankheit (eine Form der Gehirnverkleinerung) oder eine von vielen anderen Krankheiten wie Gehirntumor oder Schlaganfall.

Die Instrumente, die man bei Eingriffen an solchen Patients verwendet hatte, sollten nach ihrer Empfehlung im Autoklaven sterilisiert werden – einem Gerät, mit dem man im Krankenhaus hartnäckige Erreger unter hohem Druck mit Heißdampf beseitigt –, und das für dreißig Minuten, doppelt so lange wie es sonst üblich war. Weiterhin empfahlen sie, man solle alle Organe, die man solchen Patienten entnommen hatte, als infektiös betrachten, auch wenn sie in Formaldehyd fixiert waren. Nach ihren Erkenntnissen konnte nur eine einzige chemische Verbindung, nämlich Chlorbleiche, den Scrapie-Erreger zuverlässig abtöten, und diese Substanz empfahlen sie für die Desinfektion von Fußböden und anderen Oberflächen, die mit solchen Organen in Berührung gekommen waren.

Im Frühjahr 1974, als der Kurzbericht publikationsreif war, hatten DeVoe und seine Kollegen im *New England Journal of Medicine* bereits über die iatrogene Infektion nach ihrer Hornhauttransplantation berichtet. Gajdusek und Gibbs erwähnten den tragischen Vorfall in einer Zusatzbemerkung zu ihrem Artikel. Außerdem wandten sie sich an DeVoe und baten ihn um Gehirngewebe der Verstorbenen, das zu dieser Zeit bereits seit sieben Monaten bei Zimmertemperatur in vierprozentigem Formalin lag. Gibbs homogenisierte es und spritzte es einem Schimpansen. Ein Jahr später erkrankte der Affe an TSE, womit bewiesen war, daß es sich um ansteckendes Material handelte.

Carleton Gajdusek hatte schon 1963 begonnen, Kinder aus Neuguinea und Mikronesien zu adoptieren. Er wünschte sich eine Familie und wollte den urtümlichen Stammesgruppen, die ihn so freundlich aufgenommen hatten, einen Dienst erweisen, indem er einigen Kindern eine Ausbildung verschaffte. Das erste Kind, das er mit nach Hause nahm, war Mbaginta'o, ein zwölfjähriger Junge vom Stamm der Anga, der ihm bei der Untersuchung und Obduktion von Kuru-Patientinnen geholfen hatte. Dr. Gunter Stent, ein Professor für Neurobiologie an der University of California in Berkeley und ein alter Freund Gajduseks, erinnert sich noch gut daran: »Mbaginta'o kam in San Francisco in seinen einzigen nachsteinzeitlichen Kleidungsstücken an: weiße Shorts, Polohemd und Sandalen. Um ihn in Straßenkleidung zu stecken, die sich besser für seinen Weiterflug nach Washington eignete, ... gingen wir mit ihm in das beste Kaufhaus von Berkeley.« In Washington meldete Gajdusek den Jungen bei einer exklusiven Privatschule an. Mbaginta'o war das erste von insgesamt achtunddreißig Kindern, die Gajdusek während der folgenden dreißig Jahre unter Einsatz seines gesamten Vermögens in die USA brachte; oft waren es sieben oder acht auf einmal, denen er High-School und College finanzierte. Später richtete Gajdusek eine Außenstelle seines NIH-Labors in einem biologischen Hochsicherheitstrakt ein, den die US-Armee ihm in ihrem Forschungsinstitut Fort Detrick in Frederick (Maryland) nordwestlich von Baltimore zur Verfügung gestellt hatte, und ein wohlhabender Freund vermietete dem exzentrischen Kinderarzt ein elegantes Herrenhaus aus dem 18. Jahrhundert, das auf einem großen Hügelgrundstück außerhalb der Stadt stand. Das Haus, so Gunter Stents Erinnerung, füllte sich mit Kindern und »sah irgendwann aus wie ein Völkerkundemuseum; es war vollgepfropft mit Hunderten von Gegenständen, die Carleton zusammen mit den Kindern aus seiner zweiten Heimat im Pazifik mitgebracht hatte: Töpfe, Speere, Schilde, Masken und Kanus, die unter der Decke hingen«.

Neben dem Haus in Frederick unterhielt Gajdusek auch weiterhin sein Elternhaus in Yonkers. Zu seinem Plan für die Ausbildung seiner Schützlinge gehörten auch Rundreisen zu Museen, Kunstgalerien und anderen kulturellen Einrichtungen, und nach Yonkers pilgerte er jeden Herbst mit der Horde seiner Adoptivsöhne, um das Grab von Herman Melville zu besuchen, das er in vernachlässigtem Zustand auf einem Friedhof der Stadt aufgespürt hatte. Bei einer solchen Gelegenheit erfuhr Carleton Gajdusek – er war mittlerweile fünfundfünfzig – am frühen Morgen des 14. Oktober 1976, daß man ihm den Nobelpreis zuerkannt hatte; er teilte sich die Auszeichnung mit dem amerikanischen Biochemiker Baruch Blumberg, der bei australischen Ureinwohnern ein entscheidendes Antigen für die Entwicklung eines Hepatitis-B-Impfstoffs entdeckt hatte. Als die ersten Fernsehteams gegen die Eingangstür von Gajduseks Haus in Yonkers trommelten, lagen dort acht seiner Adoptivsöhne mit ihren Freundinnen in den Schlafsäcken.

»Größere Reaktion«, schrieb Gajdusek später an diesem Vormittag in sein Tagebuch. »Mache mir Sorgen! Werde ich es schaffen, die Arbeiten zu beenden, die ich mir vorgenommen habe, gleichzeitig den Jungen etwas Gutes zu tun, und dabei noch Demut und Kreativität zu behalten? ... Und vor allem: Kann ich jetzt noch für meine eigene Neugier leben statt für die Lobhudelei der anderen, oder wenn es um andere, vielleicht noch gar nicht Geborene geht, kann ich dann in Demut leben, um später von ihnen gelobt zu werden?«

Es sei befriedigend, so schreibt er, »zum Nobelpreisträger zu werden und immer noch in dem Haus zu leben, in dem ich zum ersten Mal von meiner Berufung zu medizinischer, mikrobiologischer Forschung geträumt habe. Die Namen von Paul de Kruifs Helden stehen immer noch auf der Treppe zum Dachboden ... Die unerwartete Nachricht den Freunden ... und meinen acht Jungen mitzuteilen ist eine angenehme Pflicht. Aber daß die Presse so rücksichtslos in unser Privatleben eindringt, ist unerträglich und äußerst beunruhigend ... Das Haus ist voller Fernsehleute und Reporter, die sich kaum verjagen lassen.« Dann wenden sich seine Gedanken den Kollegen zu. »Ich habe ein sehr ungutes Gefühl, daß die Ehre, die mir zuteil wird, sich verheerend auf Joe Gibbs und Vin Zigas auswirken kann, die beiden, mit denen ich sie am ehesten teilen müßte. Ich habe immer gefürchtet, Hadlow und manche unserer britischen oder schottischen Scrapie-Kollegen könnten zu meinen ›Handlangern‹ degradiert werden, wenn ich irgendwann den Preis bekomme, und das wäre, von Vin und Joe ganz abgesehen, noch weniger erträglich gewesen ... Es gibt nur eine Lösung: Wir müssen unsere Ziele weiterverfolgen und das Wesen des Scrapie-Erregers sowie das Verhalten der übertragbaren Virus-Verfallskrankheiten aufklären. Die Beantwortung dieser beiden Fragen wäre weitaus mehr als alles, was wir bisher erreicht haben. Ich bin sicher, daß die vollständige Aufklärung der Struktur dieser Viren einen weiteren Nobelpreis rechtfertigen würde.«[*]

Gajdusek brachte seine Rasselbande bei seinem Freund Benoit Mandelbrot unter, dem Mathematiker, der die Fraktale entdeckt hatte und bei IBM in Yorktown Heights arbeitete; dann fuhr er zum NIH, um mit seinen begeisterten Kollegen zu sprechen. Stolz stellte Joe Gibbs ihn vor; wenn er selbst enttäuscht war, ließ er es sich nicht anmerken. Aus dem Schreiben des Nobelkomitees erfuhr Gajdusek auch die Höhe des Preisgeldes: 79742 Dollar, die er für die Ausbildung seiner Adoptivsöhne verwenden wollte. (Die finanzielle Ausstattung des Nobelpreises war in dieser Zeit stark zurückgegangen – Pech für die Geehrten; in späteren Jahren wurde sie wieder erhöht.)

Zwei Tage später unternahm Gajdusek mit seinem Anhang die Pilgerfahrt zu Melvilles Grab; zunächst konnte er es auf dem verwinkelten Friedhof nicht finden, aber dann setzte er seine Söhne mit ihrem Spürsinn darauf an. In der Zwischenzeit konnte er über die Gerechtigkeit bei der Preisverleihung nachdenken, und am 16. Oktober sinnierte er in seinem Tagebuch: »Wenn ich die letzten zwanzig Jahre aufrichtig Revue passieren lasse, erkenne ich heute, daß das Bestreben, langsame Virusin-

---

[*] Eine prophetische Äußerung, wie die Verleihung des Medizin-Nobelpreises 1997 an Stanley Prusiner zeigt. (Anm. d. Übers.)

fektionen als Krankheitsmechanismus bei Menschen nachzuweisen, viel stärker von mir ausging als ... sogar von Joe, und das hat das Nobelkomitee bemerkt. Hadlow hat seinen Anteil daran, ebenso Elizabeth [Beck], Igor [Klatzo] ... und Joe Smadel, und auch [William] Gordon, [John] Stamp [der Leiter des Moredun Institute], Pal Palson und Björn Sigurdsson [beide aus Island], und viele Jahre lang blieb die Hauptarbeit an Vin und später an Joe hängen. Den Preis mit ihnen zu teilen, wäre angenehmer.« Statt dessen teilte er sich den Preis mit Baruch Blumberg; beide Männer, so das Nobelkomitee, erhielten die Auszeichnung »für ihre Entdeckungen im Zusammenhang mit neuen Mechanismen der Herkunft und Ausbreitung von Infektionskrankheiten«.

Zwanzig Jahre vor diesem Triumph, noch vor seiner ersten Begegnung mit den Fore, hatte Gajdusek sich in seinem Tagebuch Gedanken über die abendländische Begeisterung für altertümliche Kulturkreise gemacht:

Das Primitive reizt die Phantasie, die Neugier und die romantischen Gefühle der Menschen aus westlichen Kulturen schon seit Jahrhunderten – oder sogar Jahrtausenden ... Wahrscheinlich sieht der zivilisierte Mensch in den Überresten primitiver Kulturen seine eigenen Ursprünge, und wenn er sie beobachtet, wird ihm intuitiv deutlich, daß für die Probleme von Gesellschaft und Zusammenleben auch andere Lösungen möglich sind als die, welche durch die historischen Abläufe zu den seinen geworden sind ...

Insbesondere der Südpazifik war Objekt romantischer Sehnsüchte, und zahlreiche begabte Künstler und Wissenschaftler sind von Europa und Amerika aus dorthin gereist, um Rousseaus edlen Wilden zu finden ... Pierre Loti, Robert Louis Stevenson, Joseph Conrad, Paul Gauguin, unsere Amerikaner Henry Adams und Hermann Melville sowie in jüngerer Zeit Somerset Maugham und James Mitchener haben die Geschichten des Südpazifik mit Pinsel und Schreibfeder eindringlicher, wenn auch weniger genau erzählt als Bronislaw Malinowski, Alfred Russel Wallace, Charles Darwin und Captain Cook ...

Beide Entdeckungen – von Gajdusek wie von Blumberg – waren ein Segen für die Leiden der nichtzivilisierten Völker; vielleicht wollte das Nobelkomitee mit der Aufteilung des Preises an die beiden Wissenschaftler diese Rousseausche Wohltat ehren.

Am 28. November, mitten in den Vorbereitungen für die Reise nach Stockholm, erhielt Gajdusek eine Nachricht von dem Schweizer Arzt Dr. Christopher Bernoulli: In Zürich waren zwei junge Patienten, die sich wegen des Verdachts auf Epilepsie einer diagnostischen Operation unterzogen hatten, offenbar an der Creutzfeldt-Jakob-Krankheit erkrankt. »Der Brief von Dr. Bernoulli ... ist so überraschend und beunruhigend, daß ich es kaum glauben kann«, notierte Gajdusek an diesem Tag in seinem Tagebuch. Bei den verunreinigten Instrumenten, die die Infektion ausgelöst hatten, handelte es sich offenbar um Silberelektroden, die Bernoulli in das Gehirn der Patienten eingeführt und mehrere Tage lang dort belassen hatte, um den Ursprungsort der Anfälle vor einem therapeutischen Eingriff zu lokalisieren. Der Schweizer Arzt verfolgte die Infektion zurück bis zu einer neunundsechzigjährigen Frau, die er 1974 wegen CJD behandelt hatte. Mit den Elektroden hatte er ihre Gehirnströme aufgezeichnet; anschließend waren sie mit siebzigprozentigem Alkohol und Formaldehyddampf sterilisiert worden. Einige Monate später kam eine dreiundzwanzigjährige Epileptikerin zu ihm, die auf medikamentöse Behandlung nicht ansprach. Im November 1974 pflanzte Bernoulli ihr neun Elektroden ein, von denen er zwei zuvor bei der CJD-Patientin benutzt hatte, und aufgrund der so gewonnenen Meßwerte nahm er eine Operation vor, die den Anfällen ein Ende machte.

Im Juli 1976 hatte Bernoulli es jedoch erneut mit der jungen Frau zu tun. Sie war mittlerweile im sechsten Monat schwanger, konnte kaum noch gehen, litt beim Autofahren an Übelkeit, hatte Schwierigkeiten beim Sprechen und zeigte Gedächtnislücken. Außerdem stellte Bernoulli zuckende Bewegungen der Augen und Koordinationsstörungen fest. »Sie gab ungenaue Antworten«, schrieb er später, »und wirkte ›torkelig‹.« Von jetzt an verfiel sie schnell. Mitte September brachte sie durch Kaiserschnitt ein gesundes Kind zur Welt. Danach fiel sie ins Koma.

Eine ähnliche Krankengeschichte hatte auch Bernoullis zweiter Patient, ein siebzehnjähriger junger Mann. Er lag im Sterben, als Bernoulli an Gajdusek schrieb. »Die Ärzte fürchten, daß eine Katastrophe auf sie zukommt«, notierte der Amerikaner in seinem Tagebuch, »und bitten mich um Hilfe. Ich habe ihnen heute abend telegrafiert, daß wir Gewehr bei Fuß stehen, um das Gehirn und alle anderen Gewebe ihrer Patienten zu untersuchen …« Fünf Tage darauf starb der Siebzehnjährige – an CJD, wie sich bei der Obduktion des Gehirns bestätigte. Mit dem Gewebe beider Patienten, das man Primaten injizierte, wurde die Übertragbarkeit bewiesen.

Zur Nobelpreisverleihung im Dezember nahm Gajdusek eine ganze Gruppe seiner Kinder mit nach Stockholm, darunter Mbaginta'o, der jetzt fünfundzwanzig war und auf den Vornamen Ivan hörte, sowie sieben kleinere Jungen aus Neuguinea, Mikronesien und Singapur; die Maße für ihre gestreiften Hosen und Cuts hatte er schon vorher durchgegeben. Auch Joe Gibbs, Paul Brown, Gajduseks Sekretärin Marion Poms und zwei andere Bekannte schlossen sich der Reisegruppe an. Gajdusek teilte seinen Gastgebern mit, daß die Jungen keine eigenen Hotelzimmer brauchten: Sie seien es gewohnt, in Schlafsäcken auf dem Fußboden zu übernachten, und könnten mit in seiner Suite wohnen. Die untersetzten, aber kräftigen, hübschen und höflichen Jugendlichen hinterließen einen unvergeßlichen Eindruck.

Die gleiche Wirkung erzielte auch Gajdusek selbst. Nach den Gepflogenheiten der Nobelpreisverleihung hält jeder Preisträger einen fünfundvierzigminütigen Vortrag über seine preisgekrönten Arbeiten. Aber Carleton Gajdusek konnte sich schlecht bremsen: Er sprach zwei Stunden lang. »Es war gut so«, erzählte mir George Klein, »denn was er zu sagen hatte, war faszinierend.« Im Verlauf seines mit Bildern angereicherten Vortrages hielt Gajdusek ein von Strahlung geschwärztes Kunststoffröhrchen hoch und betonte, der darin enthaltene Scrapie-Erreger sei immer noch infektiös. Selbst in teilweise gereinigten Scrapie-Extrakten, so seine Bemerkung, waren im Elektronenmikroskop keine Virusteilchen zu erkennen. Außerdem berichtete er, bei diesen ungewöhnlichen Krankheiten seien weder eine infektiöse Nucleinsäure noch körperfremde Proteine nachzuweisen. Bei seiner Schlußfolgerung hatte er vielleicht die Leidensfähigkeit der Fore im Sinn: »Die Untersuchung der Geschichte und Epidemiologie dieser seltenen, exotischen und auf eine kleine Bevölkerungsgruppe beschränkten Krankheit – Kuru in Neuguinea – war für uns der Anlaß, unsere Überlegungen auf die Weltbevölkerung auszudehnen, Überlegungen, die für die gesamte Biologie und Medizin von Bedeutung sind.« Noch vieles, so schloß er freimütig, bleibe zu erforschen, noch vieles sei »bisher unerklärlich«.

Die Katastrophe in der Schweiz zog keine weiteren Fälle nach sich, aber 1977 verfaßten Gajdusek, Gibbs, Paul Brown und andere aus Gajduseks Labor gemeinsam einen Aufsatz für das *New England Journal of Medicine*, in dem sie alle Ärzte dringend aufforderten, bei der Arbeit mit CJD-Patienten besondere Vorsichtsmaßnahmen zu ergreifen. Isolierstationen hielten sie zwar nicht für notwendig, aber für das Autoklavieren medizinischer Instrumente, die bei CJD-Patienten verwendet wurden, empfahlen sie jetzt nicht mehr dreißig, sondern sechzig Minuten, und von Blut- und Gewebespenden durch Personen mit geistigen Verfallskrankheiten rieten sie grundsätzlich ab. Die verhängnisvolle Möglichkeit, daß eine unumkehrbare, zu hundert Prozent tödliche Gehirnkrankheit sich durch Bluttransfusionen ausbreiten könnte, wurde 1978 bei Meerschweinchen Wirklichkeit, die Wissenschaftler der Yale University mit der Creutzfeldt-Jakob-Krankheit infiziert hatten. In Gajduseks Labor wurden jetzt auch andere Körperflüssigkeiten und Ausscheidungen – Tränen, Speichel, Stuhl, Urin, Sperma und Vaginalschleim – auf ihre Infektionsfähigkeit untersucht. Im Jahr 1980 berichteten Gibbs, Gajdusek, und mehrere Kollegen, sie hätten Kuru, CJD und Scrapie oral auf Totenkopfäffchen übertragen, denen sie infiziertes Gehirn-, Nieren- und Milzgewebe gefüttert hatten.

Das New York State Institute for Basic Research in Developmental Disabilities auf Staten Island berichtete 1982 über die gelungene Übertragung von Scrapie durch Gehirnextrakte, die man auf das Zahnfleisch von Mäusen aufgebracht hatte. Wenn man das Zahnfleisch zuvor mit einer Schere verletzte oder einen Zahn zog, kam es in hundert Prozent der Fälle zur Ansteckung, und auch bei unversehrtem Zahnfleisch lag der Anteil noch bei einundsiebzig Prozent – ein deutlicher Hinweis auf das Risiko einer Übertragung von CJD bei zahnärztlicher Behandlung. Als wollten sie das Risiko nochmals betonen, berichteten zwei Wissenschaftler der Universität Oxford ungefähr zur gleichen Zeit über drei mutmaßliche Fälle einer iatrogenen Übertragung von CJD durch Gehirnoperationen, die sich schon in den fünfziger Jahren ereignet hatten; außerdem erwähnt der Aufsatz »drei weitere, neuere Fälle aus dem Osten Englands, die vermutlich über zahnmedizinische Eingriffe miteinander in Verbindung stehen« – ein Zahnarzt und zwei seiner Patienten waren an CJD gestorben.

Trotz solcher aufschlußreicher Vorfälle gelangte Paul Brown, der 1980 alle bis dahin gesammelten Indizien zusammenfaßte, zu dem Schluß, es gebe abgesehen von »wenigen nachgewiesenen oder höchst verdächtigen Fällen einer iatrogenen chirurgischen Übertragung von CJD« keine belegten Fälle, daß Menschen sich auf einem der bei Viren bekannten Übertragungswege angesteckt hätten: weder durch Tröpfcheninfektion noch auf oralem oder sexuellem Weg, weder durch die Haut noch durch Hautverletzungen. Gleichzeitig mahnte er aber zur Vorsicht: Seine zusammenfassende Darstellung, so schreibt er, habe bei ihm das Gefühl hinterlassen, »als ob wir uns durch ein Labyrinth bewegen, dessen Ausgang entsetzlich gut versteckt ist«. Schon bald sollte sich dieses Labyrinth als noch grausamer erweisen.

# 9

# Die Infektion der Kinder

*Edinburgh, 1976/Palo Alto*
*und Bethesda, 1985*

Im Oktober 1976, ungefähr zu der Zeit, als Carleton Gajdusek von seinem Medizin-Nobelpreis erfuhr, wurde der Genetiker Alan Dickinson aus Edinburgh von einer schrecklichen Vorahnung heimgesucht. »Ich war zu Bett gegangen«, erzählte er mir, »und muß wohl vor mich hingegrübelt haben. Normalerweise schlafe ich sofort ein, und manchmal wache ich nach ein paar Stunden wieder auf. Nach einem solchen kurzen Schläfchen ist man munter und kann Experimente planen. Aber an diesem Abend saß ich im Bett und dachte: *›Um Himmels willen, ist denen eigentlich klar, daß sie mit ihrer Methode zur Gewinnung des Wachstumshormons* – das Tausenden von kleinwüchsigen Kindern überall auf der Welt gespritzt wird – *den CJD-Erreger anreichern könnten?«*

Das menschliche Wachstumshormon wurde in den fünfziger Jahren zum ersten Mal aus der Hypophyse isoliert, jener kleinen »Oberdrüse«, die an der Unterseite des Gehirns hängt und Hormone für die Wachstums-, Stoffwechsel- und Fortpflanzungssteuerung produziert. Als ein Mediziner 1958 nachwies, daß ein Kind mit hypophysenbedingtem Minderwuchs nach Injektionen des Wachstumshormons zu normaler Größe heranwachsen kann, verlangten die Kinderärzte lautstark nach dem Hormon. Damals gab es dafür nur eine einzige Quelle: Hypophysen von Leichen, die man obduziert hatte. In den USA richtete man am NIH eine Zentralstelle für Hormone und Hypophysen ein; dort sammelte man die Drüsen von Leichen, gewann daraus das Wachstumshormon und verteilte es an Kin-

derärzte, die sich an der Erprobung der neuen Therapie beteiligten. Ähnliche Programme gab es ungefähr zur gleichen Zeit auch in anderen Ländern, insbesondere in Großbritannien, Frankreich und Australien. »Das NIH stellte das Hormon nicht her, um daran zu verdienen«, meint Gajdusek dazu, aber im Lauf der folgenden zwanzig Jahre »wurden etwa fünfzigtausend Kinder in den USA, ebenso viele in Europa und eine Menge in Asien und Südamerika – weltweit insgesamt vielleicht zweihunderttausend –, mit dem Wachstumshormon behandelt.«

Als Alan Dickinson erkannte, daß das Verfahren des British Medical Research Council (MRC) zur Gewinnung des Hormons aus Hypophysen von Leichen möglicherweise auch zur Anreicherung des CJD-Erregers führen konnte, machte er die Behörde auf das Risiko aufmerksam. Daraufhin erteilte das MRC Dickinsons Institut den Auftrag, die Methode zu prüfen – er sollte absichtlich eine Charge der Drüsen mit CJD verunreinigen, daraus das Hormon isolieren und es Versuchstieren injizieren. Es war zwangsläufig ein langwieriger Test, denn spongiforme Enzephalopathien haben sogar bei Mäusen eine lange Inkubationszeit; gesicherte Aussagen würden erst 1983 möglich sein.

Im Jahr 1976, so Dickinson, eröffnete sich die Aussicht auf gentechnisch hergestelltes Wachstumshormon – es war zwar noch nicht fertig, aber man glaubte, es werde in zwei oder drei Jahren soweit sein. Bei diesem Vorgehen war die Reinheit garantiert: Zu seiner Herstellung diente gentechnisch veränderte Hefe, in deren DNA man die genetische Information für das menschliche Wachstumshormon eingeschleust hatte. Mittlerweile hatte das MRC mit gewaltigem Aufwand eine große Menge des aus Leichen gewonnenen Hormons gesammelt: Es sollte den Bedarf in Großbritannien decken, bis das gentechnische Produkt zur Verfügung stand. Die Behörde wog die theoretische Gefahr, das gehortete Hormon noch zwei oder drei Jahre lang weiter zu verwenden, gegen die reale Gefahr ab, zwergwüchsige Kinder nicht mehr mit dem Hormon zu behandeln, und man gelangte zu dem Entschluß, es zu riskieren. »Wissen Sie, die

Behandlung brachte höchst befriedigende Ergebnisse«, sagt Dickinson bitter, »denn wir haben es hier nicht mit einer lebensbedrohlichen Krankheit zu tun, sondern mit einem Zustand, der sich massiv auf die Lebensqualität auswirkt. Also sehr befriedigende, unübersehbare Erfolge, und auf der anderen Seite dieses unbegreifliche Etwas, die Creutzfeldt-Jakob-Krankheit, schon den Namen kann man kaum aussprechen, und wer sind eigentlich die Leute an diesem Tierversuchsinstitut, die den ganzen Wirbel machen? Das soll wohl ein Witz sein, ich bitte Sie. So wurde argumentiert.« Das MRC verteilte weiterhin das aus Leichen gewonnene Hormon, während Dickinson und seine Kollegen das Herstellungsverfahren testeten. In anderen Ländern wurde nicht einmal vor der Gefahr gewarnt.

Schließlich berichteten die Wissenschaftler in Edinburgh, sie hätten den CJD-Erreger in ihrem Hormonpräparat nicht nachweisen können. Paul Brown bezweifelte diese Behauptung. Dickinson und seine Kollegen waren bei ihren Versuchen nach dem allgemein üblichen Schema vorgegangen: Sie hatten die Tiere nur mit einem Teil des von ihnen hergestellten Hormons infiziert. »Aber eine *nicht nachweisbare* Menge des Virus«, so Browns Argumentation, »bedeutet nicht zwangsläufig, daß *kein* Virus vorhanden ist, und das sollten die späteren Ereignisse denn auch deutlich machen. Um zu zeigen, daß überhaupt keine Infektion möglich ist, hätte man das gesamte Material injizieren müssen ...« Brown will darauf hinaus, daß der CJD-Erreger vielleicht gerade in dem Teil des Präparats enthalten war, den Dickinsons Arbeitsgruppe vernichtete. Der Edinburgher Wissenschaftler verteidigt die Arbeitsweise seines Instituts: »Wir haben uns einfach unseres gesunden Menschenverstandes bedient. In unseren Versuchen mit Scrapie mußten wir die einzelnen Erregerstämme getrennt halten, und wenn man das schafft, schafft man alles.« Dickinsons Gruppe war vermutlich so geschickt, daß sie den infizierten Hypophysenextrakt mit der MRC-Methode reinigen konnte. Das technische Personal in den anderen Labors, die für den Hormonvorrat des MRC gesorgt hatten, war dazu offenbar nicht in der Lage.

Eines der ersten Kinder, die in den USA mit dem Wachstumshormon behandelt wurden, war ein Junge aus Kalifornien, der
in den Annalen der Medizin als JRo bekannt ist. JRo litt an mehreren Hormonmangelkrankheiten: Ihm fehlten neben dem
Wachstumshormon auch das Schilddrüsenhormon und Insulin. Die Therapie mit dem Wachstumshormon begann 1965, als
er zwei Jahre alt war. Wegen des insulinabhängigen Diabetes
war die übliche Therapieform, bei der das Hormon dreimal wö-
chentlich gespritzt wurde, kaum anzuwenden. Sein Arzt, der
Kinderendokrinologe Dr. Raymond L. Hintz von der Universität
Stanford, schreibt: »Deshalb war JRo einer der ersten, die das
Wachstumshormon über lange Zeit hinweg in recht hoher Do-
sierung bekamen.« Als der Junge zwanzig wurde, hatte er eine
Körpergröße von einem Meter sechzig erreicht. Angehörige und
Ärzte betrachteten die Behandlung als medizinischen Erfolg.

Paul Brown greift die Geschichte von JRo auf: »Nach den Erzählungen seiner Mutter war er immer ein glücklicher, optimi-
stischer, redseliger Bursche; außerdem zeigte er einen gewissen
Gleichmut – vielleicht wegen seiner komplizierten gesundheitli-
chen Probleme. Wenn er sich doch einmal beklagte, fühlten sich
die anderen verpflichtet, genau darauf zu hören.« Als JRo im Alter
von zwanzig Jahren mit seinen Eltern von San Francisco nach
Maine reiste, um die Großeltern zu besuchen, klagte er während
des Fluges über Schwindelgefühle. Seine Mutter vermutete, der
Blutzuckerspiegel sei zu niedrig – das kommt bei Diabetikern
häufig vor. Also gab sie ihm ein paar Süßigkeiten, und daraufhin
schien es ihm besser zu gehen. Aber in Maine, so schreibt Brown,
»lehnte er das Angebot ab, mit dem Motorboot seines Großvaters
auf dem See eine Rundfahrt zu machen; er sagte, er wolle nicht
im Kreis fahren, weil ihm jetzt schon schwindlig sei«.

Die Schwindelgefühle blieben auch bestehen, als JRo nach San
Francisco zurückkehrte. »Als er aus dem Flugzeug stieg«, berichtet Hintz, »bemerkte seine Mutter, daß er schwerfällig wirkte und
seltsame Bewegungen machte.« Am Sonntag, dem 17. Juni 1984,
rief sie Hintz an, und der Arzt richtete es so ein, daß er JRo noch
am selben Tag in der Notaufnahme des Krankenhauses untersu-

chen konnte. Dabei stellte er Sprach- und Koordinationsstörungen sowie zwinkernde Augenbewegungen fest, und nun sorgte er dafür, daß der junge Mann einen Neurologen aufsuchte. Den unbarmherzigen weiteren Verlauf der Krankheit beschreibt Hintz so: »Im Verlauf weniger Wochen spielte sich ... eine ganze Reihe katastrophaler neurologischer Vorgänge ab. Die Eltern waren offenkundig beunruhigt, daß es so mit ihm bergab ging ... Es entwickelte sich eine schwere Demenz ..., die soweit ging, daß er stationär behandelt werden mußte, und sechs Monate nach dem Auftreten der ersten Symptome starb er ... Bei der Obduktion zeigten sich die klassischen pathologischen Befunde der spongiformen Enzephalopathie, die für CJD charakteristisch sind.«

Als Hintz im Februar 1985 von dem Obduktionsbefund erfuhr, war er zutiefst beunruhigt. Ihm fiel eine Tagung der Washingtoner Food and Drug Administration (FDA)* ein, an der er drei Jahre zuvor teilgenommen hatte: Dort hatte man Krankheiten erörtert, die von langsamen Viren verursacht werden. »CJD ist bei jungen Menschen äußerst selten«, schreibt er, »und deshalb machte ich mir Sorgen, die Krankheit könnte bei JRo entstanden sein, weil das Präparat des Wachstumshormons mit dem Erreger verunreinigt war. Wenn das stimmte, drohte vielleicht allen Patienten, die wir mit dem aus Hypophysen gewonnenen Hormon behandelt hatten, eine katastrophale neurologische Verfallskrankheit.« Ende Februar verfaßte Hintz gleichlautende Schreiben über JRos tödliche Erkrankung, die er an die FDA sowie an das Hypophysen- und Hormonzentrum des NIH schickte. Darin regte er an, »alle Patienten, die in den letzten fünfundzwanzig Jahren mit dem aus Hypophysen gewonnenen Wachstumshormon behandelt wurden, weiterhin sorgfältig zu beobachten ...«.

Der Verantwortliche des NIH für das Wachstumshormon-Programm war Dr. Mortimer Lipsett. Als er den Brief von Hintz las, handelte er sehr rasch. »Ich habe nie erlebt, daß eine Behörde so schnell auf etwas reagierte wie auf das Schreiben von

---

* Die FDA ist die oberste US-Behörde für die Zulassung von Arzneimitteln (Anm. d. Übers.).

Hintz«, erzählte mir Brown. »Es war wirklich bemerkenswert. Lipsett stürzte sich geradezu darauf.« Für den 8. März berief der NIH-Beamte eine Sitzung mit Verwaltungsleuten und Wissenschaftlern ein. Sie empfahlen, die Ärzte auf eine mögliche Gefahr aufmerksam zu machen und jede Anwendung des Hormons außerhalb der eigentlichen Therapie zu beenden. Die Hormonbehandlung selbst sollte nach dieser Empfehlung erst einmal nicht ausgesetzt werden, sondern man wollte zunächst die Diagnose der CJD bei JRo nochmals überprüfen und andere Infektionswege ausschließen.

»Ich weiß noch genau, welchen Streß wir in den folgenden sechs Wochen durchzumachen hatten«, schreibt Hintz. »Meine Kollegen in Stanford standen zwar voll und ganz hinter meinen Entscheidungen, aber viele andere Kinderendokrinologen hatten eindeutig den Eindruck, ich würde einen falschen Alarm auslösen, und ließen mich das auch unverblümt wissen. Der Druck wuchs noch mehr, als es so aussah, als würde die therapeutische Verwendung des Wachstumshormons in den gesamten USA wegen dieses scheinbaren Einzelfalls verboten. Dann hätten über dreitausend Patienten mit Wachstumshormonmangel wegen meines einen Fallberichtes nicht mehr die notwendige Behandlung erhalten.«

Für den 19. April setzte Lipsett am NIH eine zweite, größere Sitzung an, auf der man darüber diskutieren wollte, ob der therapeutische Einsatz des Wachstumshormons gestoppt werden sollte. Dazu lud er Beamte, Wissenschaftler, Ärzte und Vertreter von Herstellerfirmen aus mehreren Ländern ein. Hintz kam am Nachmittag des 18. April in Bethesda an und erfuhr als erstes, es seien zwei weitere mutmaßliche CJD-Fälle bekannt geworden. »Durch ein kaum glaubliches Zusammentreffen«, schreibt er, »waren auch diese beiden mit Wachstumshormon behandelten Patienten in den vorangegangenen paar Monaten an einer neurologischen Erkrankung gestorben.«

Über beide Fälle war zuvor nicht berichtet worden, weil man die Creutzfeldt-Jakob-Krankheit als Diagnose nicht in Betracht gezogen hatte: Die Patienten waren so jung gewesen, daß sie nicht in das übliche Krankheitsschema paßten. Bei dem einen handelte es sich um einen zweiunddreißigjährigen Verkäufer aus einem Schallplattenladen in Dallas, bei dem die Mutter als erstes einen leicht stolpernden Gang bemerkt hatte. Der Hausarzt vermutete eine Erkrankung des Innenohrs oder einen Gehirnschaden, konnte aber keines von beiden finden. Der Mann hatte weiterhin seinen Beruf ausgeübt, aber die Koordinationsstörungen nahmen zu, und schließlich riet ihm ein Arzt, der als Kunde in den Laden kam, er solle einen Neurologen aufsuchen. Als er starb, galt Multiple Sklerose als wahrscheinlichste Diagnose. Anders als bei JRo waren bei ihm keine Anzeichen für geistigen Verfall zu bemerken gewesen; Brown schreibt, der Mann habe »noch kurz vor seinem Tod im Februar 1985 ›Trivial Pursuit‹ gespielt«.

Der zweite Patient, ein zweiundzwanzigjähriger Mann aus Buffalo im Staat New York, bemerkte eines Tages, daß er sich beim Gehen immer nach rechts wandte. Wegen Gleichgewichtsstörungen und Doppelsehen suchte er einen Arzt auf, aber der sagte ihm, er sei ein Simulant. Als sich sein Zustand verschlechterte, so Browns Bericht, diagnostizierte man am Buffalo General Hospital eine schwere Erkrankung des Kleinhirns, und er kam in ein Pflegeheim. Wie der Patient in Dallas zeigte er bis zum Schluß kaum Anzeichen für geistigen Verfall – das Krankheitsbild hatte eher Ähnlichkeit mit Kuru als mit der klassischen Creutzfeldt-Jakob-Krankheit.

Als die beiden Ärzte, die diese Patienten behandelt hatten, von Hintz' Fall hörten, sahen sie sich noch einmal ihre Aufzeichnungen an, und dabei, so der Bericht des Kinderarztes aus Stanford, »wurde ihnen klar, daß alle drei Fälle sich in ihrem klinischen Bild und dem unausweichlich tödlichen Verlauf auffällig ähnelten ...«.

»Damit war das aus Hypophysen gewonnene Wachstumshormon gestorben«, sagt Brown. Auf der NIH-Sitzung am 19. April argumentierten einige ausländische Teilnehmer, die das Hormon auch in die USA lieferten, die Gewinnungsverfahren in den Vereinigten Staaten müßten fehlerhaft sein, und es handele sich demnach um ein rein amerikanisches Problem. Aber Lipsett wollte kein Risiko eingehen: Er ordnete an, daß die gesamte Wachstumshormontherapie in den USA sofort eingestellt wurde, unabhängig davon, woher die Präparate stammten.

»Die Kinderärzte waren alles andere als glücklich«, berichtet Brown. »Sie protestierten dagegen, solange sie konnten. Bis zu dem Zeitpunkt, da es nur einen einzigen Fall gab, hatten sie dafür einen stichhaltigen Grund. Nach zwei weiteren Erkrankungen war es damit vorbei, aber selbst jetzt waren die Kinderärzte höchst unzufrieden.« Zum Glück für ihre Patienten stand wenige Monate später das gentechnisch hergestellte Wachstumshormon zur Verfügung. »Ich weiß nicht, was passiert wäre, wenn man das gentechnische Produkt zu diesem Zeitpunkt nicht fertig gehabt hätte«, fügt Brown hinzu. »Ich vermute, wir hätten dann bei lebensgefährlichen Erkrankungen weiterhin das aus Hypophysen gewonnene Hormon verwendet, beispielsweise bei schwerem Diabetes; alle anderen hätten es nicht mehr bekommen.«

Nachdem die Aufregung sich gelegt hatte, befaßte Brown sich noch einmal mit dem Risiko, daß CJD durch die Hypophysen von Leichen übertragen wurde. Obduktionen des Gehirns wurden besonders häufig bei Personen vorgenommen, die an neurologischen Erkrankungen gestorben waren, und deshalb schätzte er, daß jede tausendste Hypophyse, die zur Gewinnung des Wachstumshormons diente, den CJD-Erreger enthielt. »Wenn zur Hormongewinnung zehntausend Drüsen gesammelt wurden, bestand also eine große Wahrscheinlichkeit, daß ein bis zehn infizierte Organe darunter waren. Wenn man außerdem weiß, daß von 1966 bis 1977 etwa eine halbe Million Drüsen verarbeitet wurden, kann man schließen, daß allein in diesem Zeitraum fünfundzwanzig bis zweihundertfünfzig erregerhaltige Hypophysen zur Hormongewinnung gedient hatten.«

Als man in Großbritannien von den drei amerikanischen Todesfällen erfuhr, wurden dort ebenfalls die medizinischen Berichte überprüft; dabei stellte sich heraus, daß ein zweiundzwanzigjähriger Engländer, den man mit dem Wachstumshormon behandelt hatte, ebenfalls an CJD gestorben war, und zwar im Februar 1985, demselben Monat wie der Plattenverkäufer aus Dallas. Brown, Gajdusek und Gibbs waren jetzt zutiefst beunruhigt; in einem Artikel, der im September im *New England Journal of Medicine* erschien, warnten sie die medizinische Öffentlichkeit vor »einer möglichen Epidemie der Creutzfeldt-Jakob-Krankheit, ausgelöst durch die Therapie mit dem menschlichen Wachstumshormon«. Sie versuchten auch, das Risiko abzuschätzen, konnten aber bestenfalls eine Spannbreite angeben – von den vier bereits bekannten Fällen bis hin zum schlimmsten Fall einer Epidemie, vor der sie gewarnt hatten. Angesichts der langen Inkubationszeit aller übertragbaren spongiformen Enzephalopathien konnte man vorläufig nichts Genaues sagen.

Fast ein Jahr lang tauchte bei den Patienten, die das Wachstumshormon erhalten hatten, kein weiterer Fall von CJD auf. Dann, im Frühjahr 1986, starb eine junge Frau in Neuseeland an der Krankheit – fast zwölf Jahre, nachdem sie zum letzten Mal eine Spritze mit dem Hormon bekommen hatte. Eine Ärztin am Cornell Medical Center in New York, die Hunderte von Patienten mit dem Wachstumshormon behandelt hatte, sah nochmals alle Krankenberichte durch und entdeckte einen Todesfall durch Lungenentzündung, bei dem man im Gehirn Anzeichen der CJD gefunden hatte. 1987 starb ein Patient in Pennsylvania an CJD, und 1988 tauchten in Großbritannien weitere Fälle auf. In Frankreich starben 1989 die ersten Patienten. Weltweit war die Zahl der Todesfälle bis zu diesem Jahr nach Browns Berechnungen auf über achtzig gestiegen: »Fünfzehn hier in unserem Land, zwei in Neuseeland und einer in Brasilien, alle mit einem bei uns hergestellten Hormonpräparat behandelt. Einer in Australien mit dort produziertem Hormon. Siebzehn in Großbritannien und etwas über vierzig in Frankreich.«

Achtzig Todesfälle unter zuvor gesunden jungen Leuten – das war schlimm genug. »Nur der Zufall rettete Tausenden von Menschen das Leben«, erklärte Carleton Gajdusek 1992 verbittert auf einer Tagung in Japan. »Wir haben unabsichtlich das menschliche Wachstumshormon verseucht, das aus den Hypophysen von Leichen gewonnen wurde, und es unseren Kindern gespritzt, eine Art neuzeitlicher High-Tech-Kannibalismus ... es war reines Glück, daß es nicht über zweihunderttausend iatrogene Todesfälle gab!«

In ihrem Artikel im *New England Journal of Medicine* vom September 1985 hatten Brown, Gajdusek und Gibbs die Gefahr einer iatrogenen CJD-Infektion unverblümt beim Namen genannt:

> Wieder einmal werden wir eindringlich daran erinnert, daß menschliches Gewebe eine Quelle von Infektionskrankheiten ist und daß jede Gewebeübertragung von einem Menschen auf einen anderen unvermeidlich mit der Gefahr einer Ansteckung verbunden ist. In diesem Zusammenhang geben Produkte wie follikelstimulierendes Hormon, luteinisierendes Hormon, Prolactin und menschliches Interferon weiterhin Anlaß zur Sorge, und das gleiche gilt auch für die Verpflanzung von Haut, Knochen, Knochenmark, Dura mater, Blutgefäßen, Nerven und ganzen Organen.

Und wie sie prophezeit hatten, gab es 1987 den ersten Todesfall durch eine Verpflanzung der Dura mater, jener äußeren Gehirnhaut, die nach Hirnoperationen zum Abdecken verwendet wird. In den folgenden fünf Jahren wurde aus Neuseeland, Großbritannien, Italien und Japan über insgesamt sechs weitere Fälle berichtet. In fünf der sieben Fälle konnte man die Herkunft der verpflanzten Hirnhaut zu einer deutschen Firma zurückverfolgen, die das Gewebe mit Wasserstoffperoxid und Strahlung vorbehandelt hatte. Im gleichen Zeitraum starben drei Australierinnen nach der Behandlung mit CJD-verseuchtem Gonadotropin, einem Hormon, das zur Therapie von Unfruchtbarkeit dient. Ein Niederländer von fünfundfünfzig Jahren, dessen Trommelfell man zwei Jahre zuvor mit einem Stück des Herzbeutels repariert hatte, erlag ebenfalls der Krankheit; ob es sich hier um eine iatrogene Infektion handelte, steht allerdings nicht fest, denn der Gewebespender wurde nicht obduziert. »Die iatrogene CJD«, so Brown 1992 am Ende eines zusammenfassenden Artikels, »... ist im Hightech-Umfeld der modernen Medizin ein ernstes, wachsendes Problem.«

Für diese menschlichen Tragödien, die sich immer noch fortsetzen, hat Brown einen sarkastischen Namen: Er bezeichnet sie als »Schuß nach hinten«.

# 10

# Ein modernes Wunder?

*Staten Island, Agakamatasa und
San Francisco, 1972–1985*

In den siebziger und achtziger Jahren, während sich die medizinischen Katastrophen häuften, machte die Erforschung des Scrapie-Erregers Fortschritte. Bessere Kenntnisse über die ansteckenden spongiformen Enzephalopathien, so die Hoffnung der Wissenschaftler, würden auch den Weg zur Untersuchung anderer rätselhafter Nervenkrankheiten eröffnen, an denen weit mehr Menschen starben, insbesondere der Multiplen Sklerose und der Alzheimer-Krankheit. Beunruhigend war auch, daß eine Krankheit, deren Ursache man nicht kannte, mit aller Macht zuschlagen konnte, wenn sie jemals außer Kontrolle geraten sollte. Um eine Krankheit zu verhüten, muß man nicht unbedingt den Erreger kennen – in vielen Fällen konnte man sie durch verbesserte hygienische Verhältnisse oder Medikamente eindämmen, bevor man die Ursache kannte –, aber die TSEs waren besonders schwer einzukreisen.

Gajdusek und Gibbs dehnten ihre Aktivitäten vom NIH und Fort Detrick auf eine externe Tierversuchsanlage in Louisiana aus. »Sie infizierten sogar Alligatoren mit dem Zeug!« erinnert sich ein skeptischer Kollege. Auch an Arbeiten im Rocky Mountain Laboratory beteiligten sie sich. Die Kühltruhen füllten sich mit tiefgefrorenen Gehirnen, und der Strom der Fachartikel riß nicht ab: Sie erschienen jedes Jahr zu Dutzenden mit dem Namen des Nobelpreisträgers unter den Autoren und trugen Stück für Stück zu dem komplizierten Gesamtbild bei. Aber immer noch war es ein unscharfes Bild, ein verworrenes Thema. In seinen Gedanken nach der Nobelpreisverleihung hatte Gajdusek in seinem Tagebuch prophezeit, »daß die vollständige Aufklärung der Struktur dieser Viren einen weiteren Nobelpreis rechtfertigen würde«. Mit dieser Ansicht stand er nicht allein. Auch andere engagierte Wissenschaftler in den USA, Großbritannien, Europa und Asien nahmen die Forschungen auf – manche von ihnen mit fast besessenem Ehrgeiz.

Einen wichtigen Fortschritt verbuchte Ende der siebziger Jahre Patricia Merz, eine temperamentvolle junge Frau, die noch nicht einmal Zeit gefunden hatte, ihre Promotion abzuschließen. Ihr wichtigstes Hilfsmittel war ein Elektronenmikroskop des New York State Institute for Basic Research in Developmental Disabilities auf Staten Island. Die einen Meter fünfzig große begeisterte Skiläuferin mit stämmigem Körperbau, kräftigen Händen, blauen Augen und dichten braunen Haaren, die sie in einem Knoten auf dem Kopf aufgetürmt hatte, war mit ihrem zukünftigen Mann, der in Philadelphia promoviert hatte, nach Staten Island gezogen und dort in die TSE-Forschung eingestiegen. »Das Institut wurde erst 1969 gegründet«, erzählte sie mir in ihrem Labor auf der Insel bei New York. »Man richtete es ein, um Gehirnkrankheiten zu erforschen, insbesondere solche, mit denen Kinder sich infizieren. Die TSEs kamen damals in der Wissenschaft gerade ins Gespräch, und man rechnete für die nächste Zukunft mit neuen Anhaltspunkten, was dabei im Nervensystem eigentlich vorgeht.«

Da die verschiedenen TSEs sich in ihrem Verlauf ähneln und im Gehirn ähnliche Schäden anrichten, konnte man durch die Untersuchung einer solchen Krankheit vermutlich auch grundlegende Aufschlüsse über alle anderen gewinnen. Merz entschied sich für Scrapie; diese TSE eignete sich besonders gut für die Erforschung im Labor, weil man sie bei einheitlichen Maus- und Hamsterlinien bereits eingehend untersucht hatte. Den Scrapie-Erreger hatte noch niemand gesehen. Alle versuchten ihn dingfest zu machen, indem sie mühselig die Infektion bei Versuchstieren verfolgten. Merz, die gerne Puzzles zusammensetzte, pragmatisch und erdverbunden dachte und keine Geduld für Abstraktionen hatte, entschloß sich, nach dem Erreger als solchem zu suchen. Dazu mußte sie sich erst einmal selbst beibringen, wie man ein Elektronenmikroskop bedient, und dann mußte sie die Gewebestrukturen kennenlernen, die dieses hervorragende Instrument enthüllt.

Ein Elektronenmikroskop ist etwa so groß wie ein kleiner Büroschrank. Statt Licht dient darin ein Elektronenstrahl zum »Beleuchten« des Objekts, und zum Scharfstellen enthält es keine Linsen aus Glas, sondern Magnete. Da Elektronenstrahlung eine viel kürzere Wellenlänge hat als sichtbares Licht, kann man mit dem Elektronenmikroskop eine weitaus stärkere Vergrößerung erreichen als mit herkömmlichen Lichtmikroskopen – ein Gegenstand läßt sich bis zu einhunderttausend mal vergrößert darstellen. Mit dem EM kann man also auch sehr kleine Objekte sichtbar machen, beispielsweise Viren oder ihre Bruchstücke aus Protein und DNA. Die EM-Bilder erscheinen entweder direkt auf einem Fluoreszenzschirm, der ein wenig einem Fernsehbildschirm ähnelt (allerdings leuchtet er meist nur in einer Farbe, nämlich entweder in Grün oder in Orange), oder man hält sie als Fotos fest. Da der Fluoreszenzschirm nur schwach leuchtet, muß man das Elektronenmikroskop in einem abgedunkelten Raum unterbringen. »Das führt zum Entzug von Sinnesreizen«, erklärt Merz. »Man sieht Dinge, die gar nicht da sind – deshalb macht man Fotos.«

Nicht nur die Bedienung des Elektronenmikroskops mußte Merz lernen, sondern auch die Färbetechniken. In der Elektronenmikroskopie werden Gewebe anders angefärbt als für das Lichtmikroskop: Die einzelnen Gewebeteile werden eigentlich nicht *farbig* gemacht, sondern *dichter* – man beschichtet sie mit Uran- und anderen Schwermetallverbindungen, so daß sie für Elektronen weniger durchlässig sind und auf dem Bildschirm oder Film dunkler erscheinen. Merz lernte zu erkennen, was solche unterschiedlichen Schattierungen bedeuteten. Sie homogenisierte und verdünnte Gehirngewebe, breitete es auf einem Trägernetz aus Kohlenstoff aus, färbte die getrockneten Reste und betrachtete dann die von den Elektronen beleuchteten Stücke von zerbrochenen Zellen, Proteinen, DNA und nicht identifizierbaren Trümmern. Das Trägernetz war ungefähr so groß wie ein kleines »o« in diesem Text und hatte über vierhundert kleine Maschen wie ein Fliegengitter; auf dem Fluoreszenzschirm konnte sie immer nur einen dieser Abschnitte auf einmal untersuchen. Und doch zeigte sich in jeder dieser winzigen Öffnungen eine ganz neue Welt von Gebilden, die kleiner waren als eine Zelle – zerstreute Zellbausteine, biochemische Komplexe, Bruchstücke der Zellwände, aber auch die »Gabelstapler«, »Pumpen« und »Fertigprodukte« der winzigen Fabrik, die jede Zelle darstellt. »Zunächst einmal muß man wissen, wie eine Zellmembran oder ein Zellkern aussieht«, erklärte mir Merz. »Man kann sich Fotos in Büchern anschauen, man kann sich dieses und jenes anschauen. Aber wenn man Flüssigkeiten und Teilchen anfärben will, gibt es keinerlei Richtlinien, und man muß in langwieriger Arbeit herausfinden, was die einzelnen Dinge sind, was sie sein könnten, ob sie wirklich da sind, ob es sich nur um Trümmer handelt oder was sonst. Man ist mit dem Mikroskop ganz allein. Es gibt nichts, woran man sich orientieren könnte.«

Merz hatte eine Begabung für die elektronenmikroskopische Arbeit, aber bis sie sich diese Tätigkeit selbst beigebracht hatte, vergingen zwei volle Jahre. 1978 war sie soweit. Damals arbeitete sie mit Robert Somerville zusammen, einem Kollegen aus England. Andere Wissenschaftler hatten bereits nachgewiesen, daß der Scrapie-Erreger sich kaum von der Membran – das heißt der Außenhülle – der Nervenzellen trennen läßt und vielleicht sogar ein unmittelbarer Membranbaustein ist. Mit einem solchen Baustein befaßte sich Somerville, und Merz bot ihm an, seine Proben im EM zu untersuchen. Es war ein Schuß ins Blaue: Sie hatte keine Ahnung, was sie finden würde. »Ich dachte, ich könnte vielleicht etwas Ungewöhnliches sehen. Ich arbeitete mit dem Hitachi 8, einem sehr kleinen EM.« Also hinein in den düsteren Raum, und als Gesellschaft nur den summenden Transformator und den glimmenden Leuchtschirm. »Im Februar 1978, als ich zum erstenmal nachsah, machte ich eine Menge Bilder. Ich entwickelte sie, und siehe da, auf den Abzügen sah man ›Stäbchen‹, die ich auf dem Leuchtschirm gar nicht bemerkt hatte. Da sieht man mal, wie blind man manchmal ist. Um was es sich dabei handelte, wußten wir nicht. Sie waren nur in den Scrapie-Gewebeproben. Robert glaubte, sie hätten nichts zu bedeuten.«

Die »Stäbchen« lagen in Merz' Aufnahmen verstreut zwischen den Zelltrümmern und sahen aus wie kurze Stücke eines schraubenförmig gedrehten Fadens. Manche bestanden aus zwei umeinander gewundenen Fasern. Sie waren fast unglaublich klein: Um sie in den Fotos auf eine Länge von zweieinhalb Zentimetern zu vergrößern, mußte Merz ein leistungsfähigeres EM benutzen und die Vergrößerung bis auf achtundsechzigtausendvierhundertfach hochfahren.

Der EM-Raum wurde geradezu zu ihrem Wohnzimmer. Immer wieder stellte sie fest, daß die Stäbchen nur in Gewebeproben mit Scrapie auftauchten. »Es bestätigte sich bei allen Stämmen. Es war das erste Mal, daß so etwas gefunden wurde. Sie waren in jedem Stamm, und ihre Menge wuchs während des Krankheitsverlaufs. Ich untersuchte codierte Proben, das heißt, ich wußte nicht, ob sie infiziert waren oder nicht, aber ich konnte das fragliche Material an den Stäbchen erkennen und allein aufgrund ihres Aussehens sagen, um welchen Scrapie-Stamm es sich handelte.«

Wie alle guten Forscher, so besuchte auch Merz wissenschaftliche Tagungen, um über ihre Arbeiten zu berichten und auf dem laufenden zu bleiben. Sie zeigte die Fotos mit den Stäbchen herum und fragte Kollegen, um was es sich nach deren Ansicht handelte. Insbesondere wollte sie wissen, ob sie wie die Proteinfasern aussahen, die sich bei den Krankheiten aus der Gruppe der Amyloidosen zusammenballen. (Igor Klatzo hatte schon in den fünfziger Jahren Amyloidplaques in den Kuru-Gehirnen gefunden, die Gajdusek ihm geschickt hatte. Ähnliche Proteinablagerungen sind auch das charakteristische Kennzeichen der Alzheimer-Krankheit. Außerdem wird Amyloid im Organismus bei stärkeren Infektionen produziert; wenn in einem Nachruf steht, jemand sei an »Komplikationen« gestorben, handelt es sich vielfach um tödliche Ablagerungen aus unnützem Amyloid, die lebenswichtige Organe wie Leber oder Nieren verstopfen. Schon Robert Koch hatte das Amyloid mit dem Lichtmikroskop im Gewebe entdeckt; den Namen leitete er von *amylum* ab, dem lateinischen Wort für Stärke, denn die kleinen Amyloidkörner erinnerten ihn an die sandähnlichen Stärkeklümpchen, die man im Fruchtfleisch von Birnen findet. Die »Körner«, die Koch in seinen Gewebeschnitten sah, entpuppten sich später als quer durchgeschnittene Amyloidfasern.) Doch von den Fachleuten, die Merz befragte, hielt kein einziger die Stäbchen für Amyloid.

Was sie auch sein mochten, normal waren sie nicht: Sie zeigten sich niemals in gesundem Gehirngewebe, und in Scrapieinfiziertem Material waren sie immer zu finden. Schließlich berichteten Merz und Somerville in einer deutschen Fachzeitschrift für Pathologie über ihre Entdeckung und bezeichneten die Stäbchen als »Scrapie-assoziierte Fibrillen« bzw. kurz SAF. In dieser ersten Veröffentlichung beharrte Merz hartnäckig darauf, zwischen den SAF und Amyloid müsse ein Zusammenhang bestehen, auch wenn die Fachleute anderer Ansicht waren. Die beiden Gebilde, so schrieb sie, sähen ähnlich aus. Das entscheidende Merkmal des Amyloids ist sein grünes Leuchten unter ultraviolettem Licht, wenn man es zuvor mit Kongorot angefärbt hat. Freimütig berichtete Merz, daß SAF diesen Test nicht bestand, aber sie äußerte die Vermutung, das liege an ihren Proben, »vielleicht auch an ihrer geringen Größe und an der niedrigen Konzentration«.

Merz wußte, daß sie etwas Wichtiges entdeckt hatte. Sie legte sich eine Strategie für die weiteren Forschungsarbeiten zurecht und ging danach vor. In den ersten Arbeiten mit Somerville hatte sie Scrapie-infizierte Maus- und Hamstergehirne untersucht. Jetzt arbeitete sie mit dem Ehepaar Dr. Elias und Dr. Laura Manuelidis von der Yale University zusammen, die ihr Creutzfeldt-Jakob-infiziertes Gewebe von Meerschweinchen und Menschen zur Verfügung stellten. Merz präparierte und untersuchte sechsundfünfzig verschiedene Gewebeproben – das bedeutete monatelange Arbeit im EM-Labor – und konnte infiziertes und gesundes Material immer wieder allein an den fehlenden oder vorhandenen SAF unterscheiden.

Bevor die spongiformen Enzephalopathien das Gehirn befallen, infizieren sie die Milz, ein glattes, dunkelrotes Organ, das hinter dem Magen an der Rückwand der Bauchhöhle liegt und zur Infektionsbekämpfung beiträgt, weil es körperfremde Mikroorganismen aus dem Blut herausfiltert. Unter den Gewebeproben, die das Ehepaar Manuelidis an Merz weitergab, waren auch mehrere Dutzend Scrapie- oder CJD-infizierte Milzen, und auch dort fand die junge Frau die SAF. Mit anderen Worten: Die Fibrillen waren nicht nur Trümmer von Gehirnzellen, sondern etwas viel Bedeutsameres. Zu jener Zeit – etwa 1980 – hatten Patricia Merz und ihr Mann George zwei kleine Kinder. Eines Abends, als sie gerade zu Hause das Geschirr spülte, wurde ihr klar, worum es sich bei den SAF handeln könnte. »Während der ganzen langen Geschichte der spongiformen Enzephalopathien«, erzählte sie mir, »hatte noch nie jemand den Krankheitserreger gesehen. Niemand hatte die geringste Ahnung, wie er aussah. Und beim Geschirrspülen dämmerte mir auf einmal, daß ich mit den SAF vielleicht den Erreger selbst vor mir hatte. Mein Magen krampfte sich zusammen, und mir kam das Abendessen hoch.«

Zur gleichen Zeit, als Merz die SAF entdeckte, schoß sich ein weiterer ehrgeiziger Wissenschaftler von einer ganz anderen Seite her auf den Scrapie-Erreger ein. Der Biochemiker und Gehirnforscher Dr. Stanley Prusiner hatte als Assistenzarzt an der medizinischen Fakultät der University of California in San Francisco gearbeitet, und dort war einer seiner Patienten 1972 an der Creutzfeldt-Jakob-Krankheit gestorben. Die Krankheit fesselte ihn. »Ich las etwas über Scrapie«, erzählte der in Cincinnati geborene Wissenschaftler vor einigen Jahren dem Wissenschaftsjournalisten Gary Taubes, »und mir wurde klar, daß es eine ausgezeichnete Fragestellung für einen Chemiker war. Bisher hatten sich Pathologen, Ärzte und Tiermediziner damit befaßt, und die waren bei ihren Versuchen, die chemische Seite der Krankheit aufzuklären, nicht besonders sorgfältig vorgegangen ... Ich richtete hier ein Labor ein. Dazu stand mir ein wenig Geld von der neurologischen Abteilung zur Verfügung, aber besonders viel war es nicht.«

Prusiner war damals neunundzwanzig, ein schlanker, gutaussehender Mann mit kräftigem Unterkiefer, buschigen Augenbrauen und einem dichten dunklen Lockenkopf. Forschungsarbeiten, für die man viele Versuchstiere braucht, sind teuer. Mit bemerkenswerter Dreistigkeit stellte Prusiner beim NIH einen Antrag auf einen großen Geldbetrag für die Scrapie-Forschung. Heute erinnert er sich daran so: »Die sagten: ›Wer sind Sie eigentlich?‹« Man riet ihm, sich zunächst in Virologie weiterzubilden und Erfahrungen in der Scrapie-Forschung zu sammeln. Sein Antrag wurde abgelehnt.

Prusiners Kollegen sagen, sie hätten noch nie jemanden erlebt, der so zielstrebig auf den Nobelpreis hingearbeitet hätte. Als Beispiel nennen sie seinen Entschluß, Virologie an einem schwedischen Institut zu studieren, aus dem die begehrten Preise kommen. Nach der virologischen Ausbildung ging Prusiner ans Rocky Mountain Laboratory, um mit Bill Hadlow zusammenzuarbeiten. Die beiden wollten den Scrapie-Erreger isolieren und arbeiteten zu diesem Zweck mit Mäusen, so daß sie schneller zu Ergebnissen kamen als mit Ziegen. Aber während Prusiner darauf wartete, daß Generationen von Mäusen starben, erfuhr er das gleiche wie seine Vorgänger: Mit den herkömmlichen Methoden war der Fortschritt nur nach Generationen von Forschern zu messen. Prusiner und Hadlow arbeiteten sich durch ein Heer von zehntausend Mäusen, bis Joe Gibbs ihnen 1978 schließlich den Geldhahn zudrehte. Nach eigenen Angaben tat er das, damit die beiden endlich ihre Befunde veröffentlichten.

Prusiner kehrte wieder an die University of California in San Francisco zurück, wo seine Karriere begonnen hatte. In Anlehnung an ein Verfahren, daß man in Großbritannien schon in den sechziger Jahren entwickelt hatte, fand er einen Weg, um die Infektionsfähigkeit von Scrapie-Extrakten schneller festzu-stellen: Er benutzte Hamster, bei denen die Krankheit doppelt so schnell ausbricht wie bei Mäusen, und nahm als Maßstab nicht den Tod der Tiere, sondern das Einsetzen der ersten Symptome. Die neue Methode beschleunigte die Arbeiten nach seiner eigenen Schätzung »um das Hundertfache. Statt sechzig Tiere ein Jahr lang zu beobachten, können wir einen Extrakt mit vier Tieren in nur sechzig Tagen beurteilen.« In den folgenden Jahren, so erzählte er Taubes, »machten wir zur Biochemie von Scrapie mehr Experimente als alle anderen in der Geschichte der Scrapie-Forschung zusammen«.

Früher oder später führen in der TSE-Forschung alle Wege zu Carleton Gajdusek. Bei ihm und Gibbs arbeitete Pat Merz seit Ende der siebziger Jahre. Gajdusek teilte seine Zeit weiterhin zwischen den Vereinigten Staaten und Neuguinea auf; 1978 und dann noch einmal 1980 pilgerte Prusiner in das östliche Hochland, um auch die Erforschung von Kuru in sein Repertoire aufzunehmen. Bei dem Besuch im Jahr 1978 befaßte sich der kalifornische Wissenschaftler in Zusammenarbeit mit Gajdusek und Mike Alpers sehr genau mit den klinischen Studien über fünfzehn Kuru-Patienten. Alpers erzählt, Prusiner sei kein guter Wanderer gewesen. »Auf einer unserer Rundfahrten mußten wir ihn zurücklassen und am nächsten Tag wieder abholen.« Alpers gehört zu den wenigen Menschen, die mit Prusiner gearbeitet haben und sich dessen mit positiven Gefühlen erinnern. Später erstellten die beiden gemeinsam eine Studie über Kannibalismus von Hamstern: Sie fütterten die Tiere mit Scrapie-infizierten Hamsterköpfen und beobachteten dann die so entstehende Erkrankung. Die orale Übertragung des Scrapie-Erregers erwies sich dabei als »äußerst ineffizient«: Die dazu erforderliche Menge an infiziertem Gehirnmaterial war hundertmillionenmal größer, als wenn man unmittelbar das Gehirn infizierte.

Auch bei Prusiners zweitem Besuch, so berichtet Gajdusek, hatte sich die Gehtüchtigkeit des Gastes nicht verbessert. »Prusiner kam 1980 zu mir in das Dorf Agakamatasa, wo ich wohnte. Wir schleppten ihn mit über das Gebirge. Er kam halbtot an und blieb mehrere Nächte lang in meinem Haus im Busch. Die ganze Zeit redeten wir ständig über die Zukunft der Kuru-, CJD- und Scrapie-Forschung.«

Gajdusek und Prusiner waren mittlerweile übereinstimmend zu dem Schluß gelangt, daß der Scrapie-Erreger keine Nucleinsäure enthält. Diese revolutionäre Erkenntnis hatte sich für beide aus den gleichen Gründen ergeben – Chemikalien und andere Einflüsse, die Nucleinsäuren zerstören, beeinträchtigen die Infektionsfähigkeit des Erregers nicht, zerstört man jedoch Proteine, wird die Infektion vermindert oder ganz blockiert –, aber Gajdusek war der kühnere Entdecker und hatte es früher erkannt. Als Prusiner ihn 1980 in Neuguinea besuchte, wiederholte er gerade alle alten Inaktivierungsversuche, aber diesmal mit angereicherten Präparationen des Scrapie-Erregers, die eindeutigere Ergebnisse ermöglichten als früher. Im Laufe ihrer Gespräche in Agakamatasa, so Gajdusek, »machte ich ihn darauf aufmerksam, daß ich dem Erreger einen richtigen Namen geben würde, sobald ich sicher sein würde, was er für eine molekulare Struktur hat. Ich wies ihn mehrmals darauf hin und erklärte, die Zeit sei für eine Benennung noch nicht reif, denn obwohl wir wußten, daß er keine Nucleinsäure enthielt, konnten wir über seinen biochemischen Aufbau nichts Sicheres sagen. Mir war noch nicht klar, daß Stan mir nicht das Vorrecht einräumen würde, einen Namen zu finden, wenn wir die nötigen Informationen zusammen hatten. Es war ein kluger politischer Schachzug von ihm, voreilig zu sein.«

Wer wagt, gewinnt. Prusiner fuhr nach Hause, schloß seine Untersuchungen mit Scrapie ab, gelangte zu dem Schluß, er wisse jetzt genug über die biochemischen Eigenschaften des Erregers, und schrieb ganz forsch einen Artikel, in dem er einen Namen vorschlug. Der Aufsatz erschien im April 1982 in dem amerikanischen Fachblatt *Science* und trug den Titel »Novel Proteinaceous Infectious Particles Cause Scrapie« (»Neuartige infektiöse Proteinpartikel verursachen Scrapie«). Als alleiniger Autor war Prusiner genannt – ein Kollege, nach dessen Ansicht er die Befunde überinterpretiert hatte, hatte seinen Namen zurückgezogen. »Sechs eigenständige, unterschiedliche Indizienketten zeigen«, verkündete Prusiner, »daß der Scrapie-Erreger ein Protein enthält, welches für die Infektionsfähigkeit notwendig ist.« Und dann segnete er wie ein Gott den Erreger mit einem Namen:

> Anstelle von Begriffen wie »unkonventionelles Virus« oder »ungewöhnlicher, langsamer, virusähnlicher Erreger« wird hiermit der Ausdruck »Prion« vorgeschlagen. Prionen sind kleine *pro*teinhaltige, *in*fektiöse Partikel, die sich mit den meisten Verfahren zur Veränderung von Nucleinsäuren nicht inaktivieren lassen. Der Begriff »Prion« unterstreicht, daß für die Infektion ein Protein erforderlich ist ...

Indem Prusiner sich so voreilig und weit aus dem Fenster lehnte, ging er ein gewaltiges Risiko ein. Wenn der Scrapie-Erreger tatsächlich ein infektiöses Protein ohne Nucleinsäure war, wie er und Gajdusek glaubten, würde der von ihm vorgeschlagene Name sich durchsetzen. Stellte sich aber später heraus, daß er doch eine Nucleinsäure enthielt, wäre es schlicht ein neues Virus, wenn auch vielleicht ein langsames oder ungewöhnliches – und dann hätte Prusiner unrecht. Für falsche Vermutungen gibt es keinen Nobelpreis. Also ließ sich der ehrgeizige Neurologe in seinem *Science*-Artikel ein Hintertürchen offen. »Er drückte sich Anfang der achtziger Jahre viel vorsichtiger aus als ich«, sagt Gajdusek. Prusiner versah seine Definition des Prions mit einer Einschränkung: »Man kann beim derzeitigen Stand des Wissens nicht ausschließen, daß sich im Inneren des Partikels eine kleine Nucleinsäure befindet.« Im weiteren Verlauf erörtert er zwei verschiedene Möglichkeiten: »eine kleine Nucleinsäure, die von einer dicht gepackten Proteinhülle umgeben ist« oder »ein Protein ohne Nucleinsäure, das heißt ein infektiöses Protein«.

Gajdusek sagt, er habe den Gedanken an eine Nucleinsäure »schon lange zuvor« aufgegeben, aber aus Vorsicht wartete er, bis die Belege mit seinen Vermutungen gleichgezogen hatten. Mit dem Nobelpreis in der Tasche konnte er sich das leisten. Prusiner dagegen sah sich dazu offenbar nicht in der Lage. Als britische Wissenschaftler den Aufsatz in *Science* lasen, standen sie Prusiners Schnellschuß verständlicherweise ablehnend gegenüber. Alan Dickinson machte sich in einem Leitartikel der medizinischen Zeitschrift *Lancet* über den Amerikaner lustig: Er erinnerte an die Vor-DNA-Zeit, »als man allgemein annahm, Viren bestünden aus Proteinen; heute erkennt man darin ohne weiteres eine Halbwahrheit, mit der das Pferd von hinten aufgezäumt wird ...«. Der schottische Genetiker erinnerte Prusiner daran, daß die unterschiedlichen und sogar untereinander konkurrierenden Erregerstämme der Kern des Problems waren: Nucleinsäuren können die Informationen für solche Unterschiede ohne weiteres codieren, aber für Proteine ist kein derartiger Mechanismus bekannt. Später, so berichtet Dickinson, habe Prusiner bei einer persönlichen Begegnung sogar die Frechheit besessen, ihm zu sagen, er glaube nicht an Stämme. Ob der Amerikaner nun daran glaubte oder nicht: Er erörterte sie in seinem *Science*-Artikel und äußerte die Vermutung, für ihre Unterschiede könnten mehrere Gene verantwortlich sein, die verschiedenartige Proteine codieren. Nach dieser phantasievollen Vorstellung gab es also nicht nur einen Prionentyp, der Scrapie erzeugte, sondern eine ganze Armada solcher Erreger – oder wie Prusiner es formulierte: »verschiedene Proteine mit der gleichen biologischen Aktivität«.

Über Stanley Prusiners Großangriff auf die Stämme ärgerte sich Alan Dickinson vor allem deshalb, weil er bei ihrer Erforschung Pionierarbeit geleistet hatte. Zusammen mit seinem Kollegen G. W. Outram hatte Dickinson 1983 ebenfalls eine phantasievolle, aber durchaus plausible Alternative zu den Theorien von Viren und infektiösen Proteinpartikeln vorgeschlagen. In der Botanik kennt man schon seit Jahrzehnten bestimmte Pflanzenkrankheiten, die durch kurze Abschnitte nackter RNA übertragen werden. Diese ungewöhnlichen Erreger bezeichnet man als Viroide. Ein typisches Beispiel erklärte Dickinson mir in Edinburgh: Bei Kokospalmen gibt es eine Krankheit namens Kadang-Kadang; sie wird bei der Ernte der Kokosnüsse durch die Spitzen der Steigeisen übertragen, mit denen die Arbeiter auf die Bäume klettern. Etwas Ähnliches, so die Annahme von Dickinson und Outram, könnten auch die TSE-Erreger sein: kleine Stücke einer nackten Nucleinsäure, die ein Protein der Wirtszelle unter ihre Kontrolle bringen und sich mit seiner Hilfe fortpflanzen.

Als Dickinson nach einem Namen suchte, fiel ihm der große italienische Physiker Enrico Fermi ein: Dieser hatte in der ersten Hälfte des 20. Jahrhunderts ein kleines Elementarteilchen benannt, das einige Eigenschaften mit Neutronen gemeinsam hatte. Fermi hatte das kleine, neutronenähnliche Teilchen auf den Namen Neutrino getauft – »kleines Neutron«. Also bezeichnete Dickinson sein hypothetisches kleines, nacktes Virus als Virino. Er kann sich noch gut erinnern, mit welchem Bonmot Peter Medawar das Virino charakterisierte: »schlechte Nachrichten, eingewickelt in fremdes Protein«.

Wenn es die Virinos tatsächlich gab, würden sich einige Lücken im Bild der TSE-Erreger schließen. Dann wäre zum Beispiel erklärt, warum für die Infektion ein Protein notwendig ist. Man kennt keinen Mechanismus, durch den Proteine als solche mutieren könnten, aber wenn das Virino für die Übertragung einer Nucleinsäure sorgt, die durchaus Mutationen erlebt, wäre auch erklärt, warum es verschiedene Stämme gibt. Fermis Neutrino war zunächst nicht dingfest zu machen. Der italienische Physiker postulierte es 1933 als Erklärung für einen kleinen Energiebetrag, der nach einer Kernreaktion fehlte. Es ist aber ein so schwer faßbares Teilchen – Neutrinos können die ganze Erde durchdringen, ohne auch nur die geringste Spur zu hinterlassen –, daß man es erst 1956 eindeutig nachweisen konnte. Ein Virino hat bis heute niemand identifiziert.

Prusiners Parforceritt war bei aller Rücksichtslosigkeit auch ein Vabanquespiel, das er gewinnen würde, wenn seine Forschungen sich bestätigten. Bestätigende Befunde dieser Art strömten in den folgenden Monaten und Jahren in rascher Folge aus seinem Labor in San Francisco. Im Dezember 1982 konnten Prusiner und zwei seiner Kollegen berichten, sie hätten aus Scrapie-infizierten Hamstergehirnen ein Protein isoliert, das offenbar mit der Infektionsfähigkeit gekoppelt war – je infektiöser das Gewebe war, desto größere Mengen des Proteins fanden sie. Ein Jahr später teilten sie mit, das gereinigte Protein, das sie jetzt PrP (für *Prionen-Protein*) nannten, habe die Form »stäbchenförmiger Partikel« und lasse sich wie Amyloid anfärben. Die Partikel nannten sie Amyloidstäbchen. (Später taufte Prusiner sie auf den Namen »Prionenstäbchen«.) »Jedes Stäbchen«, so schrieben sie, »dürfte bis zu 1000 PrP-Moleküle enthalten. Unsere Befunde lassen es als möglich erscheinen, daß die Amyloidplaques, die man bei den übertragbaren, degenerativen neurologischen Krankheiten beobachtet, aus Prionen bestehen.«

Bei den Stäbchen handelte es sich natürlich um Merz' Scrapie-assoziierte Fibrillen. Da Prusiners Proben stärker angereichert waren, konnte er sie mit Kongorot anfärben. Er selbst leugnete allerdings hartnäckig (und leugnet bis heute), daß Merz' SAF und seine Prionenstäbchen ein und dasselbe sind, aber ein Artikel einer deutschen Arbeitsgruppe, der im selben Monat erschien wie sein Aufsatz über die Prionenstäbchen, hatte die Übereinstimmung bereits bestätigt. Die deutschen Wissenschaftler hatten mit der auch von Prusiner bevorzugten Hamsterlinie gearbeitet, den Scrapie-Erreger mit seinen Reinigungsverfahren angereichert, die SAF in der konzentrierten Lösung gefunden und ihre Verbindung mit der Infektionsfähigkeit nachgewiesen, genau wie er es mit den Amyloidstäbchen getan hatte. Ein paar Jahre später schloß Merz die Arbeiten endgültig ab: Sie brachte SAF mit Antikörpern gegen PrP zusammen. Die Reaktionen von SAF und Amyloidstäbchen mit den Antikörpern war identisch. Das heißt, daß das Verdienst für die Entdeckung des mutmaßlichen TSE-Erregers eigentlich nicht Prusiner gebührt, sondern Merz.

1984 einigten sich Merz, Gajdusek, Gibbs und mehrere Kollegen endlich darauf, Merz' wichtigen Befund bezüglich der SAF in der Mausmilz zu veröffentlichen – die Entdeckung, die Merz den Magen umgedreht hatte. Weiter heißt es in dem Bericht, sie hätten SAF auch in Gehirnen von Kuru- und CJD-Kranken gefunden, nicht aber bei Patienten mit Alzheimer-Krankheit, Parkinson und ALS. Diese Ergebnisse rechtfertigten eine kühne Behauptung: Die SAF seien »ein spezifisches Kennzeichen der ›unkonventionellen‹ langsamen Viruserkrankungen und möglicherweise die Krankheitserreger selbst«. Der Nachweis von SAF in Gewebeproben ist seither der entscheidende Test für eine spongiforme Enzephalopathie.

Prusiner konzentrierte sich inzwischen auf die Struktur von PrP. Er wies 1984 nach, daß das Protein zumindest ein *Bestandteil* des Scrapie-Erregers oder vielleicht sogar der Erreger selbst ist, und daß es in einem gesunden Gehirn nicht in meßbaren Mengen vorhanden ist. Genau das würde man von einem Krankheitserreger auch erwarten, aber Prusiner hielt das Meßverfahren nicht für so zuverlässig, daß er eine solche Behauptung hätte vertreten können. Diese Ansicht sollte sich als ausgesprochen klug erweisen. Innerhalb eines Jahres entschlüsselten er und der energische Schweizer Wissenschaftler Charles Weissmann den chemischen Aufbau des PrP-Moleküls, und mit Hilfe dieser Proteinsequenz fanden sie in einer Genbibliothek den zugehörigen DNA-Abschnitt. Daß das PrP-Gen in den Zellen Scrapie-infizierter Hamster zu finden war, wunderte sie nicht, aber völlig überrascht waren sie, als sie es auch in den Zellen *gesunder* Hamster und gesunder Menschen fanden.

Als nächstes stellten Prusiner und Weissmann fest, daß die beiden Formen – die normale und die krankhafte – den gleichen DNA-Code haben. Wie konnten ein normales und ein anormales Protein nach dem gleichen Bauplan gebildet werden? Die beiden suchten nach anderen Unterschieden. Sie fanden nur einen einzigen, aber der war sehr bedeutsam: Das normale PrP wird von einem proteinabbauenden Enzym leicht zerstört, das anormale dagegen widersteht diesem Abbau. Die Empfindlichkeit eines Proteins gegenüber solchen Enzymen ist in der Regel von seiner Molekülform abhängig, und diese Form nimmt das Protein erst an, *nachdem* seine Molekülkette zusammengesetzt ist, also *nachdem* der zugehörige Bauplan in der DNA abgelesen wurde.

Offenbar bedeutete das, daß das Gehirn normales PrP herstellt, das aber *nach* seiner Entstehung eine krankhafte Form annimmt. Damit wäre eines der seltsamsten Merkmale der spongiformen Enzephalopathien erklärt, das Gajdusek jahrelang zu dem falschen Verdacht veranlaßt hatte, es handele sich um eine Erbkrankheit: die Tatsache, daß der eingedrungene Krankheitserreger bei seinem Opfer keinerlei Immunreaktion in Gang setzt. Das Immunsystem erkennt körperfremde Proteine und greift sie an. Die Moleküle des eigenen Organismus läßt es unbehelligt – und PrP, normal oder anormal, ist ein körpereigenes Protein.

Aber was geschieht, damit ein normales PrP in die krankhaft veränderte Form übergeht? An dieser Frage wird deutlich, daß das Rätsel um den Scrapie-Erreger noch keineswegs gelöst war. Eine mögliche Antwort lautet: Für die Veränderung sorgt ein Virus oder ein Virino. Dann wäre die Bildung des anormalen PrP nur ein weiterer Fall einer Amyloidose, ähnlich der Bildung von Amyloid, wie man sie manchmal nach Infektionskrankheiten wie der Tuberkulose beobachtet. Wenn ein Virus die Ursache ist, wäre auch die Frage der Erregerstämme beantwortet, denn dann könnten Mutationen in der DNA des Virus oder Virinos für die Unterschiede zwischen den Stämmen verantwortlich sein. Noch hatte niemand im Zusammenhang mit den TSEs ein Virus oder Virino gefunden, aber daß man keines von beiden entdeckt hatte, bedeutete noch nicht, daß es nicht existierte.

Prusiner hielt Prionen für die Ursache der Veränderung: Danach sorgte die Infektion mit dem anormalen PrP auf irgendeine Weise dafür, daß das normale Protein die krankhafte Form annahm. Zu welchem Zweck PrP in den Zellen normalerweise dient, wußte niemand, aber es war bekannt, daß die Zellen es ständig produzieren. Wenn PrP seine Form veränderte, dann vermutlich deshalb, weil die Zellen statt der normalen die krankhafte Form erzeugten. Damit wäre erklärt, wie die Menge der Erreger ohne Verdoppelung von Nucleinsäuren ansteigen konnte.* Aber man kannte mindestens zwanzig verschiedene Stämme des Scrapie-Erregers; konnte es auch zwanzig verschiedene Prionen geben? Und außerdem stellen nicht nur die Neuronen, sondern auch viele andere Körperzellen PrP her; warum richtet die Prioneninfektion also nur die Nervenzellen zugrunde?

Ende der achtziger Jahre machte sich bei allen, die in der TSE-Forschung arbeiteten, Hoffnungslosigkeit breit. Trotz jahrelanger Arbeit waren offenbar immer noch viele Fragen offen. Manche Wissenschaftler suchten weiterhin nach Viren oder Virinos, andere dachten sich neue Experimente aus und versuchten damit ein für allemal zu beweisen, daß der Erreger ausschließlich aus Protein bestand. Carleton Gajdusek entwickelte eine grundlegend neue Theorie. Die allgemeine Stimmung der Unzufriedenheit drang zu dieser Zeit auch zu Lewis Thomas, einem angesehenen amerikanischen Arzt, der gleichzeitig ein populärer Autor war. Er bezeichnete den Scrapie-Erreger in seinem Bestseller *Late Night Thoughts on Listening to Mahler's Ninth Symphony* als »Das Seltsamste in der gesamten Biologie, und bis jemand in einem Labor herausfindet, um was es sich handelt, könnte es ein modernes Wunder sein«.

Der wissenschaftliche Einsatz war hoch, aber der menschliche sollte bald noch höher ausfallen. Während Merz, Prusiner, Gajdusek, Weissmann, Dickinson und eine wachsende Zahl jüngerer Wissenschaftler das Problem mit den leistungsfähigen neuen Hilfsmitteln der Molekularbiologie angingen, schlich sich eine entsetzliche neue Form der Krankheit in die Lebensmittelversorgung der Menschen ein und entfesselte eine große Epidemie.

---

* Wer in dieser Theorie den zweiten Weg von Griffith wiederentdeckt, hat vermutlich recht. Andererseits zitiert Carleton Gajdusek in diesem Zusammenhang gern seinen Lehrer Linus Pauling: Ideen sind Abfallprodukte kreativer Gehirne und werden von allen kreativen Menschen ständig ausgeschieden. Das Verdienst erkennt man meist nicht dem Urheber einer Idee zu, sondern demjenigen, der ihren Wahrheitsgehalt beweist.

*Teil drei*

# Gott in Gestalt eines Virus

# 11

# Das Fleisch schlägt zurück

*Großbritannien, 1985–1995*

Die Seuche, die im östlichen Hochland Neuguineas die kannibalischen Fore heimgesucht hatte, kam im April 1985 über die britischen Rinder. Den ersten dokumentierten Fall versorgte Dr. Colin Whitaker, ein stämmiger englischer Tierarzt mit kräftigen Händen und dichtem dunklem Haarschopf. Whitaker wohnt in Kent, einer Grafschaft mit Hopfenfeldern und Milchviehhöfen im Südosten Englands, zu der auch Canterbury und Dover gehören. Die Rinderseuche, die danach ausbrach, bezeichnet er als »Horrorgeschichte«.

Die Bauern, die zweimal am Tag zum Melken kommen, kennen ihre Kühe, große Weibchen mit sanftem Blick, ruhigem Temperament und einem Euter wie ein weicher Sack. »Es war am 25. April 1985«, erinnert sich der Tierarzt. »Einer meiner Kunden rief an und sagte, eine seiner Kühe verhielte sich seltsam, und ob ich nicht kommen und sie mir ansehen könne.« Also fuhr Whitaker zu dem Bauernhof Plurenden Manor in der Nähe von Ashford im Herzen der Grafschaft Kent, wo sein Kunde eine Herde von dreihundert Holsteiner Milchkühen hielt, grobknochige, schwarzweiße Tiere, eine wertvolle Milchviehrasse, die aus Norddeutschland stammte und in England seit Ende des 19. Jahrhunderts kommerziell genutzt wurde. Eine der Kühe von Plurenden Manor war krank. »Wenn man ihr zu nahe kam«, erinnert sich Whitaker, »schreckte sie zurück. Vorher war sie ein ruhiges Tier gewesen, aber jetzt wurde sie aggressiv und ziemlich nervös; sie rempelte andere Kühe an, und der Umgang mit ihr wurde recht gefährlich. Wenn man sie erschreckte, stolperte sie, vor allem mit den Hinterbeinen; dann stürzte sie zu Boden und kroch weiter.«

Whitaker untersuchte das kranke Tier und diagnostizierte Eierstockzysten, bei Kühen eine häufige Ursache von Aggressivität und Nymphomanie. Seine Behandlung hatte Erfolg, doch das Torkeln und Stolpern verschlimmerte sich in den folgenden Wochen. Jetzt dachte der Tierarzt an andere Krankheiten, beispielsweise an Magnesiummangel im Futter, und behandelte sie entsprechend, aber es zeigte sich keine Besserung. »Am Ende fiel sie um«, schließt er, »und dann wurde sie geschlachtet und in die Abdeckerei gebracht.« (Eine Abdeckerei, auch Tierkörperverwertungsanstalt genannt, ist ein Betrieb, der aus Tierkadavern wirtschaftlich nutzbare Produkte wie Tiermehl herstellt.)

In den folgenden eineinhalb Jahren erkrankten und starben in Plurenden Manor noch sieben weitere Kühe. Bis 1986 wurden jeweils drei weitere Fälle in drei anderen Grafschaften ganz im Südwesten Englands bekannt – in Cornwall, Devon und Somerset. Die Sache sprach sich in der Molkereiindustrie herum. Milchbauern und private Tierärzte wie Colin Whitaker alarmierten den tierärztlichen Dienst des Landwirtschaftsministeriums. Epidemien beginnen in der Regel mit einem sogenannten Indexfall, einem ersten Infektionsherd, und deshalb war es überraschend, daß die Krankheit fast gleichzeitig in weit voneinander entfernten Gegenden ausbrach; die betroffenen Bestände waren geschlossene Herden – Kontakte zu anderen Rindern oder Neuzugänge hatte es nicht gegeben. Wie konnte die Krankheit von einem Ende Englands ans andere gelangen?

Das Zentrale Tiermedizinische Labor des Landwirtschaftsministeriums in Surrey bei London nahm die Untersuchungen auf. Die Krankheit hatte keinerlei Ähnlichkeit mit irgendeiner anderen bekannten Gesundheitsstörung von Kühen. Zunächst gelang es dem Institut nicht, gut fixierte Gehirne von betroffenen Tieren zu beschaffen, aber Ende 1986 konnten die Wissenschaftler dann mit dem Elektronenmikroskop spongiforme Veränderungen und die braunen Sterne der Astrogliose nachweisen. Die beteiligten Tiermediziner wandten sich an Patricia Merz auf Staten Island und fragten sie um Rat, wie man die Proben zur Darstellung der Scrapie-assoziierten Fibrillen präparieren muß. Anschließend fanden sie die SAF in dem einzigen frischen Gehirnhomogenat, das ihnen damals, im Sommer 1987, zur Verfügung stand. Im Oktober veröffentlichten sie im britischen *Veterinary Record* den ersten kurzen Bericht; darin beschrieben sie ein neues Krankheitsbild bei Rindern, das sie »bovine spongiforme enzephalopathy« oder kurz BSE nannten, obwohl die Amyloidplaques hier auffälliger waren als die spongiformen Veränderungen. Schon bald prägten die Medien aber wegen des aggressiven Verhaltens, das die Krankheit bei zuvor friedlichen Tieren auslöst, einen eher sensationslüsternen Namen: Rinderwahnsinn. Karikaturen von torkelnden, verrückten schwarzweißen Kühen gehörten schon bald zum Standardrepertoire britischer Karikaturisten. Schlagzeilen sprachen in Anlehnung an Noël Cowards Stück »Verrückte Hunde und Engländer« von »verrückten Kühen und Engländern«, bis daraus fast eine stehende Redewendung wurde. Aber die Krankheit selbst war keineswegs zum Lachen.

Bis Ende 1987 war BSE überall in England und Wales – allerdings nicht in Schottland – in den Milchviehbeständen aufgetaucht, insgesamt etwa vierhundertzwanzig gesicherte Fälle. Noch bedrückender war, daß die Fälle sich von Monat zu Monat vermehrten; es war vorauszusehen, daß die Zahl der toten Tiere sich jedes Jahr verdoppeln würde – exponentielles Wachstum, eine Kettenreaktion tödlicher Erkrankungen. Die Epidemiologen unter Leitung von Dr. John Wilesmith vom Zentralen Tiermedizinischen Labor reisten seit Mai 1987 durchs Land und sammelten genaue Informationen über zweihundert Fälle. Im Dezember hatten sie alle Befunde zusammen und fütterten sie in eine BSE-Computerdatenbank. Dann begann die Suche nach den Ursachen. Ein wichtiger Anhaltspunkt war die Tatsache, daß BSE mehr oder weniger gleichzeitig überall in Großbritannien ausgebrochen war. *Alle* frühen BSE-Erkrankungen erwiesen sich als Indexfälle, als Ersterkrankungen in den jeweiligen Beständen, und das wies auf einen gemeinsamen Ausgangspunkt der Infektion hin. Was hatten zweihundert Kühe in ganz England und Wales gemeinsam? Daß es sich beim Auslöser nicht um Tiermedikamente oder landwirtschaftliche Chemikalien handeln konnte, hatten die Epidemiologen schnell herausgefunden. Auch genetische Ursachen schieden aus: Von der Krankheit waren verschiedene Rassen betroffen. BSE konnte auch nicht in die Herden eingeschleppt worden sein, denn vielfach handelte es sich um geschlossene Bestände. Eine naheliegende Möglichkeit war Scrapie, aber die wenigsten Milchbauern hielten auch Schafe – wo also sollten die Kühe sich angesteckt haben? Auch mit Hirschen und anderem Wild, das Krankheiten übertragen könnte, kamen nicht alle Bestände in Berührung. Während der Lebenszeit der betroffenen Tiere waren mehrere neue Impfstoffe auf den Markt gekommen, aber mit ihnen waren nicht alle betroffenen Bestände behandelt worden; eine Verunreinigung mit dem Scrapie-Erreger, wie sie Bill Gordons Springkrankheit-Impfstoff den Garaus gemacht hatte, kam demnach ebenfalls nicht in Frage. Nachdem alle diese gemeinsamen Ausgangspunkte nicht mehr in Betracht kamen, blieb eine naheliegende Quelle übrig: verseuchtes Futter. Ein aufschlußreicher Anhaltspunkt war in diesem Zusammenhang die Tatsache, daß BSE bei Milchkühen häufiger auftrat als bei Fleischrindern. Welche Futtermittel erhielt das Milchvieh regelmäßig zu fressen, die Fleischrinder aber nicht? Diese Einschränkung paßte offenbar insbesondere auf ein Produkt: auf Protein-Kraftnahrung in Form von Tiermehl.

Fleischrinder werden, solange sie heranwachsen, mit Gras oder Heu gefüttert, und später bekommen sie Getreide, damit sie Fett ansetzen. Für die Milchproduktion brauchen die Kühe jedoch zusätzliche Kraftnahrung. Eine gute Holsteiner Milchkuh produziert über fünftausend Liter Milch im Jahr, also etwa fünfzehn Liter am Tag. Um soviel Protein zu erzeugen, müssen die Tiere sehr proteinreich ernährt werden. Die Milchbauern füttern ihre Kühe mit bestem Heu und Getreide, aber das allein reicht für eine hohe Milchleistung nicht aus. Deshalb geben sie den Tieren – unregelmäßig schon seit Jahrhunderten, systematisch und in großem Maßstab seit dem Zweiten Weltkrieg – zweimal täglich zusätzliches Protein-Kraftfutter. Eine sehr nahrhafte pflanzliche Kraftnahrung ist Sojamehl, aber leider werden Sojabohnen in Großbritannien kaum angebaut. Als Alternative bietet sich deshalb dort und in vielen anderen Ländern einschließlich der Vereinigten Staaten das Tiermehl aus den Abdeckereien an: die gemahlenen, gekochten und getrockneten Überreste toter Tiere, darunter auch Rinder und Schafe, die an nicht näher diagnostizierten Krankheiten gestorben sind. Auf diese Weise werden Rinder (aber auch Schafe, Schweine und Hühner) im Zuge einer billigen Milch- und Fleischproduktion zu Kannibalen.

Auch Fleischrinder werden kurz vor der Schlachtung manchmal mit Tiermehl gefüttert. Kälber erhalten es, damit sie möglichst schnell wachsen. Milchkühe werden geschlachtet und liefern Fleisch, wenn die Milchleistung nach drei oder vier Schwangerschaften nachläßt, und da ihr Fleisch zäher ist als das von jungen Fleischrindern, wird es meist zu Hackfleisch verarbeitet und bildet das Ausgangsmaterial für Hamburger und Fleischpasteten, zwei Grundnahrungsmittel der Briten. Auch das Gehirn der Rinder gelangt in die Hamburger. Und da nur weibliche Rinder Milch geben, werden ihre männlichen Nachkommen – junge Stiere – sofort zu Kalbfleisch verarbeitet. Weltweit betrachtet, ist hochwertiges tierisches Protein ein relativ knappes Gut; deshalb ist es nicht verwunderlich, daß alle Teile von Fleischrindern und Milchkühen zu Nahrungszwecken dienen: Sie werden entweder von der nächsten Tiergeneration wiederverwertet oder zu Lebensmitteln für Menschen verarbeitet. Der amerikanische Dichter Ralph Waldo Emerson erinnerte einmal seine Leser in Neuengland an die philosophischen Auswirkungen der menschlichen Vorliebe für Fleisch: »Sie haben gerade zu Abend gegessen, und auch wenn der Schlachthof gnädig und viele Meilen entfernt geflissentlich versteckt ist, besteht hier eine Komplizenschaft, ein Opfern der Rassen – die eine Rasse lebt auf Kosten der anderen ...« Heute würden wir nicht »Rasse«, sondern »Spezies« sagen – die eine Spezies lebt auf Kosten der anderen. Doch manchmal schlägt das Fleisch zurück.

Nachdem sich herausgestellt hatte, daß die britischen Rinder an einer spongiformen Enzephalopathie starben, war die Übertragung durch verunreinigtes tierisches Protein eine naheliegende Möglichkeit. Joe Gibbs, Carleton Gajdusek und ihre Kollegen am NIH hatten schon 1980 berichtet, ihnen sei die Übertragung von Kuru, Scrapie und CJD auf Totenkopfäffchen gelungen, indem diese ohne Zwang verseuchtes Gehirngewebe gefressen hatten. Stanley Prusiner und Mike Alpers hatten 1985 bei Hamstern die orale Ansteckung durch Kannibalismus nachgewiesen. Aber Tiermehl wurde in Großbritannien und auf der ganzen Welt schon seit Jahrzehnten verfüttert, ohne daß die Rinder BSE bekommen hätten. Hatte sich irgend etwas verändert?

Um das herauszufinden, wandten Wilesmith und seine Epidemiologen sich an drei staatliche Tiermediziner, die sich in der Tierkörperverwertungsbranche auskannten: Sie sollten eine Umfrage bei allen derartigen Betrieben in Großbritannien durchführen. Um ihnen einen Anhaltspunkt zu geben, um was für eine Veränderung es sich handeln könnte, mußten die Epidemiologen wissen, wann britische Rinder sich zum erstenmal mit BSE infiziert hatten. Dazu sahen sie sich an, wie alt die zweihundert untersuchten Tiere bei Ausbruch der Krankheit gewesen waren. Durch Zurückrechnen konnten sie dann abschätzen, daß die Infektion recht plötzlich und gleichzeitig im Winter 1981/82 stattgefunden haben mußte. Diese Vermutung – Kontakt mit BSE bei Kälbern und eine Inkubationszeit von vier bis fünf Jahren – hat sich seither immer wieder als richtig erwiesen.

Im Herbst 1988 führten die drei Tierärzte ihre Umfrage durch. Tierkörperverwertungsanstalten sind die blutrünstigste Verkörperung des Recyclinggedankens, grausige Orte mit Dampf, Blut, Schmutz und Gestank. Sechsundvierzig solcher Fabriken waren 1988 in Großbritannien in Betrieb, und neununddreißig davon hatten verwertbare Aufzeichnungen geführt. In gigantischem Maßstab wurden dort Tierkadaver zerkleinert, gemahlen, gekocht und aufgelöst, und man produzierte Talg – verarbeitetes Rinderfett – sowie Grieben, von den Briten »greaves« genannt. Das Oxford English Dictionary definiert »greaves« als »faseriges Material oder Haut in tierischem Fett; bildet beim Schmelzen ein Sediment und wird zu Stücken gepreßt, die als Hunde- und Schweinefutter, Fischköder usw. dienen; Abfall bei der Talgschmelze; Krusten.« In der modernen Industrie werden Grieben in dampfbeheizten Edelstahlkesseln aus den verschiedenen Materialien hergestellt, die Schlacht- und Ausbeinbetriebe, Metzgereien und Bauern der Tierkörperverwertungsanstalt liefern: Fettreste, Knochen, Schlachtabfälle (Därme, Köpfe, Schwänze, Blut, alles, was beim Schlachten, Zerlegen und Verarbeiten übrigbleibt), vollständige Rinder-, Schaf- und Schweinekadaver, ja sogar Federn vom Geflügel – 1988 insgesamt 1,3 Millionen Tonnen.

Manche Betriebe verarbeiten die Grieben zu Tiermehl weiter, einem dunkelroten Pulver (das manchmal auch zu Klumpen gepreßt wird) mit durchdringend stechendem, blutig-kotigem Geruch. Dazu verwendeten sie unterschiedliche Fabrikationsverfahren mit Batch- oder kontinuierlichem Betrieb. Marktbeherrschend war ein amerikanisches Verfahren der Dauerproduktion, das kostengünstiger arbeitete als die Batch-Verarbeitung und bei dem die Abfälle weniger stark erhitzt wurden als bei der alten Methode. Das war die erste wichtige Veränderung in den Herstellungsverfahren für Tiermehl, welche die Tierärzte entdeckten. Eine zweite war die Abschaffung der Extraktion mit Lösungsmitteln. Gereinigter Talg ist wertvoller als Tiermehl, und wenn der Fettgehalt des Mehls unter fünf Prozent liegt, ist es länger lagerfähig; deshalb hatte man viele Jahre lang brennbare Lösungsmittel benutzt, um den Talg zu entziehen. Nachdem es aber 1974 in einem britischen Chemiebetrieb eine Explosion gegeben hatte, wurden für die Verwendung von Lösungsmitteln neue, strenge Richtlinien eingeführt, und statt in die dafür notwendigen teuren Maschinen zu investieren, verzichteten die Tierkörperverwertungsbetriebe von nun an weitgehend auf die gefährlichen Substanzen. Der Anteil an Tiermehl, der mit Lösungsmittelextraktion produziert wurde, ging von 1981 bis 1982 von 50 auf zehn Prozent zurück, und gleichzeitig stieg der Fettgehalt von unter fünf auf zwölf Prozent.

Fett schützt Mikroorganismen vor Hitze. Die Kombination aus niedrigerer Verarbeitungstemperatur und fehlender Lösungsmittelextraktion, so die Schlußfolgerung der Epidemiologen, hatte den widerstandsfähigen BSE-Erreger vor der Inaktivierung geschützt und damit für die Ausbreitung der Krankheit gesorgt – ganz ähnlich wie bei der Übertragung von CJD durch das verunreinigte Wachstumshormon und von Kuru durch halbgares menschliches Gehirn. Tiermehl wird in der Regel regional produziert und vertrieben; als die Epidemiologen erfuhren, daß nur zwei Fabriken weiterhin die Lösungsmittelextraktion anwandten, daß beide Firmen in Schottland ansässig waren und daß diese beiden Betriebe fast das gesamte in dieser Region verkaufte Tiermehl produzierten, sahen sie darin eine Bestätigung ihrer Theorie: Schottland war der Teil Großbritanniens, der als letzter über BSE-Epidemien berichtete.

Die britische Regierung hatte mit ihren ersten Maßnahmen nicht abgewartet, bis Wilesmith seine epidemiologischen Untersuchungen abgeschlossen hatte – später sollte sie dennoch heftig gescholten werden, weil sie zu spät reagiert habe. Im Frühjahr 1988 setzte sie eine Kommission unter Leitung des Oxforder Zoologen Sir Richard Southwood ein, die sich mit dem Problem befassen und der Regierung Handlungsempfehlungen liefern sollte. Das Gremium gab sofort den Rat, aus Wiederkäuern gewonnenes Protein nicht mehr an Wiederkäuer (gemeint waren Rinder und Schafe) zu verfüttern, und im Juli befolgte ihn die Regierung.

Hintergrund des Verbots war die Annahme, es handele sich bei BSE um Scrapie, das nicht unmittelbar auf den Bauernhöfen übertragen wurde, sondern durch Teile von infizierten Schafen, die in das Tiermehl gelangten und wegen der ungeeigneten Herstellungsverfahren dann auf die Rinder übergingen. Denn wenn BSE nicht Scrapie war, so die Argumentation der britischen Tierärzte, was sollte es dann sein? Bei Rindern hatte man eine derartige Krankheit vor der Epidemie von Plurenden Manor nie beobachtet, zumindest nicht offiziell. In Wirklichkeit gab es aber durchaus andere Möglichkeiten, und schließlich diskutierten die Wissenschaftler intern auch darüber, obwohl man sie öffentlich nicht einräumte. Aber Scrapie war nach Wilesmith' Worten die »Haupthypothese« des Zentralen Labors für Tiermedizin. Leider führte aber die Annahme, BSE gehe auf Scrapie zurück, bei den britischen Behörden auch zu der Überzeugung, die Krankheit könne nicht durch BSE-infiziertes Fleisch auf Menschen übertragen werden – denn an Scrapie hatte sich nie ein Mensch angesteckt, obwohl das Fleisch infizierter Lämmer und Hammel schon seit Jahrhunderten gegessen wurde. Die britischen Beamten gelangten deshalb zu dem Schluß, BSE könne zwar für die Rinderhalter zu einer kostspieligen Angelegenheit werden, aber das Risiko für Menschen sei gleich Null. Das erste amtliche Verbot, das sich auf die aus Wiederkäuern gewonnenen Proteine bezog, war also zum Schutz der Tiere gedacht (allerdings wurde es jahrelang nicht ausreichend überwacht). Menschen schützte dieses Verbot schlicht und einfach nicht.

Einen Monat nach dem Verbot des Wiederkäuerproteins wurde den Bauern untersagt, offensichtlich an BSE erkrankte Tiere in den Handel zu bringen. Diese Beschränkung galt aber nicht für Tiere aus BSE-befallenen Beständen, die sich vielleicht in der Inkubationszeit befanden und noch keine Symptome zeigten. Noch ein weiteres Jahr sollte vergehen, bevor die Teile dieser Tiere, die mit der größten Wahrscheinlichkeit infiziert waren – offiziell hießen sie »besondere Rinderabfälle«, und gemeint waren Gehirn, Rückenmark, Milz, Thymusdrüse, Darm und Rachenmandeln –, aus der Lebensmittelversorgung der Menschen verbannt wurden.

Die britische Regierung zahlte den Bauern und Verarbeitungsfirmen auch keine ausreichende Entschädigung für ihre Verluste. Dr. Hugh Fraser, ein großer, rotgesichtiger, in Cambridge ausgebildeter Kollege von Alan Dickinson am Neuropathologischen Institut des Medical Research Council in Edinburgh, kann sich noch gut daran erinnern, wie er sich über die Haltung der Behörden ärgerte:

Der eigentlich Schuldige ist das britische Finanzministerium. Es hätte das ganze schlimme Problem mit ausreichenden Entschädigungen lösen können, indem es das verunreinigte Tiermehl zurückkaufte, dessen Verwendung man für illegal erklärt hatte. Als das Verbot ausgesprochen wurde, gab es keinerlei finanziellen Ausgleich für diejenigen, die mit dem Erwerb des Tiermehls alles verloren hatten. Manche Leute hatten für zigtausend Pfund von dem Zeug gekauft. Betroffen waren nicht nur Bauern, sondern auch die Firmen, die das Proteinkonzentrat herstellen. Die waren in der gleichen Lage. Die haben den ganzen Laden voll von dem Zeug. Die haben auf Terminmärkten eingekauft – es wird tatsächlich auf Terminmärkten gehandelt. Wenn man Tiermehl loswerden muß, verbraucht man es. Also floß es weiter durch das System. Und nachdem das einmal angefangen hatte, ging es immer weiter, denn eine wirksame Kontrolle gab es nicht.

Ähnlich verhielt sich die Regierung auch gegenüber den Bauern: Sie bot als Entschädigung für die kranken Tiere nur die Hälfte des Marktwertes – und schuf damit einen Anreiz, diese Tiere bei den ersten Anzeichen einer BSE-Infektion noch schnell als Fleischlieferanten zu verkaufen.

Im Dezember 1988 wurde angeordnet, daß Milch von offensichtlich BSE-kranken Kühen vernichtet werden mußte. Die Zahl der offiziell bestätigten Fälle in Großbritannien lag in diesem Jahr bei 2185, das waren 1765 mehr als im Jahr zuvor. Die wirklichen Zahlen waren mit ziemlicher Sicherheit noch höher.

Ironischerweise war der Ausgangspunkt der BSE-Epidemie wahrscheinlich nicht das verseuchte Tiermehl, das an die Rinder verfüttert worden war. Späteren Hinweisen zufolge hatten die Temperaturen bei der Tiermehlherstellung wohl auch in früheren Jahren nicht ausgereicht, um den BSE-Erreger unschädlich zu machen. Der wahre Auslöser dürfte der höhere *Anteil* des Mehls am Futter der Tiere gewesen sein. Die Wissenschaftszeitschrift *Nature* berichtete: »Tatsächlich war ein Faktor, der zur Ausbreitung von BSE im Vereinigten Königreich beitrug, die Steigerung des Tiermehlanteils am Viehfutter von einem auf zwölf Prozent während der achtziger Jahre, eine Veränderung, die ihre Ursache im Kursverfall des britischen Pfundes und den entsprechend gestiegenen Preisen für Soja- und Fischmehl hatte.« Letztlich dürfte also eine Erschütterung der internationalen Finanzmärkte dafür gesorgt haben, daß BSE in die Lebensmittelversorgung der Menschen gelangte.

Die Southwood-Kommission legte ihren Bericht im Februar 1989 vor. Von ihren vier Mitgliedern hatten drei sich bereits aus Altersgründen aus der aktiven Wissenschaft zurückgezogen, und kein einziger war Experte für spongiforme Enzephalopathien. Schon zuvor hatte das Gremium empfohlen, infizierte Tiere zu töten, die aus Wiederkäuern hergestellten Proteinpräparate zu verbieten und verdächtige Milch nicht mehr in Verkehr zu bringen. Jetzt betonten sie nachdrücklich, zwischen Scrapie und BSE bestehe vermutlich ein Zusammenhang, und eine Übertragung von Scrapie auf Menschen sei unwahrscheinlich. (»Scrapie ist in Großbritannien schon seit Jahrhunderten verbreitet«, heißt es in dem Bericht, »aber es gibt keinerlei Indizien, daß CJD hier häufiger auftritt als im internationalen Durchschnitt ...«) Sie fanden »keine Hinweise auf eine mütterliche oder horizontale Übertragung von BSE«, das heißt, es gab keine Befunde, die auf eine Übertragung von der Kuh zu ihrem Kalb oder von einer Kuh unmittelbar zur anderen schließen ließen. Nach Ansicht der Kommission hatte sich die Krankheit von 1981 bis zum Verbot des Wiederkäuerproteins im Juli 1988 durch verunreinigtes Tiermehl ausgebreitet. Der Bericht sagte voraus, BSE werde bis 1993 weiterhin dreihundertfünfzig bis vierhundert Rinder im Monat infizieren, so daß sich eine Gesamtzahl von siebzehntausend bis zwanzigtausend Fällen ergab; anschließend werde die Krankheit bis 1996 stark zurückgehen und in der Folgezeit ganz verschwinden. Der Fachartikel, der den Namen festlegte, bezeichnet BSE als *neue* Krankheit – das heißt, man konnte ihr Verhalten nicht voraussagen, bevor man nicht Beobachtungen und Experimente angestellt hatte; dennoch prophezeite die Southwood-Kommission voller Zuversicht, Rinder würden sich »für den Krankheitserreger vermutlich als Sackgasse erweisen«, weil er sich von dort nicht auf andere Tiere ausbreiten könne. (Daß diese Behauptung nicht stimmte, war schon damals bewiesen; an früherer Stelle in ihrem Bericht hatte die Kommission festgestellt, daß »Mäuse, die mit Gehirnhomogenaten von zwei verschiedenen BSE-Fällen infiziert wurden, nach zehn bis zwölf Monaten Anzeichen einer Enzephalopathie zeigen, ... die nicht von der Scrapie-Erkrankung bei Schafen zu unterscheiden ist.«) Deshalb hielt die Kommission es für »höchst unwahrscheinlich, daß BSE irgendeine Bedeutung für die Gesundheit der Menschen hat«. Ausdrücklich lobt die Kommission das Landwirtschaftsministerium, das so schnell »entsprechende Bestimmungen erlassen« habe, und dann schließt sie mit bemerkenswerter Unbekümmertheit: »Das Risiko einer Übertragung von BSE auf Menschen erscheint äußerst gering.«

Ganz anderer Ansicht war Dr. Richard Lacey, ein engagierter Arzt und Mikrobiologe an der Universität Leeds. Er prangerte den Umgang der britischen Behörden mit der BSE-Epidemie schon bald darauf öffentlich an. In seinem 1994 erschienenen Buch *Mad Cow Disease* macht er sich über die offizielle Reaktion über den Southwood-Bericht lustig:

Kein Wunder, daß die britische Regierung entzückt war. BSE bedeutete für Menschen eine »äußerst geringe« Gefahr, und die Krankheit würde von selbst wieder verschwinden, nachdem man die Quelle in den Futtermitteln verstopft hatte. Wirkliche Taten waren nicht erforderlich. Die Landwirtschaft konnte weitermachen wie gehabt. Es gab keine Schlachtung ganzer Bestände und keine Einschränkungen beim Transport oder bei der Zucht von Rindern. Rindfleisch war ungefährlich.

Als der Southwood-Bericht erschien, wurden jeden Monat fünfhundert neue BSE-Fälle registriert, mehr als die Zahl, die sich nach den Voraussagen der Kommission einpendeln sollte. Bis Ende 1989 war sie auf neunhundert im Monat gestiegen. Im Februar 1995 lag die Gesamtzahl bei 143109 gesicherten Fällen und nicht bei nur zwanzigtausend, wie die Kommission prophezeit hatte.

Über die Zeit Ende 1989, als das Landwirtschaftsministerium das Verbot bestimmter Schlachtabfälle aussprach, berichtete David Statham, ein Beamter und Umweltfachmann, später im britischen Fernsehen: »Es gab keinerlei Richtlinien, wie die Entsorgung vorzunehmen war. Es gab Schlachthöfe, da spalteten sie die Köpfe mit Metzgerbeilen, in anderen wurde der Schädel mit der Kettensäge geöffnet, und in wieder anderen versuchte man, das Gehirn durch das Loch herauszusaugen, das beim Töten des Tiers entstanden war.« Die Tierärztin Dr. Marja Hovi berichtet, wie sie in einen Schlachthof ging, um sich ein Bild von den Verhältnissen zu machen: »Ich sah beim Verladen der Köpfe zu. Hundertfünfzig, vielleicht auch zweihundert Köpfe wurden in einem großen Haufen auf einen Lastwagen geworfen. Man konnte erkennen, wie die Gehirnmasse durch die Löcher herauslief, wenn die Köpfe verkehrt herum lagen; sie lief auf die Köpfe darunter und verseuchte alles, was sich unter ihnen befand. Als die Köpfe in der Fabrik ankamen, wurde das Wangenfleisch – das gewöhnlich von sehr schlechter Qualität ist – für die Verwendung in Hamburgern abgeschnitten, also für den menschlichen Verzehr.« Ein Fleischbeschauer, der seinen Namen nicht nennen wollte, berichtete: »Die besonderen Schlachtabfälle waren nicht zu kontrollieren. Angeblich wurde das ganze Zeug gesammelt, gekennzeichnet und aus dem Gebäude entfernt. Aber in Wirklichkeit sahen wir, daß solche Abfälle mit anderem Material vermischt wurden.« Der Umweltbeamte Statham meint abschließend: »Wir erhielten widersprüchliche Informationen, insbesondere von der Regierung. Man sagte uns, eigentlich sei das alles ohnehin keine Gefahr; man hielt es also wahrscheinlich nur für ein wenig Kosmetik und nicht für eine ernsthafte gesundheitspolitische Angelegenheit.«

Ob nun aus Unwissen oder aus Absicht – jedenfalls erweckte die Regierung in der Öffentlichkeit den falschen Eindruck, man könne gefahrlos Rindfleisch essen. Der oberste Tierarzt des Landwirtschaftsministeriums, ein farbloser, glatzköpfiger Bürokrat namens Keith Meldrum, hatte in Interviews seit dem Beginn der Epidemie hartnäckig behauptet, das Ganze habe für Menschen keinerlei Bedeutung. Im Januar 1989 erklärte er im BBC-Fernsehen seine Gedankengänge: »Die Befunde über BSE«, so belehrte er das Publikum herablassend, »stammen im wesentlichen aus unseren Kenntnissen über Scrapie, und es gibt keinerlei Indizien, weder wissenschaftliche noch andere, daß Scrapie von Schafen oder Ziegen auf Menschen übertragen wird. Aufgrund dieses Vorbildes sind wir ziemlich sicher, daß BSE nicht auf Menschen übergehen kann.«

Alan Dickinson war über die Haltung der Regierung empört. Er hatte schon 1976, lange vor dem Ausbruch der BSE-Epidemie, geschrieben: »Wir sollten beim derzeitigen Stand unserer Kenntnisse nicht davon ausgehen, daß Scrapie-Erreger niemals von infiziertem Fleisch auf Menschen übergehen können, insbesondere weil wir wissen, daß manche Formen des Garens die Infektionsfähigkeit nicht beseitigen.« In seinen Untersuchungen zur Scrapie-Übertragung bei Ziegen hatte er herausgefunden, daß der Erreger nicht nur in den später vom Landwirtschaftsministerium für den Handel verbotenen Körperteilen der Tiere zu finden ist, sondern insbesondere auch im Muskelgewebe – das heißt im Fleisch. Heute sagt er: »Die Ausbildung der Überflieger in den Behörden, der Bonzen, kann man in einem Satz zusammenfassen. Die Leute werden dazu ausgebildet, keine Gewissensbisse zu bekommen, wenn sie über Dinge entscheiden, von denen sie nichts verstehen. Sie sind durch Lektüre zu Experten geworden. Was ist eine ›Empfehlung‹? Ach ja, das ist so etwas, das man in einen Abschlußbericht schreibt, nachdem man alles, was vielleicht unangenehm wäre, wegverhandelt hat.« Die Beamten bestimmten darüber, wie die Regierung auf BSE reagierte, und dabei ging es um Protektionismus für die Fleischindustrie. Dickinson, Hugh Fraser und andere, die sich seit Jahrzehnten mit Scrapie beschäftigten, wurden ins Abseits gedrängt.

Auch andere schlugen Alarm. Richard Lacey lobt in diesem Zusammenhang den jungen Arzt Tim Holt und den Ernährungsfachmann J. Phillips: Sie schrieben im Juni 1988 einen Aufsatz im *British Medical Journal* und lenkten darin die öffentliche Aufmerksamkeit zum ersten Mal auf die Möglichkeit, daß BSE für Menschen eine Gefahr darstellen könnte. Der Oberveterinär Keith Meldrum entgegnete mit einem umfassenden Dementi, das die jahrelangen Übertragungsexperimente in Gajduseks Labor, in Compton und in Edinburgh schlicht und einfach überging: »Nach unserer Auffassung ist der Verzehr dieser Lebensmittel mit keinerlei Gefahr verbunden, denn es ist keinerlei Zusammenhang zwischen den Enzephalopathien der Tiere und den Enzephalopathien der Menschen bekannt.« Ein angesehener Neurologe gab in einer landesweit ausgestrahlten Rundfunksendung im Mai 1989 bekannt, er und seine Familie würden kein Rindfleisch mehr essen, und mahnte die Bevölkerung zur Vorsicht. »Danach«, berichtet Hugh Fraser, »sagte man mir und anderen angesehenen Kollegen, wir sollten mit den Medien nicht mehr über das Thema sprechen.« Im Januar 1990, nachdem für das Vorjahr in Großbritannien 7136 BSE-Fälle offiziell bestätigt waren – 5051 mehr als ein Jahr zuvor –, rumorte es allmählich in der britischen Presse.

Daraufhin erhöhte die Regierung im Februar die Entschädigung für Bauern, die BSE-infizierte Tiere töteten, auf den vollen Marktwert. Gleichzeitig versuchte sie, neuen Experimenten, über die kurz zuvor berichtet worden war, einen optimistischen Anstrich zu geben: Darin war nachgewiesen worden, daß BSE durch Injektion auf Rinder und durch Füttern auf Mäuse übertragen werden kann. »Die Befunde zeigen, daß die Krankheit auf nichtnatürlichen Ansteckungswegen weitergegeben werden kann«, hieß es in einer Pressemitteilung des Landwirtschaftsministeriums, »nämlich nur im Experiment und unter

Laborbedingungen, die in freier Natur niemals gegeben sind.«
(»Wozu macht man diese unnatürlichen Experimente überhaupt, wenn sie für die Fragestellung ohne Bedeutung sind?«
fragt Lacey voller Erbitterung.) Bei der Europäischen Union
dachte man anders. Im März 1990 wurde der Export britischer
Rinder auf Tiere mit einem Alter von höchstens sechs Monaten
beschränkt, und auch das nur unter der Voraussetzung, daß sie
vor Erreichen dieses Alters geschlachtet wurden – mit anderen
Worten, auf Kälber. Alle anderen Rinder-(aber nicht Rind-
fleisch-)Exporte aus Großbritannien wurden verboten.

Im Mai 1990 sorgte der Tod einer Katze in ganz Großbritannien für Panik. Ein paar Wochen lang ging der Rindfleischverbrauch um ein Drittel zurück, und die Schulen in London
strichen britisches Rindfleisch vorübergehend vom Speisezettel
ihrer Kantinen. Max, ein kastrierter fünf Jahre alter Siamkater,
lebte in einem Haushalt zusammen mit vier anderen Katzen.
Seine Besitzer hatten schon im Dezember bemerkt, daß Max offenbar manchmal im Stehen einschlief. Einen Monat später begann er zu torkeln, und der Kopf kippte ständig nach rechts.
Plötzlicher Lärm verwirrte ihn. Seine Haut juckte, und das führte
dazu, daß er hektisch daran leckte und nagte. Im Mai knickten
Max die Hinterbeine weg, so daß er kaum noch urinieren oder
Kot ausscheiden konnte. Als es soweit war, ließen seine Besitzer
ihn einschläfern. Über eine natürlich vorkommende spongiforme Enzephalopathie bei Katzen war bis dahin noch nie berichtet worden. Keith Meldrum, der oberste staatliche Tierarzt, beschrieb den Fall in einem Leserbrief an die Zeitschrift *Veterinary
Record* und wies listig darauf hin, es gebe »keinerlei Hinweise,
daß die Krankheit übertragbar ist, und man kennt auch keinen
Zusammenhang mit den anderen Enzephalopathien der Tiere«.
In der Öffentlichkeit trat Meldrum noch forscher auf. »Keinerlei
Anlaß zur Beunruhigung«, sagte er am 10. Mai im Fernsehen. »Es
ist der einzige Todesfall unter sieben Millionen Katzen in Großbritannien.« In den folgenden vier Jahren starben zweiundsech-
zig weitere Hauskatzen; erst dann räumte die Regierung ein, sie
seien wahrscheinlich an verseuchtem Tierfutter verendet.

Richard Lacey, der geradlinige Arzt aus Leeds, ist ein beleibter Mann mit rötlichem Gesicht, hoher Stirn und schütteren weißen Haaren, der auch in einem englischen Kaffeehaus des 19. Jahrhunderts nicht deplaziert wirken würde. Zum ersten Mal zog er im Zusammenhang mit BSE die Aufmerksamkeit der Nation auf sich, als er nach Max' Tod dem Redakteur der Londoner *Sunday Times* sagte, die Krankheit breite sich bei den britischen Rindern immer noch weiter aus, und daraus könne man schließen, daß sie vom Muttertier zum Kalb oder horizontal übertragen werde; deshalb sollten nach seiner Ansicht alle betroffenen Bestände vernichtet werden. Die *Sunday Times* machte aus Laceys Aussage die Schlagzeile FÜHRENDER ERNÄHRUNGSFACHMANN FORDERT DIE SCHLACHTUNG VON 6 MILLIONEN KÜHEN. Dieser kühne Vorstoß provozierte ein Trommelfeuer beschwichtigender Pressemitteilungen aus dem Landwirtschaftsministerium. Der Minister persönlich, ein rotwangiger junger Konservativer namens John Gummer, ging in die britischen Geschichtsbücher ein: Er gab seiner Tochter Cordelia vor einem Wald von Fernsehkameras einen Hamburger zu essen und versicherte steif und fest, britisches Rindfleisch sei ungefährlich.

Als Max das Zeitliche segnete, war auch eine ganze Reihe von Zootieren bereits an neuartigen spongiformen Enzephalopathien gestorben. Bei einem Nyala (einer afrikanischen Antilope) hatte man die Krankheit schon im Juni 1986 diagnostiziert. In der Folgezeit waren Spießböcke, Elenantilopen, Kudus, ein Puma, eine Gemse, Geparden und möglicherweise auch Straußenvögel betroffen. Im Futter mancher dieser Zootiere war verseuchtes Tiermehl enthalten, und die biologischen Eigenschaften ihrer Infektionen stimmten mit denen bei BSE-infizierten Rindern überein. Aber einige Kudus und Elenantilopen sowie ein Spießbock waren erst nach dem Verbot der Wiederkäuer-Proteine geboren worden, und ein Kudu war ein *Nachkomme* eines durch Futter infizierten Tiers, das heißt, die Krankheit war in diesem Fall unmittelbar von Tier zu Tier übertragen worden, entweder von der Mutter zum Jungen oder horizontal.

Im Juni 1990 trat Richard Lacey vor dem Landwirtschaftsausschuß des britischen Parlaments auf. Zwar versuchte ein konservativer Abgeordneter, dem zu Hause eine Fleischverarbeitungsfirma gehörte, die Aussage des Arztes unglaubwürdig zu machen, aber Lacey konnte sein Terrain behaupten und mehrere wichtige Dinge klarstellen. Unter anderem erklärte er, man könne britisches Rindfleisch selbst bei einem Verbot der Verwendung bestimmter Teile nicht als ungefährlich ansehen, denn Lymphgefäße und Nerven, die beide bekanntermaßen ansteckend sein können, durchziehen auch das Muskelgewebe. Außerdem, so Lacey weiter, gebe es keinerlei Hinweise auf einen Zusammenhang zwischen BSE und Scrapie bei Schafen; im Gegenteil: Alles sprach dafür, daß die Krankheit bei Rindern unabhängig entstand, denn Schafe und Rinder grasten schon seit Generationen auf denselben Weiden, ohne daß eine Übertragung bekannt geworden wäre. Lacey argumentierte, da es keinen diagnostischen Test für die BSE-Infektion gebe, bleibe den Behörden nur eine einzige vernünftige Lösung: die infizierten Herden zu schlachten. Anderenfalls konnten Tiere, die noch keine Symptome zeigten, in die menschliche Nahrungskette gelangen, und das war mit Sicherheit auch schon geschehen. Delikaterweise übersetzte Lacey eine Behauptung aus einem behördlichen Bericht in einfaches Englisch, um das ganze Ausmaß der staatlichen Vernebelungstaktik zu enthüllen:

Ich möchte nur einen kurzen Abschnitt aus dem Tyrell-Bericht vorlesen: »Viele umfangreiche epidemiologische Studien auf der ganzen Welt haben zu der heutigen einhelligen Ansicht geführt, daß zwischen Scrapie und CJD kein Kausalzusammenhang besteht. Es ist dringend erforderlich, daß die gleiche beruhigende Aussage auch über die nicht vorhandenen Auswirkungen von BSE auf die Gesundheit der Menschen gemacht wird. Dazu überwacht man am besten alle CJD-Fälle im Vereinigten Königreich während der beiden nächsten Jahrzehnte.« Für mich fehlt in diesem Bericht etwas, der zweite Satz folgt nicht aus dem ersten ... Ich finde es unglaublich, daß eine Gruppe unabhängiger Wissenschaftler sagt, wir wollen die Öffentlichkeit beruhigen, und dazu messen wir am besten die Häufigkeit von CJD in den nächsten 20 Jahren. Damit schlagen sie das größte Experiment vor, das jemals gemacht worden ist, um herauszufinden, wieviele Menschen krank werden und sterben. Daß das die Ansicht ehrbarer, unabhängiger Wissenschaftler ist, kann ich nicht glauben. Ich denke, daß diese Berichte von anderen . verfälscht worden sind. Ich kann einfach nicht glauben, daß ein Wissenschaftler sagt: »*Um herauszufinden, wie groß das Problem ist, beobachten wir, wieviele Menschen daran sterben.*«

Im Jahr 1993 starben zwei britische Bauern an CJD. Die Regierung behauptete, die Todesfälle seien durchaus im Rahmen der weltweiten Häufigkeit für sporadische CJD-Erkrankungen, die bei einem Fall je Million Einwohner im Jahr liegt. Aber im Mai 1993 kam Victoria Rimmer, eine sommersprossige, blonde, blauäugige Fünfzehnjährige, plötzlich völlig erschöpft von der Schule nach Hause, und die Krankheit, die nun einsetzte, ließ sich nicht so geschmeidig wegdiskutieren: Bei Personen unter dreißig Jahren ist die CJD äußerst selten. Ihre Großmutter Beryl, bei der sie lebte, sagte später über Victoria: »Sie verlor dramatisch an Gewicht, und ich dachte, sie hätte die Magersucht. Bekannte riefen mich an, und auch die Schule fragte, was mit Vicky los sei. Es ging ihr von Woche zu Woche schlechter. Sie fiel überall hin, wie man es auch bei diesen Rindern sieht. Und dann fragte sie mich immer: ›Was ist bloß mit mir los, Oma?‹ Sie konnte einfach nicht verstehen, was mit ihr passierte. Wenn wir in die Stadt gingen, mußte sie sich plötzlich auf den Boden setzen, weil sie in ihrem Inneren so entsetzlich müde war. Zwischen Ende Mai und August bekam sie schreckliche Schmerzen in Hals und Armen – sie war völlig außer sich und schrie die ganze Zeit. Ich war achtmal mit ihr beim Arzt, aber die sagten immer, ihr fehle nichts.«

Schließlich fand Beryl Rimmer einen Arzt, der ihre Enkeltochter zur weiteren Untersuchung in ein Krankenhaus schickte. Er vermutete, in Vickys Nervensystem seien Masernviren eingedrungen, aber im Liquor waren keine Erreger nachzuweisen. Als nächstes nahm er eine Gehirnbiopsie vor. Einige Zeit nach dem Eingriff verfiel Vicky, die nach Angaben ihrer Großmutter immer »besonders lebenslustig« gewesen war und gern Ballett tanzte, ins Koma. In dem entnommenen Gehirngewebe zeigte sich eine spongiforme Enzephalopathie. Mrs. Rimmer verstand den Fachausdruck nicht und bat den Arzt, ihn aufzuschreiben. Sie erinnert sich noch genau, wie er davor zurückscheute und sie bat, ihn in einem medizinischen Buch nachzuschlagen. Schließlich konnte sie ihn überzeugen. Sie zeigte die Notiz einem anderen Arzt, und dieser erklärte ihr, »spongiforme Enzephalopathie« sei das gleiche wie Rinderwahnsinn.

Jetzt kam ein Arzt von der staatlichen CJD-Überwachungsstelle in Edinburgh zu Beryl Rimmer und untersuchte später Vicky. Mrs. Rimmer berichtet, er habe ihr dringend geraten, Stillschweigen über die Krankheit ihrer Enkelin zu bewahren. »Denken Sie an die Wirtschaft«, sagte er zu ihr – »denken Sie an den Gemeinsamen Markt.«

Im März 1994 erkrankte eine sechzehnjährige islamische Schülerin, die in England geborene Tochter türkisch-zypriotischer Eltern. Sie hatte plötzlich ein taubes Gefühl in Gesicht und Fingerspitzen, und nach einem Sturz bekam sie Rückenschmerzen. Im August war ihre Sprache bereits sehr verwaschen; auch Gleichgewichtsstörungen stellten sich ein. Im September versagte das Gedächtnis, und sie stolperte beim Gehen. Das Mädchen war nie mit menschlichem Wachstumshormon behandelt worden und hatte sich nie einer Gewebetransplantation oder Gehirnoperation unterzogen. Es aß normalerweise Lammfleisch, manchmal aber auch Corned Beef oder Hamburger. Sein Zustand verschlechterte sich zusehends, und schließlich kam es ins Krankenhaus. Die Biopsie zeigte in der Großhirnrinde spongiforme Veränderungen und zahlreiche Plaques. Das entnommene Gewebe reagierte mit

Antikörpern gegen PrP, aber nicht mit solchen gegen das Alzheimer-Amyloid.

Ebenfalls 1994 wurde ein achtzehnjähriger Schüler wegen Depressionen zum Psychiater überwiesen. Diesem berichtete er, sein Erinnerungsvermögen funktioniere seit etwa einem halben Jahr nicht mehr richtig, und er sei »verrückt geworden«. Im folgenden Jahr erschien in *Lancet* ein Bericht über den weiteren Verlauf seiner Krankheit:

> Später litt er an optischen Halluzinationen, Begriffsverwirrung und einer übermäßigen Angst vor Wasser und scharfen Gegenständen, so daß er sich nicht mehr wusch und rasierte. Seine Eltern bemerkten Schwierigkeiten beim Ausführen einfacher Aufgaben, so beim Aufschließen einer Tür oder beim Essen eines gekochten Eies. Man schickte ihn in eine psychiatrische Klinik … Die Halluzinationen setzten sich fort … Sein Gang wurde immer gestörter. Früher einmal war er acht Jahre lang jedes Jahr auf den Bauernhof seiner Tante gefahren und hatte dort sowohl unpasteurisierte Milch getrunken als auch Kontakt zu Kühen gehabt. BSE-Fälle sind in dem fraglichen Tierbestand nicht bekannt.

Im Biopsiematerial wurde PrP gefunden. Der junge Mann starb 1995. Bei der Obduktion zeigten sich spongiforme Veränderungen und Astrogliose.

Diese beiden Todesfälle (Vicky Rimmer blieb im Koma noch bis 1996 am Leben) sowie der Tod der beiden Bauern waren immer noch kein ausreichender epidemiologischer Beweis, daß BSE jetzt auch Menschen befiel. »Hunderttausend britische Bauern mit BSE [in ihren Beständen]«, schrieb Carleton Gajdusek mir im Januar 1996, »das bedeutet mindestens eine Million [Beschäftigte in der Fleischindustrie], die mit verseuchtem Tiermehl und BSE-kranken Kühen in Berührung kommen; das könnte bedeuten, daß man bei den Arbeitern mit einem CJD-Fall pro Jahr rechnen muß.«

Damit meinte er: Einfach weil CJD weltweit sporadisch mit einem Fall je eine Million Menschen auftritt, sollte CJD jedes Jahr bei einem der eine Million Arbeiter in der britischen Fleischindustrie auftreten. »Zwei Fälle [unter diesen Arbeitern] wären schon eine Menge«, fuhr Gajdusek fort.« Die beiden Jugendlichen sind mit siebzehn und neunzehn Jahren jünger als alle früheren Fälle in Großbritannien, und auch weltweit sind noch nicht einmal zehn solcher Fälle mit jungen Menschen bekannt.« In Wirklichkeit wurde in der gesamten medizinischen Fachliteratur bis 1995 nur über vier Fälle von CJD bei Heranwachsenden berichtet. Gajduseks Aufzeichnungen schließen mit den Worten: »Das gibt *noch mehr* Anlaß zur Besorgnis. Zehn Heranwachsende wären schon eine ›Epidemie‹.«

Anfang 1996 waren neben Vicky Rimmer und den beiden Fällen aus dem Vorjahr sieben weitere junge Leute gestorben oder schwerkrank.

# Siebter Zusammenhang . . .

| SPEZIES | KRANKHEIT | PROGNOSE |
|---------|-----------|----------|
| Mensch | Kuru (auf Primaten übertragbar) | tödlich |
| Mensch | Creutzfeldt-Jakob (auf Primaten übertragbar) | tödlich |
| Schaf | Scrapie | tödlich |
| Nerz | übertragbare Nerz-Enzephalopathie | tödlich |
| **Rind** | **Bovine spongiforme Enzephalopathie** | **tödlich** |

# 12

# Eis 9

*Fort Detrick, San Francisco und Montana,*
*1985–1995/Großbritannien, 1996*

Carleton Gajdusek wurde im Laufe der Jahre immer stämmiger. Der drahtige Mann, der in der Anfangszeit der Kuru-Forschung bei einer Größe von einem Meter siebzig nur dreiundsechzig Kilo gewogen hatte, der mit zwei Mahlzeiten am Tag die Berghänge hoch und runter kletterte und häufig vor der geplanten Zeit von seinen Expeditionen zurückkehrte, verwandelte sich im mittleren Alter in einen Buddha von fast einhundertdreißig Kilo. Er hatte nie viel Wert auf Kleidung gelegt und auf seine Reisen außer der Zahnbürste kaum etwas mitgenommen. Jetzt schränkte sein Leibesumfang die Möglichkeiten noch mehr ein – im wesentlichen auf karierte Holzfällerhemden und strapazierfähige dunkle Hosen, die von angeklemmten Hosenträgern gehalten wurden. Mit seinen silbergrauen Haaren, dem rundlichen Gesicht und seinen listigen, tiefliegenden Augen ähnelte er immer stärker dem Schauspieler Charles Durning. Er reiste ständig in der ganzen Welt umher, lieh sich bei kaltem Wetter einen Wintermantel oder wickelte sich einen Schal um die Schultern, erforschte seltsame, rätselhafte Krankheiten, fesselte sein Publikum mit Geschichten über seine Abenteuer und ließ niemanden im unklaren über seine exzellente Intelligenz.

Seit fast dreißig Jahren vertritt Gajdusek leidenschaftlich eine radikale Ansicht über die Ursachen der spongiformen Enzephalopathien, und auch wenn heute der letzte Beweis noch fehlt, so spricht doch vieles für seine Interpretation. Noch bedeutsamer ist, daß ihn bisher niemand widerlegen konnte. Es wäre für uns alle besser, wenn das jemandem gelänge, aber nicht einmal der ehrgeizige Stanley Prusiner konnte bisher das entscheidende Experiment entwerfen, das den Streit so oder so herum beigelegt hätte.

Gajdusek geht mit seiner Interpretation von einer offenkundigen Tatsache aus: Ein infektiöser Erreger kann sich nur dann fortpflanzen, wenn irgend etwas die erforderliche Information überträgt. Dieses Etwas sind in der gesamten übrigen Biologie die Nucleinsäuren, die TSE-Erreger allerdings bleiben auch dann infektiös, wenn man sie energiereicher Strahlung und anderen Einflüssen aussetzt, die Nucleinsäuren zerstören. In Gajduseks Augen bedeutet das, daß an dieser Stelle ein anderer Fortpflanzungsvorgang wirksam sein muß.

Wenn die TSE-Erreger sich nicht wie allgemein üblich über Nucleinsäuren fortpflanzen, wie bringen sie dann ihre Vermehrung zuwege? Als Gajdusek nach anderen Fortpflanzungsmechanismen suchte, fiel ihm sofort ein ganz bestimmter Vorgang ein. Er lief auf der Erde schon ab, bevor die ersten Lebewesen auftauchten, er war allgemein verbreitet, und er sorgte dafür, daß Information zuverlässig von Generation zu Generation weitergegeben wurde. Dieses alte, zuverlässige System, das die TSE-Erreger nach Gajduseks Vermutung zur Vermehrung benutzen, ist die Kristallisation.

Ein Kristall ist eine geordnete Ansammlung von Molekülen, die nach einem immer gleichen Muster schichtweise übereinandergestapelt sind. Er bildet sich unter den richtigen Bedingungen aus einer flüssigen Lösung der Moleküle. Solche Kristalle sind beispielsweise Zucker und Salz: Sie fallen beim Kochen aus Sirup beziehungsweise Salzlake aus; Schneeflocken sind Kristalle; Eis besteht aus Kristallen; und auch die Stalaktiten und Stalagmiten entstehen aus winzigen Kristallen des Kalksteins, der im tropfenden Wasser der Höhlen gelöst ist. Haucht man den feuchten Atem an einem kalten Wintertag auf eine Fensterscheibe, bildet sich dort eine Schicht aus Eiskristallen; im Freien findet man eine ähnliche Schicht aus Tau, der auf der Windschutzscheibe des Autos kristallisiert ist. Diamanten und die meisten anderen Edelsteine sind Kristalle. Viele biologische

Materialien sind ebenfalls kristallin: So scheiden zum Beispiel Austern und andere Weichtiere Kristalle aus, die ihre harte Schale formen. Unser eigener Organismus bildet Zähne und Knochen, indem er aus biologischen Flüssigkeiten Kristalle ausfallen läßt. Proteine, »geordnete Molekülaggregate«, sind kristallin. Und bei der Milchgerinnung, die ebenfalls einen Kristallisationsvorgang darstellt, fällt die Proteinmasse aus, die wir als Käse bezeichnen.

Gajdusek hatte schon als Junge in seinem Dachbodenlabor Kristalle gezüchtet. Es ist ein altbekannter Versuch aus dem Chemiebaukasten: Man löst Kristalle eines Fotoentwicklers in einem Glaskolben mit heißem Wasser, bis die Flüssigkeit keine weitere Substanz mehr aufnimmt, deckt die Lösung mit einer sauberen Glasplatte zu, stellt die Wärmezufuhr ab und läßt das ganze abkühlen. Je niedriger die Temperatur ist, desto weniger Festsubstanz kann sich in einer Flüssigkeit lösen. In dem kühler werdenden Glaskolben müßte der Entwickler nun also eigentlich Kristalle bilden, aber das geschieht nicht, weil die Substanz nicht weiß, welche Gestalt sie annehmen soll. Statt dessen geht die Lösung in einen Zustand über, den man als übersättigt bezeichnet. Wenn man jetzt den Deckel abnimmt und einen einzigen trockenen Entwicklerkristall hineinfallen läßt, setzt eine atemberaubende Kaskade der Kristallbildung ein. Der Kristall»samen« liefert die Matrize – das heißt die Information –, mit deren Hilfe sich Ordnung in der Lösung einstellen kann.

Die Anordnung ist bei Kristallen das Entscheidende. Der gleiche reine Kohlenstoff, der die Kristalle der Diamanten bildet, wird unter anderen Bedingungen zu gewöhnlichem Graphit. Ein Kristall entsteht nach einem atomaren Muster, und dieses Muster ist die Information, die von einer Kristallgeneration zur nächsten weitergegeben wird. Normalerweise liefert ein Stück aus der vorherigen Generation das Muster – der Kristallkern, den man in den Kolben fallen läßt. »Gebt mir acht Ziegelsteine, die im richtigen Winkel zusammengemauert sind«, sagt Gajdusek gern, um seine Aussage zu verdeutlichen, »und ich baue euch einen achteckigen Turm.« Das kleine Stück, welches das

Muster vorgibt und als Ausgangspunkt der Kristallbildung dient, bezeichnet man als Kristallisationskern. Ist er vorhanden, läuft die Kristallisation anschließend von selbst weiter, wobei sich neue Kristalle anhand der Muster bilden, die in den zuvor entstandenen Teilen vorhanden sind.

Das, so erkannte Gajdusek, ist ein nichtbiologischer Mechanismus für Fortpflanzung und Vermehrung, dessen sich die Evolution sogar bei manchen biologischen Prozessen bedient hat. Aber er ist nicht ganz zuverlässig. Manchmal geht dabei etwas schief. Kristalle aus dem gleichen Material, die sich an unterschiedlichen Kristallisationskernen bilden, können unterschiedliche physikalische Eigenschaften besitzen, und das mit katastrophalen Folgen. Statt eines Diamanten erhält man dann zum Beispiel den schmierigen Graphit, das Material im Kern der Bleistifte. Gajdusek nennt als Beispiel gern eine seltsame industrielle »Infektion«, die sich während des Zweiten Weltkrieges abspielte. Ethylendiamintartrat (EDT) ist eine chemische Verbindung, die in zahlreichen industriellen Verfahren als Reinigungsmittel dient. Eine Fabrik, die EDT herstellte, wurde von einem Kristallisationskern infiziert, durch den das EDT in einem anormalen kristallinen Zustand ausfiel. Diese »infizierte« Form des EDT wirkte nicht, sondern man konnte sie nur noch wegwerfen. »Diese Infektion richtete die Firma zugrunde«, schreibt Gajdusek. »Zu heilen war sie nicht.«

Um einen verheerenden Fall einer Infektion mit Kristallisationskernen dreht sich die Handlung des 1963 erschienenen Romans *Katzenwiege* von Kurt Vonnegut – eine erfundene Geschichte, zu unser aller Glück. Ein hochintelligenter Wissenschaftler erfindet eine neue Form des Eises, das eine andere Kristallanordnung als gewöhnliches Eis und damit auch andere physikalische Eigenschaften hat:

> »Nehmen wir einmal an«, gluckste Dr. Breed amüsiert, »daß Wasser auf vielerlei Weise gefrieren, kristallisieren kann, und nehmen wir an, daß das Eis, auf dem wir Schlittschuh laufen und das wir in unsere Cocktails tun –

nennen wir es mal *Eis 1* – nur eine mögliche Form von Eis ist. Nehmen wir weiter an, daß es Eis auf der Erde immer nur als *Eis 1* gegeben hat, da sich nie ein Teilchen eingeschmuggelt hat, das dem Wasser beigebracht hätte, *Eis 2*, *Eis 3*, *Eis 4* zu werden ...? Angenommen, ... es gäbe so etwas wie *Eis 9*, ein Kristall, so hart wie diese Tischplatte, mit einem Gefrierpunkt von, sagen wir mal, 38° ... [Der Regen] würde zu harten kleinen Schuhnägeln aus *Eis 9* gefrieren – und das wäre das Ende der Welt!«

Genau das läßt Vonnegut in *Katzenwiege* geschehen: Zufällig fällt ein Kristallisationskern aus Eis 9 in den Ozean, und das gesamte Wasser auf der Erde – aus der Sicht von Eis 9 eine übersättigte Lösung – gefriert: Die vielen biologischen Vorgänge, die auf flüssiges Wasser angewiesen sind, so auch der Blutkreislauf in den Adern der Menschen, können sich nicht fortsetzen. »Ein Geräusch durchzitterte die Luft, als würde jemand ein Portal, so groß wie das Firmament, leise schließen, als fiele das Himmelstor ganz sanft ins Schloß«, berichtet Vonneguts Erzähler. »Es war ein großes Ah-whumm. Ich öffnete die Augen – und der Ozean war pures *Eis 9*. Die feuchte grüne Erde war eine blauweiße Perle.«

Einen ähnlichen Infektionsprozeß stellte Gajdusek sich bei den TSEs vor. Der Auslöser war danach ein Stück anormales PrP, ein Bruchstück der von Pat Merz entdeckten Scrapie-assoziierten Fibrillen. Die SAF selbst bestanden aus umeinander gewundenen, langen Reihen solcher anormaler PrP-Proteinkristalle. Kuru-Plaques waren große, kristalline Ansammlungen aus SAF, die sich in dem erkrankten Gehirn ansammelten. Gajdusek äußerte die Vermutung, der TSE-Erreger sei ein Kristallisationskern aus anormalem PrP. Ein solcher Kern, so seine Vorstellung, gelangt an die Stellen in den Nervenzellen, wo das normale PrP produziert wird, verdrängt dieses als Kristallisationskern und sorgt dafür, daß die neu entstehenden PrP-Moleküle die anormale Gestalt annehmen. Die Zelle stellt demnach also weiterhin PrP her, das aber nicht mehr die normale, sondern die krankhaft veränderte Form hat. Das normale PrP erfüllt in der Zellmembran eine unbekannte Funktion und wird dann beseitigt, die anormale Form dagegen widersteht diesem Auflösungs- oder Abbauvorgang. Die Zellmembran kann es nicht loswerden, so daß es sich ansammelt und lebenswichtige Vorgänge in den Zellen blockiert, bis die Zelle schließlich abstirbt. Solche toten Nervenzellen werden dann von anderen Körpervorgängen beseitigt, und allmählich entstehen die charakteristischen Löcher der spongiformen Veränderung. Die braunen Sterne der Astrogliose tauchen auf, weil Astrogliazellen die Infektionsabwehr des Gehirns darstellen – sie sind sozusagen das Gegenstück zu den weißen Blutzellen im übrigen Körper. Und genau wie die Zahl der weißen Blutzellen bei einer Infektion steigt, vermehren sich bei dieser seltsamen Gehirninfektion auch die Astrogliazellen.

Vor dem Hintergrund seiner genialen Theorie bezeichnete Gajdusek den TSE-Erreger nun nicht mehr als langsames Virus, sondern als infektiöses Amyloid. Dieser neue Name verlieh der Krankheit über ihr eigenes seltenes Auftreten hinaus eine allgemeine Bedeutung. So erlebte die Alzheimer-Forschung in den achtziger Jahren einen wichtigen Durchbruch, der unmittelbar auf die Untersuchung der spongiformen Erkrankungen durch Gajdusek und seine Kollegen zurückging: Man konnte nachweisen, daß die Alzheimer-Krankheit eine Amyloidose ist – ihre Ursache ist ein nutzloses Protein, das sich im Gehirn ansammelt und in Form der Amyloidplaques sichtbar wird. Dieses Alzheimer-Protein, das man APP nennt (nach dem englischen *amyloid precursor protein* – Amyloid-Vorläuferprotein) ist nicht mit PrP identisch. Sein Bauplan befindet sich in einem anderen Gen auf einem anderen Chromosom, und man konnte nie nachweisen, daß es infektiös ist. Aber der Krankheitsmechanismus bei den TSEs und Alzheimer ist offenbar ähnlich: In beiden Fällen führt ein anormaler Kristallisationskern zum tödlichen Aufbau von Amyloidplaques.

Plötzlich hatten Gajdusek und seine Kollegen es also mit zwei Arten der Gehirn-Amyloidose zu tun: mit einer infektiösen (den TSEs) und einer nichtinfektiösen (Alzheimer). Gajdusek sprach jetzt stolz von einer »neuen Ära« der Mikrobiologie und von immer mehr Indizien, wonach die Erreger von Kuru, CJD, Scrapie, BSE und anderen spongiformen Erkrankungen »infektiöse Amyloidproteine« sein könnten. Bei den von ihnen ausgelösten Krankheiten handelte es sich ganz eindeutig um Amyloidosen im Gehirn: Sie ähnelten den vielen anderen Amyloidosen, die den menschlichen Körper nach schwerwiegenden Infektionskrankheiten heimsuchen. Ganz ähnlich, so Gajdusek weiter, »ist auch in der Neurologie ein neues Zeitalter angebrochen, denn wir haben erkannt, daß sowohl die Alzheimer-Krankheit als auch die normale Alterung des Gehirns Fälle von nichtinfektiösen Amyloidosen sind«.

Was die übertragbaren Amyloidosen – die TSEs – anging, meinte Gajdusek: »Wir haben eine neue Kategorie von Mikroorganismen entdeckt, die eine Erweiterung unserer grundlegenden biologischen Lehrmeinungen erfordern.« Auch Gajdusek blieb dabei, daß an der DNA die RNA entsteht, die ihrerseits die Proteine erzeugt – das zentrale Dogma der Molekularbiologie wollte er nicht über den Haufen werfen –, aber auf diesem Weg griff ein anormales Protein ein und sorgte dafür, daß neu entstehende Proteinmoleküle eine veränderte Form annahmen. Es war, kurz gesagt, ein neuartiger Krankheitsmechanismus, der mehr mit Chemie zu tun hatte als mit Biologie.

Die anormale Proteinkristallisation, wie Gajdusek sie sich vorstellt, ist als Krankheits*mechanismus* nachweislich richtig, aber ob sie auch die *Ursache* ist, wurde nicht abschließend bewiesen. Paul Brown zum Beispiel spielt gegenüber Gajduseks großer Theorie gern den Advocatus diaboli. Er bezeichnete den TSE-Erreger einmal als »Gott in Gestalt eines Virus«. »Die entscheidende Frage ist natürlich die nach dem Wesen des Erregers«, sagte er mir, »aber viele Leute unterscheiden nicht richtig zwischen *zwei* interessanten Fragen. Die erste betrifft das, was wir als Pathogenese bezeichnen, das heißt den Mechanismus, durch den der Vorgang weiterläuft, nachdem er begonnen hat. Wie bleibt er von selbst erhalten? Wie führt er schließlich zu dem Amyloid, das man sehen kann? Aber letztlich lautet die interessantere Frage: *Wie beginnt das Ganze überhaupt?*« Daß eine anormale Form von PrP bei den spongiformen Erkrankungen für die Gehirnschäden verantwortlich war, bezweifelte niemand mehr. Aber die Behauptung, der Überträger sei ein infektiöses Protein, wurde weiterhin nachdrücklich in Frage gestellt. Es hätte den jahrzehntelangen Arbeiten zufolge auch ein herkömmliches Virus oder ein Virino sein können.

Nachdem der Zusammenhang zwischen den TSEs und der Alzheimer-Krankheit hergestellt war, so daß die Fragestellung jetzt nicht mehr nur ein paar seltene Krankheiten, sondern das häufigste Verfallsleiden der Menschen betraf, zog das Forschungsgebiet viele neue Wissenschaftler an. Seit Mitte der achtziger Jahre befaßt sich eine neue Generation von Molekularbiologen mit den TSEs. Und auch Polymerchemiker, die sich mit Kristallisationsvorgängen auskennen, stießen dazu. (Polymere sind Verbindungen, die aus kleineren, gleichartigen Molekülbausteinen bestehen; viele Kunststoffe, aber auch Proteine und Nucleinsäuren, sind Polymere.) Die Wissenschaftler beider Fachrichtungen, aber auch Mikrobiologen und Mediziner ringen um die entscheidende Entdeckung, mit der man den Krankheitserreger ein für allemal dingfest machen könnte. Ihre Experimente demonstrierten vielfach eine phantasievolle Eleganz.

Nachdem klar war, daß PrP ein Wirtsprotein ist – das heißt, daß es nicht von einem eingedrungenen Virus, sondern von den Nervenzellen selbst produziert wird –, konnte man den Weg vom Protein zurück zu der RNA verfolgen, die seinen Aufbau festlegt, und von dort gelangte man schließlich zur DNA. Die DNA-Sequenzen – also die Gene – für das PrP von Mäusen, Hamstern und Menschen wurden 1986 entschlüsselt und erwiesen sich als sehr ähnlich; damit hatte man auf molekularer Ebene den Beleg für Gajduseks Annahme, daß alle TSEs eigentlich ein und dieselbe Krankheit sind. Mit den so gefundenen DNA-Sequenzen als Hilfsmittel konnte man dann die Unterschiede zwischen den verschiedenen Formen der Krankheit genauer untersuchen.

An den Rocky Mountain Laboratories* in Hamilton (Montana), wo auch Bill Hadlow zu Hause war, arbeitet in dem Forscherteam des Immunologen Dr. Bruce Chesebro ein junger Biochemiker namens Dr. Byron Caughey. Bevor er nach Hamilton kam, hatte Chesebro das PrP-Gen der Maus entschlüsselt (Prusiners Arbeitsgruppe hatte das gleiche mit den entsprechenden Genen der Hamster und Menschen getan) und nachgewiesen, daß es sich bei normalem und anormalem PrP um dasselbe Gen handelte; das sprach dafür, daß der Unterschied zwischen beiden auf einer unterschiedlichen Molekülgestalt beruhte. Caughey hatte 1988 zum erstenmal anormales PrP im Reagenzglas hergestellt. Er klonierte die PrP-DNA aus einem Scrapie-infizierten Mausgehirn und schleuste die Sequenz des Gens in Maus-Krebszellen ein, die in Gewebekulturen wuchsen. Diese Zellen stellten daraufhin PrP her, und da Caughey nur ein einziges Gen übertragen hatte, konnte er sicher sein, daß das Reagenzglas-PrP nicht mit Viren verunreinigt war. Nachdem sich die gentechnisch veränderten Zellen ausreichend stark vermehrt hatten, homogenisierte Caughey sie und injizierte einen Teil des Materials gesunden Mäusen. Das Experiment war der erste Versuch, einen endgültigen Nachweis zu führen: PrP wurde künstlich im Reagenzglas hergestellt, so daß es keinerlei Verunreinigungen enthalten konnte, und dann sollte gezeigt werden, daß es bei Scrapie-freien Tieren die Infektion hervorrufen kann. Leider erkrankte aber keine einzige von Caugheys Mäusen an Scrapie. Das Gegenteil, also daß das Protein nicht infektiös ist, war damit nicht bewiesen: Möglicherweise fehlte in dem injizierten Gemisch auch einfach irgendein Bestandteil.

Die Creutzfeldt-Jakob-Krankheit kommt manchmal gehäuft in bestimmten Familien vor. Das Risiko, daß eine Person aus einer solchen Familie die Krankheit bekommt, ist etwa tausendmal größer als die allgemeine Gefahr von eins zu einer Million für sporadische CJD-Erkrankungen. Diese familiäre Häufung legte den Verdacht nahe, daß die Anfälligkeit für die Krankheit

---

* Als das Institut erweitert wurde, setzte das NIH den Namen in die Mehrzahl.

von genetischen Unterschieden beeinflußt wird. Aber auch eine Krankheit, die in derselben Familie immer wieder vorkommt, muß nicht unbedingt genetische Ursachen haben – das hatte Gajdusek schon bei Kuru erfahren. Insbesondere die Krankheit mit dem ehrfurchtgebietenden Namen Gerstmann-Sträussler-Scheinker-Syndrom (GSS), eine seltene Variante der CJD, die langsamer zum Tode führt, betrifft oft mehrfach dieselbe Familie. Eine Gruppe in Stanley Prusiners Labor unter Leitung der ausgezeichneten chinesisch-amerikanischen Wissenschaftlerin Dr. Karen Hsiao fand in den DNA-Sequenzen für PrP bei einer amerikanischen und einer britischen GSS-Familie eine Mutation, die weder bei hundert zu Vergleichszwecken untersuchten Gesunden noch bei fünfzehn Personen mit sporadischer CJD auftauchte. Dieser Unterschied sprach dafür, daß zumindest das GSS erblich ist. Darüber hinaus zeigten die Befunde etwas noch Aufsehenerregenderes: Die Mutationen bestimmten über den Verlauf dieser seltenen Krankheit; wenn man davon ausging, daß die untersuchten Familien nicht verwandt waren, mußten die Genveränderungen unabhängig voneinander entstanden sein; dennoch waren sie genau gleich, und sie verursachten die gleiche Krankheit. »Die neuen Ergebnisse lassen die Waagschale zugunsten der ›Nur-Protein-Hypothese‹ sinken«, schrieb der Schweizer Wissenschaftler Charles Weissmann im gleichen Jahr in dem Fachblatt *Nature*. Und zwar deshalb, so meinte er, weil sie offensichtlich zeigten, »daß eine Mutation die Wahrscheinlichkeit für den spontanen Übergang vom [normalen] $PrP^C$ zum [krankhaften] $PrP^{GSS}$, das dann als übertragbarer Erreger wirkt, stark ansteigen läßt«. Weissmann fügt jedoch auch hinzu: »Die Befunde schließen die Möglichkeit nicht aus, daß eine Nucleinsäure Bestandteil des Prions ist« – ein TSE-Virus oder ein Virino könnte nämlich in der Bevölkerung weit verbreitet sein und normalerweise unbemerkt bleiben, solange nicht die GSS-Mutation oder eine andere Veränderung der DNA die Widerstandskraft vermindert, so daß die Angehörigen der betroffenen Familien infiziert werden.

Bis in die neunziger Jahre hinein identifizierten die Wissenschaftler in Gajduseks Labor und anderen Instituten eine Genveränderung nach der anderen, bis man schließlich im Zusammenhang mit CJD und GSS sechzehn verschiedene familiäre Formen kannte. Eine Mutation im genetischen Material einer italienischen Familie ließ eine entsetzliche Form der CJD entstehen, die man als tödliche familiäre Insomnie bezeichnete: Die Betroffenen konnten nicht mehr schlafen, so daß sie halluzinierten, ins Koma verfielen und schließlich starben. Bei den sporadischen Fällen dagegen, die offenbar nach dem Zufallsprinzip überall auf der Welt vorkamen, war in der Regel keine Mutation vorhanden. Das gleiche galt für Kuru, und das bestärkte Gajdusek in seiner Überzeugung, daß die Kuru-Epidemie mit einem einzigen Fall von CJD begonnen hatte; später hatte sich die Krankheit dann durch den Kannibalismus der Fore ausgebreitet, ganz ähnlich wie BSE, das bei den Rindern kannibalisch über das Tiermehl weitergegeben wurde.

Nach Gajduseks Ansicht stützten die vielfältigen Hinweise auf eine genetische Steuerung der neuropathologischen Vorgänge seine Theorie von der Kristallisation der Proteine. Demnach entstand die sporadische CJD, wenn ein normales PrP-Molekül sich im Gehirn des Betroffenen von selbst in die krankheitsauslösende anormale Form verwandelte. Die Mutationen in den Familien, so Gajduseks Vermutung, senkten die Schranke für eine solche zufällige Umwandlung. »Durch diese Mutationen«, schrieb er 1996, »wird das normalerweise sehr seltene Ereignis ... zu einem dominanten Erbmerkmal.« Aber Weissmanns Einschränkung war immer noch nicht ausgeräumt: Es blieb die Möglichkeit, daß die Mutationen ganz einfach einem lauernden Virus das Eindringen erleichterten.

Stanley Prusiner war in diesen Jahren vielbeschäftigt. Er machte Millionen Dollar an Forschungsgeldern für seine Arbeitsgruppe in San Francisco locker und verwendete sie für »erstklassige wissenschaftliche Arbeiten«, so Gajduseks Lob. Im Jahr 1989 berichtete Prusiner, er habe eine Mauslinie erzeugt, in die er das PrP-Gen von Hamstern eingeschleust habe. Diese gentechnisch veränderten Mäuse erzeugten neben ihrem eigenen PrP auch das entsprechende Hamsterprotein. Infizierte man sie mit Hamster-Scrapie, das Mäuse normalerweise nicht bekommen, erkrankten sie – und zwar nach einer Inkubationszeit, die für die *Hamster*krankheit typisch ist. Als nächstes infizierte Prusiner eine andere Gruppe seiner transgenen Mäuse mit Maus-Scrapie. Diese Tiere, die sowohl das Maus- als auch das Hamster-PrP-Gen besaßen und mit Maus-Scrapie infiziert wurden, erkrankten nach der für *Maus*-Scrapie typischen Inkubationszeit. »Unsere Befunde«, so Prusiners Schlußfolgerung, »sprechen dafür, daß das PrP-Gen die Anfälligkeit für Scrapie sowie die Inkubationszeit und Neuropathologie der Erkrankung beeinflußt.« Außerdem bedeuteten die Ergebnisse eine weitere Bestätigung für das, was die Genetiker an den mehrfach betroffenen Familien bereits festgestellt hatten: daß die TSEs einer genetischen Steuerung unterliegen und gleichzeitig übertragbar sind. Eine solche Doppeleigenschaft ließ sich nur schwer mit der Vorstellung von einem Virus in Einklang bringen; mit Alan Dickinsons Virinotheorie war sie allerdings zu erklären.

Noch bemerkenswerter waren Arbeiten, die Prusiner 1992 und 1993 zusammen mit Weissmann durchführte. Die Arbeitsgruppen in San Francisco und Zürich machten bei einer Mauslinie zunächst das PrP-Gen unwirksam, so daß diese Tiere das Protein nicht mehr produzierten. »Überraschenderweise«, schrieben die beiden Wissenschaftler, »entwickeln und verhalten sich diese [gentechnisch veränderten] Tiere normal ... und es sind keine immunologischen Defekte zu erkennen.« (Mäuse, die sich ohne PrP-Gen normal entwickeln und verhalten, werfen die interessante Frage auf, welchem Zweck das Protein im Organismus eigentlich dient; es kommt bei vielen verschiedenen Tieren vor und hat demnach vermutlich eine nützliche Funktion, denn sonst wäre es in der Evolution nicht erhalten geblieben. Diese Frage ist bis heute nicht beantwortet.) Weissmanns Arbeitsgruppe verfolgte die interessanten Arbeiten weiter und infizierte die Mäuse mit Scrapie. Da ihnen das PrP-Gen fehlte, waren sie unempfindlich gegen die Infektion und blieben gesund.

Als Weissmann anschließend in die gentechnisch veränderten Mäuse ein *Hamster*-PrP-Gen einschleuste und sie sowohl mit Hamster- als auch mit Maus-Scrapie infizierte, bekamen sie die Hamsterkrankheit, aber nicht die für Mäuse typische Form. Mit diesen Experimenten war zumindest gezeigt, daß PrP für die Krankheitsanfälligkeit mit Scrapie erforderlich ist.

Während Prusiner seine eigenen wichtigen Arbeiten weiterverfolgte, drängte er sich gleichzeitig auch in die Tätigkeitsbereiche anderer und vereinnahmte sie in seinem offensichtlichen Bestreben, den Nobelpreis zu bekommen. Der Wissenschaftsjournalist Gary Taubes enthüllte Prusiners Manipulationen Ende 1986 in dem Wissenschaftsmagazin *Discover*, der Artikel trug die Überschrift »The Name of the Game Is Fame, but Is It Science?« (»Der Name des Spiels lautet Ruhm, aber ist es auch Wissenschaft?«) Im Mittelpunkt standen Prusiners Erfindung des Begriffes »Prion«, sein Bestreben, immer im Rampenlicht zu stehen, und seine Bemühungen zur Vernebelung der Tatsache, daß niemand bisher eine Nucleinsäure als notwendige Voraussetzung einer TSE-Infektion ausgeschlossen hatte. Außerdem berichtete er über die Manipulationen, mit denen Prusiner die Arbeiten von Paul Brown unterdrücken wollte.

»Taubes kam von der Westküste«, erinnert sich Brown. »Er sagte mir, er sei am Anfang überzeugt gewesen, daß Prusiner recht hätte und daß seinen Kritikern die Trauben nur zu hoch hingen – er stand wirklich auf Prusiners Seite. Er unterhielt sich ein wenig mit Prusiner und dann mit ein paar anderen. Im Laufe mehrerer Monate änderte sich seine Sichtweise Stückchen für Stückchen, und am Ende erschien er mir ziemlich unparteiisch – was er eigentlich schon am Anfang hätte sein sollen. Als er mit mir sprach, erwähnte ich, daß ich Prusiner wirklich nicht mag; ich hatte ihn nie gemocht, seit ich Verdacht geschöpft hatte, daß Prusiner die Veröffentlichung von einigen meiner Artikel hintertrieben hatte. Ich wußte genau, daß er es gewesen war, denn mir war seine dreiseitige, eng getippte Kritik bekannt.«

Jeder Bericht über Experimente, den Wissenschaftler an eine

Fachzeitschrift einreichen, wird von Fachkollegen begutachtet, die auf dem gleichen Gebiet arbeiten und nach Ansicht der Redaktion über die notwendigen Kenntnisse verfügen; erst dann wird er zur Veröffentlichung angenommen. Wirft die Kritik der Gutachter neue Fragen auf, senden die Redakteure den Bericht häufig zurück und fordern weitere Befunde. »Das heißt«, fährt Brown fort, »man muß noch einmal ein oder zwei Jahre lang Experimente machen, bevor man einen Fuß in die Tür bekommt. Das habe ich Taubes erklärt. Er griff das Thema auf, fuhr zum *New England Journal of Medicine* und unterhielt sich mit dem Redakteur. Der bestätigte ihm, daß mein Verdacht stimmte, und außerdem erzählte er, Prusiner habe die Dreistigkeit – oder eigentlich die Dummheit – besessen, in der Zwischenzeit selbst einen Aufsatz zu dem gleichen Thema an die Zeitschrift zu schicken. *Das* wiederum hatte ich nicht gewußt, aber im Rückblick wundere ich mich über nichts mehr, was Prusiner in dieser Richtung tut. Es war schon ungewöhnlich, daß Taubes das aus dem Redakteur des *New England Journal of Medicine* herausbekam. Nun ja, das war ein schwarzer Tag für Stan: Jetzt lag es auf dem Tisch, es stimmte, und er konnte nichts mehr daran ändern. Man hatte ihn mit dem Finger im Mustopf erwischt.« Die Zeitschrift hatte Prusiners Artikel abgelehnt, aber die Episode hinterließ einen schalen Nachgeschmack; erst als Gajdusek Druck machte, wurden Browns Arbeiten veröffentlicht.

Aus Taubes Enthüllungen hätte Prusiner eigentlich lernen sollen, daß man solche Sünden nicht begehen sollte. Statt dessen entschloß er sich, nicht mehr mit der Presse zu sprechen. (Auch ein Gespräch für dieses Buch lehnte er ab.) Da das Erstlingsrecht – die Frage, wer eine Entdeckung als erster macht – der allgemein anerkannte Maßstab für wissenschaftliche Leistungen ist, versuchte er es weiterhin für Arbeiten zu beanspruchen, die andere vor ihm getan hatten. So war es zu seinem Zugriff auf Patricia Merz' Erkenntnisse bezüglich der SAF gekommen. Schon 1968 hatten Alan Dickinson, Hugh Fraser und ihre Kollegen an der Abteilung für Neuropathologie des MRC in Edinburgh bei Mäusen ein Gen nachgewiesen, das die Überlebenszeit und die Neuropathologie bei verschiedenen Stämmen von Maus-Scrapie reguliert. Dieses Gen nannten sie *Sinc* als Abkürzung für »Scrapie *inc*ubation«. Mäuse mit einer Form dieses Gens bekamen Scrapie schon nach einer kurzen Inkubationszeit, bei Tieren mit der anderen Form dauerte es bis zum Ausbruch der Krankheit wesentlich länger. Anfang der achtziger Jahre ging Prusiner die gleiche Frage unter molekularbiologischen Gesichtspunkten an, und dabei fand er ein Gen, das bei Mäusen für eine kürzere oder längere Inkubationszeit von Scrapie sorgt. In dem Bericht, den er 1986 mit seinen Kollegen veröffentlichte, schlug er für dieses Gen die Bezeichnung *Prn-i* (für »*Prio*n *i*ncubation«) vor, und er wies nach, daß es eng mit dem PrP-Gen gekoppelt ist. Im Text des Berichtes versteckt, lehnt er *Sinc* geringschätzig ab: »Die chromosomale Position von *Sinc* wurde nicht ermittelt, und es wurden keine gekoppelten Marker beschrieben.« Das war kaum anders als Diebstahl des Erstlingsrechtes von Dickinson und Fraser zu bezeichnen.

Wie nicht anders zu erwarten, waren die beiden Wissenschaftler zutiefst empört über Prusiners Anmaßung. Sie gingen daran, die Übereinstimmung von *Sinc* und *Prn-i* nachzuweisen. Schon nach einem Jahr konnten sie berichten: »Das *Sinc*-Gen und das Gen, welches PrP codiert [Prusiners Gen, also *Prn-i*] sind gekoppelt, und es könnte sich sogar um dasselbe Gen handeln.« Gajdusek beurteilt die konkurrierenden Behauptungen so: »Die grundlegenden Arbeiten stammen ausnahmslos von Dickinson. Stan hat nur kleine Korrekturen angebracht.« Gajdusek hat in seiner wissenschaftlichen Laufbahn so viele persönliche Konflikte erlebt, daß er Prusiners Manipulationen in Kauf nehmen konnte – immerhin hatte *er* seinen Nobelpreis schon in der Tasche. »Ich finde Stans Humorlosigkeit ziemlich amüsant«, schrieb er mir, »aber ich fürchte, viele jüngere Kollegen sind darin weniger großzügig und daher stärker verbittert.«

Selbst Prusiners Prionentheorie ist im wesentlichen eine Spielart von Gajduseks Theorie der Proteinkristallisation (und beide gehen als Theorien auf die Arbeiten des erwähnten britischen Mathematikers J.S. Griffith von 1967 zurück). 1996 wurden beide Versionen nebeneinander in *Field Virology* verewigt, der Bibel der Virusforschung. In der dritten Auflage dieses medizinischen Lehr- und Nachschlagewerkes findet sich ein langer Aufsatz von Gajdusek über infektiöse Amyloide und ein langer Aufsatz von Prusiner über Prionenerkrankungen. Um zwischen den beiden Darstellungen einen Ausgleich zu schaffen, beauftragte die Redaktion Bruce Chesebro von den Rocky Mountain Laboratories, eine Einführung zu schreiben. »Die folgenden Kapitel enthalten eine detaillierte Analyse dieser Erkrankungen aus zwei individuellen Blickwinkeln«, erläutert Chesebro die Artikel von Gajdusek und Prusiner. »Sie stimmen zwar in ihrer Terminologie nicht überein, weisen aber beide in Richtung der Annahme, daß es sich bei dem TSE-Erreger um ein anormales Protein handelt.« Anschließend erinnert er die Leser daran, daß die Beteiligung eines Virus an diesen Krankheiten bisher nicht ausgeschlossen werden konnte. Ich fragte Gajdusek nach diesem ungewöhnlichen Nebeneinander wissenschaftlicher Selbstdarstellung. Er antwortete darauf mit einer bemerkenswerten Anspielung auf zwei Wissenschaftler aus dem 18. Jahrhundert, die unabhängig voneinander ein wichtiges mathematisches System erfanden, ihm aber unterschiedliche Schreibweisen zuordneten, von denen nur eine überlebte: »Wenn ich den Streit über die Begrifflichkeit verliere, bin ich in guter Gesellschaft; so ist es auch Isaac Newton ergangen, der im Kampf mit Gottfried Wilhelm Leibniz um die Symbole der Infinitesimalrechnung völlig unterlegen ist.« Prusiner führt weiterhin unermüdlich seine eigenen Begriffe vor; sein neuestes, 1996 erschienenes Buch trägt den Titel *Prions, Prions, Prions*.

Noch schwerer wiegt aber für alle, die noch die Beteiligung eines Virus oder Virino an den TSEs für möglich halten, etwas anderes: Prusiners Prionentheorie (eigentlich Gajduseks Theorie des infektiösen Amyloids) hat die anderen Diskussionen weitgehend erstickt. »Heute sucht kaum noch jemand nach irgend etwas«, meint Dr. Janet Fraser, Hugh Frasers Ehefrau und Kollegin, sarkastisch. »Die Leute erkennen das Prion an, obwohl die Belege fehlen und obwohl Stan erst vor kurzem eingeräumt hat, daß es unterschiedliche Erregerstämme gibt. Man hält es für das Evangelium, und es steht in allen Lehrbüchern. Ich meine, angeblich muß es so sein, weil man es uns so sagt. Alle Fragen sind beantwortet, wir können nach Hause gehen.«

Auch weiterhin mehren sich die Hinweise, wonach der TSE-Erreger ein falsch gefaltetes Protein sein dürfte. Byron Caughey fand 1994 zusammen mit Peter Lansbury, einem Chemiker am Massachusetts Institute of Technologie, ein neues Verfahren, um das normale PrP im Reagenzglas in einer zellfreien Lösung mit dem anormalen Scrapie-Protein zu mischen. In einer zellfreien Umgebung könnte ein kleines Virus sich nicht fortpflanzen, denn Viren sind Parasiten, die den genetischen Apparat der Zellen unter ihre Kontrolle bringen und sich so im Zellinnern vermehren. Ein Teil des normalen PrP im Reagenzglas verwandelte sich in die anormale Form. Um die Reaktion in Gang zu bringen, mußten Caughey und Lansbury das anormale PrP allerdings in so großer Menge zusetzen, daß sie aus dem Gemisch nicht genug von dem umgewandelten Protein gewinnen konnten, um seine Infektionsfähigkeit zu überprüfen. Wenn das möglich gewesen wäre und wenn das umgewandelte Protein sich als infektiös erwiesen hätte, wäre ihnen der »letzte Beweis für die ›Nur-Protein-Hypothese‹ gelungen«, wie sie selbst es formulierten.

Richard Bessen, ein junger Mitarbeiter von Caughey und Lansbury, mischte in dem neuen zellfreien System normales PrP mit zwei verschiedenen Scrapie-Stämmen des Proteins; er konnte demonstrieren, daß jeweils ein Teil des normalen Proteins in beide anormalen Formen umgewandelt wurde – ein wichtiges Ergebnis, das 1995 veröffentlicht wurde. »Genau das hätte Carleton Gajdusek vorausgesagt«, erklärte mir Caughey, »... daß die beiden Stämme eine unterschiedliche Struktur oder Konformation haben und damit bei dem von ihnen vereinnahmten normalen PrP ähnliche Veränderungen in Gang setzen können.«

Einen Überblick über weitere Indizien, daß Gajduseks Kristallisationstheorie vermutlich stimmt, gaben Caughey und

Lansbury 1995 in einem Aufsatz, mit dem sie Kurt Vonneguts prophetische Science-fiction-Vision würdigten. Der Artikel trug den Titel »The Chemistry of Scrapie Infection: Implications of the ›Ice 9‹ Metaphor« (»Die Chemie der Scrapie-Infektion: Folgerungen aus der Metapher vom ›Eis 9‹«). In Schemazeichnungen machten die beiden Wissenschaftler deutlich, wie ein Kristall des TSE-Erregers als Kristallisationskern für die Bildung des anormalen PrP dienen kann und das normale Protein veranlaßt, sich zu einer anderen Form zu falten. Sie wiesen darauf hin, daß dieser Mechanismus auch die Erregerstämme erklären kann: »Die Stämme [des anormalen Scrapie-PrP] könnten unterschiedlich gepackte, geordnete PrP-Ansammlungen darstellen, ganz ähnlich wie die verschiedenen Formen des Eises, die zu Vonneguts Eis 9 führten … Die Fortpflanzung der Scrapie-Erregerstämme ähnelt der Kristallisation an einem Kern.« Demnach wäre die seltene, zufällige falsche Faltung die Ursache der sporadischen CJD, und anschließend würde das übertragene Protein als Kristallisationskern wirken und den Vorgang weiter vorantreiben. »Das bekannteste Beispiel für die … Kristallisation an einem solchen Kern«, schreiben sie, »ist die Wolkenbildung, die zum Fachgebiet von Vonneguts Bruder gehört.«

Ich kenne Kurt Vonnegut seit 1965, als ich ihn für den *Paris Review* interviewte. Nachdem ich erfahren hatte, daß Gajdusek das Eis 9 erwähnt und nachdem ich den Aufsatz von Caughey und Lansbury gelesen hatte, vertiefte ich mich noch einmal in die *Katzenwiege*; dann rief ich Kurt an und fragte ihn, wie er eigentlich auf die Idee vom Weltuntergang durch eine besondere Form von Eis gekommen sei. Er erwiderte, sein Bruder sei Physikochemiker am MIT und habe Pionierarbeiten auf dem Gebiet der Wolkenbildung geleistet – er löste zum Beispiel Regenfälle aus, indem er Silberiodid als Kristallisationskerne in die Wolken sprühte, so daß sich an ihnen Tropfen sammeln konnten. Ich erinnerte ihn an die unbrauchbar gewordene EDT-Fabrik, und er meinte: »Die auch.« Dann erzählte ich ihm von den TSEs und von der Möglichkeit, daß sie wie beim Eis 9 als Kristallisationskeime wirkten.

Vonnegut zögerte keinen Augenblick ... Er sagte: »Ich hab's gewußt!«

Dr. James Ironside ist Pathologe in der British National CJD Surveillance Unit in Edinburgh. Im September 1995 untersuchte er einen Gehirnschnitt von einem Jugendlichen, der kurz zuvor an der Creutzfeldt-Jakob-Krankheit gestorben war; die Amyloidplaques, die Ironside darin fand, waren riesengroß und sahen aus wie Chrysanthemenblüten. Ihr Auftreten war nicht auf das Kleinhirn begrenzt, sondern sie waren über das gesamte Gehirn verteilt. In ihnen war durch Anfärben PrP nachzuweisen. Im Gegensatz zu den kleineren Plaques der normalen CJD waren diese blütenförmigen Schäden von einem spongiform veränderten Bereich umgeben – einem zerstörerischen Kranz von Löchern.

Solche ungewöhnlichen Schäden hatte Ironside noch nie zuvor gesehen, aber er wußte, daß die pathologischen Befunde bei der sporadischen CJD in einer großen Bandbreite schwanken können. Deshalb war er höchst verblüfft, als ein zweiter Fall mit fast dem gleichen Befund auftauchte – ebenfalls ein Jugendlicher. Jetzt alarmierte er Dr. Robert Will, den Leiter des Instituts, und dieser mobilisierte alle seine Mitarbeiter. Schnell stießen die Wissenschaftler auf sechs weitere verdächtige Fälle bei jungen Menschen. Zunächst vermuteten Will und Ironside, das jugendliche Alter der Betroffenen könne die Ursache für die ähnlichen pathologischen Bilder sein, aber dann sahen sich die Ärzte in der wissenschaftlichen Literatur um, und dabei erfuhren sie, daß man bei den wenigen Fällen von CJD bei unter Dreißigjährigen in Großbritannien und ganz Europa keine solchen blütenähnlichen, über das ganze Gehirn verteilten Plaques gefunden hatte. Von Ende 1995 an reisten Angehörige der Surveillance Unit durch das ganze Land und befragten die Verwandten der Opfer, um familiäre CJD und iatrogene, durch Wachstumshormon oder Operationen übertragene Erkrankungen auszuschließen.

Ende Februar 1996 wußten Will und Ironside, daß sie es mit einer epidemiologischen Häufung zu tun hatten: acht CJD-Fälle bei jungen Menschen, und alle zeigten ein neues neuropathologisches Bild mit blütenähnlichen Plaques, frühzeitigem Koordinationsverlust und spät einsetzendem geistigem Verfall. Will sorgte dafür, daß sie dem Spongiform Encephalopathy Advisory Committee (SEAC) über die neuen Befunde berichten konnten, einem Gremium aus Wissenschaftlern und Ärzten, das die britische Regierung in Sachen BSE beraten sollte. Für den 8. März war eine Sitzung des SEAC angesetzt, und zu ihrer Eröffnung zeigte Ironside Dias, auf denen der ungewöhnliche pathologische Befund zu erkennen war. Dr. John Pattison, der Vorsitzende des SEAC, erinnert sich noch lebhaft an den entscheidenden Augenblick: »Bevor er überhaupt etwas sagen konnte, wußten wir alle, was los war. Es war etwas völlig Neues.« Dr. Jeffrey Almond, ein anderes Mitglied des Gremiums, berichtet über eine fast panikartige Stimmung. »Die Atmosphäre wurde wirklich sehr angespannt. Einige von uns hatten richtig Angst vor dem, was wir hörten. Wir fürchteten, das könne tatsächlich ein Indiz für die Übertragung [von BSE] auf Menschen sein.«

Für den 16. März setzte Pattison eine weitere Sitzung des SEAC an, auf der die Befunde weiter erörtert werden sollten. Bis dahin hatten Will und Ironside einen neunten Fall gefunden. Das Komitee erwog ein ganzes Spektrum von Maßnahmen von der Beibehaltung der geltenden Verbote bis zur Vernichtung aller britischen Rinder – insgesamt etwa zehn Millionen Tiere.

Am Dienstag, dem 19. März, kam das SEAC erneut zusammen, diesmal im Londoner Gesundheitsministerium und unter Beteiligung ranghoher Regierungsvertreter. Will und Ironside konnten über einen zehnten Fall berichten, und alle zehn waren von der gleichen, einzigartigen Pathologie gekennzeichnet. Bei allen war das vorhanden, was Gajdusek später als Kuru-Plaques identifizieren sollte: blütenähnliche Schäden, die man in Europa noch nie gesehen hatte, die aber in Neuguinea das charakteristische Merkmal von Kuru gewesen waren. Einige Mitglieder des SEAC hielten sich zu der Zeit in Paris bei einer Tagung von Wissenschaftlern auf, die sich mit BSE befaßten. Stanley Prusiner war ebenso unter den Teilnehmern wie Paul Brown, Joe Gibbs und Janet Fraser. Die Wissenschaftler des

SEAC mußten aus den Sitzungen gerufen werden und in einer Konferenzschaltung an der Diskussion in London teilnehmen. Die Gespräche zogen sich bis Mitternacht hin. Am nächsten Morgen gab das SEAC seine endgültigen Empfehlungen ab. Unter anderem riet es, alle britischen Rinder im Alter von mehr als dreißig Monaten zu vernichten.

Medizinische Berichte sind in einer unpersönlichen Sprache abgefaßt. Die zehn neuartigen CJD-»Fälle« waren Menschen, und ihre Angehörigen trauerten um die Sterbenden. Eine von ihnen war die blauäugige Vicky Rimmer, die damals achtzehn war und an der Schwelle zum Tod stand. (»Sie ist blind«, sagte ihre Großmutter gequält. »Sie kann sich nicht bewegen. Sie kann nicht schlucken. Schon sie jeden Tag zu sehen ist die Hölle.«)

Ein anderer war der Student, der gesagt hatte, er sei »verrückt geworden«. Er hieß Peter Churchill. »Etwa vier Monate bevor er starb«, sagte seine Mutter auf Nachfragen, »fing er an zu stolpern, und das ließ mich wieder an die Kühe in den Fernsehnachrichten denken. Ich erwähnte es meinem Mann gegenüber und fragte, ob seine Krankheit etwas mit den wahnsinnigen Kühen zu tun haben könnte. Er sagte: ›Nein, das kann nicht sein, das ist einfach lächerlich.‹ Also dachte ich nicht weiter darüber nach.«

Ein drittes Opfer war die achtunddreißigjährige Jean Wake, eine Hausfrau, die früher in einer Lebensmittelfabrik Fleisch zerkleinert hatte. Nachdem sie 1995 gestorben war, hatte ihre Mutter an den Premierminister John Major geschrieben und ihn gefragt, ob ihr Tod im Zusammenhang mit dem Rinderwahnsinn stehen könne. Major hatte geantwortet: »Ich möchte klarstellen, daß Menschen den ›Rinderwahnsinn‹ nicht bekommen.«

Ein weiterer »Fall« war die neunundzwanzigjährige Michelle Bowen, Mutter von zwei Kindern, die in einem Metzgerladen gearbeitet hatte. Drei Wochen vor ihrem Tod, als sie schon im Koma lag, brachte sie ihr zweites Kind zur Welt, einen Sohn, der nach seinem Vater Anthony genannt wurde. »Sie wußte nicht, was für ein Tag es war«, sagte ihr Mann verbittert über die Entbindung, »ganz zu schweigen von dem Kind, das sie zur Welt gebracht hatte. Ich möchte, daß die Welt das weiß und ihr Bild sieht. Meine Frau ist tot. Jetzt müssen wir abwarten, ob Tony das gleiche erleiden wird.«

Auch der dreißigjährige Maurice Callaghan aus Belfast war an der Krankheit gestorben. Auf dem Friedhof, wo er beigesetzt werden sollte, geriet irgend jemand in Panik und verordnete den Totengräbern Schutzkleidung und Gummihandschuhe.

Das sechzehnjährige Moslemmädchen war nicht unter den zehn, und in vier Fällen gab es über Alter und Geschlecht hinaus keine Angaben: es waren drei Frauen – zwei von achtundzwanzig, eine von neunundzwanzig Jahren – und ein Mann von einunddreißig, der wie Vicky Rimmer noch nicht verstorben war.

Der letzte Fall war Peter Hall, ein zweiundzwanzigjähriger Student, der als Jugendlicher gern Hamburger gegessen hatte und später zum Vegetarier geworden war. Er starb im Februar 1996. »Es war schrecklich, das mitzuerleben«, sagt seine Mutter über seine Erkrankung, »als ob ein Baby sich zurückentwickelt.« Sein Vater erinnert sich: »Als BSE zum erstenmal entdeckt worden war, aß ich kein Rindfleisch mehr, denn ich rechnete damit, daß sich so etwas daraus entwickeln würde. Aber auch in meinen schlimmsten Alpträumen hätte ich mir nicht ausgemalt, daß es unsere eigene Familie treffen könnte.«

Einer Londoner Zeitung sagte Robert Will im Zusammenhang mit diesen zehn Fällen: »Das Gehirngewebe zeigt ein charakteristisches Krankheitsbild, das den Schäden im Gehirn der BSE-kranken Kühe stärker ähnelt als denen, die CJD normalerweise bei Menschen anrichtet.«

In der Sitzung des SEAC am 19. März 1996 versuchten ranghohe Vertreter der britischen Regierung, jede öffentliche Äußerung über eine neue Form von CJD zu verhindern; als Grund gaben sie an, die Wissenschaftler könnten sich irren. Aber Stephen Dorrell, der Gesundheitsminister, bestand darauf, die Öffentlichkeit zu informieren. Am Mittwoch, dem 20. März, teilte Dorrell in einer Rede vor dem Unterhaus der verblüfften Nation mit, BSE sei vermutlich durch den Verzehr von Rindfleisch auf Menschen übertragen worden.

Ich hab's gewußt.

# 13

# Kuru, Kuru und nichts als Kuru

*Stetsonville, Wisconsin 1985/Großbritannien und
die ganze Welt, 1996–20??*

Nachdem Stephen Dorrell vor dem Parlament bekanntgegeben hatte, zehn Fälle der Creutzfeldt-Jakob-Krankheit seien vermutlich auf den Verzehr von Rindfleisch zurückzuführen, gab es in Großbritannien und ganz Europa spektakuläre Schlagzeilen. Weitere britische Schulen verbannten Rindfleisch aus ihren Essenssälen. Der Rindfleischverbrauch ging in den Keller, bis die Supermarktketten die Preise halbierten – von da an kauften drei von vier Verbrauchern wieder. (»Es schmeckt so gut«, erklärte eine ältere Londoner Hausfrau voller Würde einem Fernsehteam. »Ich kaufe jetzt einfach die teureren Stücke.«) Die Europäische Union (EU) verbot Importe aus Großbritannien – betroffen war von diesem Einfuhrverbot nicht nur das Fleisch, sondern auch viele andere Rinderprodukte, darunter zumindest zeitweise auch mit Gelatine oder Talg hergestellte Waren wie Süßigkeiten, Gebäck, Lippenstifte und Halstabletten. Viele Entscheidungen der EU erfordern Einstimmigkeit, und die konservative britische Regierung unter Premierminister John Major widersetzte sich dem Verbot britischen Rindfleisches, indem sie ihre Zustimmung zu sämtlichen Beschlüssen verweigerte. Dieses Patt blieb monatelang bestehen.

Im April 1996, wenige Tage nach Dorrells Bekanntmachung, flog ich nach London; zu meiner Verblüffung sah ich die Worte »Creutzfeldt-Jakob-Krankheit« auf Plakaten in den Fenstern der McDonald's-Restaurants; sie erklärten, warum die Fastfood-Kette kein britisches Rindfleisch mehr verkaufte. Die Entscheidung von McDonald's, in den sechshundertsechzig Filialen des

Unternehmens auf niederländisches Rindfleisch umzusteigen, würde die britische Fleischindustrie etwa sechzig Millionen DM im Jahr kosten, aber es war nicht klar, wie lange europäisches Rindfleisch noch als unbedenklich gelten konnte. Als Reaktion auf Dorrells Ankündigung gab das französische Gesundheitsministerium bekannt, in Lyon sei im Januar ein siebenundzwanzigjähriger Mann mit Gehirnschäden gestorben, die genau denen bei den zehn neuartigen CJD-Fällen in Großbritannien glichen. Bis zu dem EU-weiten Verbot hatte Frankreich jedes Jahr achtundachtzigtausend Tonnen Rindfleisch und außerdem auch lebende Tiere aus Großbritannien importiert. Britisches Tiermehl war bis 1988 in großen Mengen nach ganz Europa gelangt, und vielen Hinweisen zufolge hatten Hersteller von der Insel auch danach noch illegal viele tausend Tonnen der verseuchten Produkte zu Dumpingpreisen exportiert. (»Ich bin unserem obersten tierärztlichen Beamten auf die Nerven gegangen«, gestand ein staatlicher Veterinär, »und habe ihm gesagt, wenn man ein ›vergiftetes Lebensmittel‹ als solches erkannt habe, sei es unmoralisch, es weiterhin zu exportieren. Daraufhin wurde ich streng zurechtgewiesen, und man sagte mir, es sei Aufgabe der Importländer, für die notwendige Sicherheit zu sorgen.«)

Allein die Exporte reinrassiger Zuchtrinder auf das europäische Festland beliefen sich von 1985 bis 1990 auf 57900 Tiere. Die Londoner Zeitung *Sunday Telegraph* fand heraus, daß über hunderttausend Mastkälber, die 1995 aus Großbritannien nach Frankreich exportiert wurden, dort nie zum Schlachthof gelangten. Statt dessen, so der Bericht des Blattes, »wurden sie gesetzeswidrig in Bestände in Frankreich, Italien, Spanien und Holland aufgenommen, bis zur ausgewachsenen Größe herangezogen und jetzt als Rindfleischlieferanten verkauft«. Soviel zur Unbedenklichkeit niederländischen Rindfleisches. Das britische Landwirtschaftsministerium reagierte mit dem bissigen Hinweis, auch Firmen wie McDonald's, die Fleisch aus dem Ausland importierten, bekämen damit möglicherweise britische Ware.

Diese legalen und illegalen Tier- und Tiermehlexporte rücken die europäische BSE-Statistik in ein schiefes Licht. Seit Ausbruch der Epidemie in Großbritannien hatten alle anderen EU-Staaten zusammen nur über etwa vierhundert Krankheitsfälle berichtet; ausgehend von den britischen Erfahrungen argumentierten die Statistiker, die Zahl müsse eigentlich bei über zweitausend liegen. In vielen europäischen Ländern wurde schon bei einem einzigen BSE-Fall ein ganzer Bestand geschlachtet, und das ohne oder fast ohne Entschädigung, was die Bauern nicht gerade ermutigte, Erkrankungen zu melden. »In Frankreich gibt es etwas, das sie als ›Traktorkrankheit‹ bezeichnen«, erzählte Hugh Fraser mir gequält, als ich mich in Edinburgh mit ihm unterhielt. »Wenn sie eine Kuh mit BSE haben, kaufen sie einen Traktor, buddeln ein Loch und vergraben sie.« Darauf entgegnete ein Experte, die geringe BSE-Häufigkeit auf dem europäischen Festland lasse darauf schließen, daß das britische Tiermehl vorwiegend an Schweine und Geflügel verfüttert wurde. Ein niederländischer Tierarzt, der sich mit den Gepflogenheiten im Amsterdamer Hafen auskannte, meinte außerdem, ein Teil werde wohl auch umetikettiert und wieder nach Großbritannien zurückimportiert. Der europäische Verband der Tierärzte schickte sich im Juni in das Unvermeidliche und gab bekannt, BSE sei nicht mehr nur ein britisches, sondern ein gesamteuropäisches Problem. Wie sich in einer britischen Studie zeigte, waren die Verarbeitungsmethoden in den europäischen Tierkörperverwertungsbetrieben ebensowenig wie in Großbritannien dazu geeignet, den BSE-Erreger unschädlich zu machen.

BSE-verseuchtes Rindfleisch stellte nicht die einzige Bedrohung für die Gesundheit der Menschen dar. Kurz nach Dorrells Bekanntmachung räumte das SEAC ein, es sei auch besorgt wegen einer möglichen BSE-Gefahr durch Lamm- und Hammelfleisch. Die natürlichen Scrapie-Erreger können, soweit man weiß, die Artgrenzen nicht überwinden und deshalb auch keine Menschen infizieren. Aber Schafe hatten wie die Rinder das Tiermehl zu fressen bekommen, das mit BSE-verseuchten Rinderabfällen verunreinigt war. In Laborexperimenten hatte sich gezeigt, daß der BSE-Erreger nicht nur Rinder, sondern auch Schafe befallen kann, und wenn man das derart infizierte Schafgewebe an Mäuse verfütterte, bekamen diese kein Scrapie, sondern die für BSE typischen Schäden. Wenn BSE-verseuchtes Rindfleisch bei Menschen eine neue Form der CJD hervorrief, so fragte das SEAC, warum dann nicht auch bei Lämmern und Schafen? Möglicherweise breitete sich BSE auch bei Schafen horizontal und von der Mutter zum Jungtier aus, so daß es nicht auszurotten war. Im Juli fühlte sich das Landwirtschaftsministerium unter dem Druck der EU gezwungen, auch das Gehirn, das Rückenmark und die Milz von Schafen, Ziegen und Wild in den Katalog der verbotenen Schlachtrückstände aufzunehmen. Der britische Landwirtschaftsminister Douglas Hogg sagte vor dem Unterhaus, es handele sich um ein rein theoretisches Infektionsrisiko, aber er führte auch Experimente an, in denen jedes sechste Schaf nach der Fütterung mit von BSE verseuchtem Gehirngewebe die Krankheit bekommen hatte.

 ⁻ Noch weitere gruselige Dinge kamen ans Tageslicht. Im April bestätigten die Schweizer Behörden, zwei Krankenhäuser in Zürich hätten menschliche Plazenten – vermutlich nach Abtreibungen – zur Vernichtung in eine Abdeckerei gegeben, wo man sie mit Überresten von Tieren vermischt und zu Tiermehl verarbeitet hatte; dieses war letztlich in der Schweiz an Schweine und Hühner verfüttert worden. Es ging um Hunderte von Plazenten. Der Züricher Kantonstierarzt versicherte, er werde diese Praxis sofort verbieten und strafrechtliche Maßnahmen erwägen.

Während ich in London war, rief mich meine Tochter Kate, eine Molekularbiologin, aus San Diego an. Sie hatte Carleton Gajdusek im Fernsehen gesehen und wollte mir mitteilen, daß man ihn verhaftet hatte. (Als ich in die Vereinigten Staaten zurückkam, hatten Gajduseks Kollegen Hypotheken auf ihre Häuser aufgenommen und so die erforderliche Kaution von dreihundertfünfzigtausend Dollar zusammengebracht. Ein dreiundzwanzigjähriger Mikronesier, einer der vielen jungen Leute, die er im Laufe der Jahre in die USA gebracht hatte und für deren Ausbildung er sein ganzes Vermögen geopfert hatte, warf Gajdusek vor, dieser habe ihn als Jugendlichen sexuell mißbraucht. Der junge Mann hatte sich an der High-School – durchaus psychisch stabil – als Leistungssportler hervorgetan, und seinen Bekannten erschienen die Anschuldigungen unglaubwürdig. Auch von staatlicher Seite gab es aufgrund anonymer Anzeigen eine Untersuchung wegen angeblicher Steuerhinterziehung. Diese Vorwürfe erwiesen sich nach eingehenden Ermittlungen als haltlos, und im Zusammenhang mit den Mißbrauchsvorwürfen handelte Gajdusek schließlich einen Vergleich aus, in dessen Rahmen er aber für einige Zeit ins Gefängnis mußte. Bei allen persönlichen Schwierigkeiten wurde sein Ruf als Wissenschaftler aber nie im geringsten in Zweifel gezogen.)

Die Schweiz hatte offiziell zweihundertdreiundreißig BSE-Fälle eingeräumt, darunter vierzig allein im Jahr 1996, die höchste Zahl in einem Land außerhalb Großbritanniens (die Schweiz gehört nicht zur EU). Später im gleichen Jahr kündigten die Schweizer Behörden an, man wolle das Vertrauen der Verbraucher in das einheimische Rindfleisch wiederherstellen und werde deshalb zweihundertdreißigtausend Rinder töten, die vor dem Verbot des Tiermehls im November 1990 geboren worden waren; gleichzeitig untergruben sie aber ihre Glaubwürdigkeit mit der Ankündigung, die getöteten Tiere würden zu Tiermehl verarbeitet und an Schweine verfüttert. Die Schweine waren offenbar für den Export bestimmt: Die beiden größten Schweizer Supermarktketten warben nämlich zur gleichen Zeit mit dem Versprechen, kein Fleisch von irgendwelchen Tieren mehr zu verkaufen, die mit tierischem Protein gefüttert worden waren.

Im Juni berichteten französische und britische Wissenschaftler, ihnen sei die Infektion von Rhesusaffen mit BSE gelungen, und die dabei entstehenden Gehirnschäden sähen aus wie die bei der neuen CJD-Variante (vCJD): Blütenähnliche Kuru-Plaques seien von einem Kranz aus Löchern umgeben. Gegenüber der Presse erklärten die französischen Forscher: »Es ist der erste experimentelle Beleg – und ein sehr stichhaltiger – für eine Verbindung zwischen den beiden Krankheiten.« Weitere Indizien für einen solchen Zusammenhang lieferte die Übertragung von BSE auf Makaken, über die im selben Monat in *Nature* berichtet wurde: »… Die pathologische ›Handschrift‹ des BSE-Erregers bei Makaken … stimmt mit der von vCJD bei Menschen genau überein.« Bei Makaken, die man zur gleichen Zeit mit der sporadischen CJD infizierte, waren keine blütenähnlichen Plaques zu erkennen. Eine Tatsache fand ein Schweizer Neuropathologe, der diese Befunde interpretierte, besonders »beunruhigend«: Die geringen Mengen an infiziertem Gewebe, die man den Makaken, die später vCJD bekamen, unmittelbar ins Gehirn injiziert hatte, lagen »durchaus in der gleichen Größenordnung, in der Gehirngewebe bis vor wenigen Jahren auch in Lebensmitteln für den menschlichen Verzehr enthalten war«. Man könne nur hoffen, so der Neuropathologe weiter, »daß der orale Übertragungsweg bedeutend weniger effizient ist«. Aber die fünf von Douglas Hogg erwähnten Schafe hatten jeweils nur ein halbes Gramm Gehirnextrakt zu fressen bekommen, und die Tatsache, daß bereits eine derart geringe Menge bei einem der Tiere zu einer BSE-Infektion geführt hatte, gab nicht gerade Anlaß zu Optimismus.

Das gleiche galt auch für britische Forschungsergebnisse, über die im August berichtet wurde: Sie bestätigten, daß BSE von der Kuh zum Kalb übertragen werden kann. In der sieben Jahre dauernden Studie wurde eine Übertragungshäufigkeit von nur zehn Prozent gefunden. Douglas Hogg warnte die Presse jedoch, man müsse »diese Information im richtigen Zusammenhang sehen«. Es gebe, so der Landwirtschaftsminister, »keinen Anlaß für veränderte Empfehlungen im Hinblick auf Milch, Fleisch, Blut oder irgendein anderes Produkt, das derzeit zugelassen ist«. Eine Gruppe von Wissenschaftlern aus Oxford, dem Zentralen Tiermedizinischen Labor des Landwirtschaftsministeriums, Compton, und der University of Colorado analysierte BSE vor dem Hintergrund der neuen Studie und gelangte zu dem Schluß, die Epidemie bei den Rindern habe »ihren Höhepunkt überschritten« und sei »offenbar in einer Phase des raschen Rückgangs«. Die Zahl der Neuinfektionen durch verunreinigtes Futter sollte dieser Voraussage zufolge Ende 1994 fast bei null liegen*, das heißt, die Ansteckung würde dann nur noch vom Mutter- zum Jungtier erfolgen. Weiter heißt es: »Deren Zahl ist aber gering, und dieser Übertragungsweg allein kann die Epidemie nicht aufrecht erhalten.« Die Wissenschaftler prophezeiten: »Bis zum Jahr 2001 wird die Epidemie höchstwahrscheinlich auch ohne Vernichtung von Tieren fast beendet sein.«

Seit März 1996, als der Zusammenhang zwischen BSE und der vCJD bei Menschen offiziell bekanntgegeben wurde, hatten die britischen Behörden zweihundertsiebenundfünfzigtausend Rinder schlachten lassen; ein zweites Programm, mit dem die am stärksten betroffenen Bestände um weitere einhundertsiebenundzwanzigtausend jüngere Tiere dezimiert werden sollten, war für die nahe Zukunft geplant. Die zugelassenen Verwertungsfirmen waren mit der Arbeit nicht nachgekommen, so daß die Bauern wertvolle Futtermittel vergeuden mußten und Tiere am Leben erhielten, die ohnehin vernichtet werden sollten; auch Kühlräume zur Lagerung der noch nicht verarbeiteten Überreste wurden in Großbritannien knapp. Die Schlachtung erfolgte nicht auf einer offiziell anerkannten wissenschaftlichen Grundlage; die Europäische Union hatte sie angeordnet und gutgeheißen, um die Öffentlichkeit zu beruhigen und »das Vertrauen in das Rindfleisch wiederherzustellen«. Nach einer Krisensitzung des Kabinetts im September 1996 gab John Major unter Berufung auf »die neuen wissenschaftlichen Befunde« bekannt, man werde die Schlachtung älterer Rinder einstellen und auch jüngere Tiere bis auf weiteres nicht töten. Dreist besänftigte Douglas Hogg die EU-Landwirtschaftsminister; die Studie, so erklärte er ihnen, habe vorausgesagt, »daß BSE in jedem Fall bis 2000 oder 2001 aussterben wird«; Schlachtungen oder eine Dezimierung der Bestände würden »die Geschwindigkeit des Rückganges nicht nennenswert beeinflussen«.

Mittlerweile hatte die bedrängte britische Regierung unter dem Druck der Öffentlichkeit und der EU, der auf die Enthül-

* Diese Infektionen würden sich natürlich erst nach vier oder fünf Jahren zeigen – also 1998 oder 1999.

lungen über vCJD im März gefolgt war, ihre Daten unter Verschluß genommen. Mehrere Wissenschaftler berichteten mir, man habe ihnen mit einem Verfahren wegen Verrats von Staatsgeheimnissen gedroht, wenn sie ihre Informationen an die Öffentlichkeit bringen würden. Die vorausschauende Studie, die Major angeführt hatte, um den Stopp der Schlachtungen zu rechtfertigen, war mit Hilfe älterer, vertraulicher Befunde aus dem Landwirtschaftsministerium zu ihren optimistischen Ergebnissen gelangt. Im Herbst 1996 sickerte jedoch in Wissenschaftlerkreisen durch, die Untersuchung zur Übertragung von einer Generation zur nächsten, auf die sich diese Ergebnisse zum Teil stützten, sei stümperhaft durchgeführt worden, und *Nature* habe ihre Veröffentlichung abgelehnt. Die in der Studie untersuchten Kälber – manche davon Nachkommen BSE-kranker Kühe, andere mit Muttertieren ohne erkennbare Erkrankung – hatten Futter bekommen, das möglicherweise mit BSE oder Scrapie verseucht war. Die angeblich »gesunden« Kontrolltiere – Kühe und Kälber – stammten von denselben Bauernhöfen und Beständen wie die infizierten und konnten deshalb nicht mit Sicherheit als frei von der Krankheit gelten. Die Studie, die sechs Millionen Pfund gekostet hatte, konnte also die Übertragung vom Mutter- zum Jungtier weder belegen noch ausschließen und mit Sicherheit konnte sie keine Angaben über die Geschwindigkeit des Rückgangs der BSE-Seuche machen. Auch die horizontale Übertragung war nicht ausgeschlossen. Diese Ansteckung von Tier zu Tier wurde in der Studie heruntergespielt; dort hieß es: »Es gibt keine Indizien für die Vorstellung, der BSE-Erreger könne horizontal durch engen Kontakt zwischen anfälligen und infizierten Tieren oder durch verseuchtes Weideland übertragen werden.« Gleichzeitig wurde aber eingeräumt, man könne diesen Übertragungsweg »angesichts der Häufung von Krankheitsfällen in einzelnen Beständen nicht ausschließen«. In Wirklichkeit sprach eine Fülle von Daten in den epidemiologischen Statistiken dafür, daß die Krankheit sowohl vom Mutter- zum Jungtier als auch horizontal übertragen wurde: Nach Angaben des Landwirtschaftsministeriums waren

28402 Tiere, die nach dem Verbot des Wiederkäuerproteins geboren wurden, an BSE erkrankt. Richard Lacey und ein Kollege hatten bereits über Hinweise berichtet, wonach die Ansteckung auch vom Vater über die Samenflüssigkeit erfolgen kann.

Nach einer Schätzung in der vorausschauenden Studie waren bis Ende 1995 in Großbritannien über siebenhunderttausend BSE-infizierte Rinder von Menschen verzehrt worden, mehr als zwei Prozent der fast drei Millionen Rinder, die in dem Land jedes Jahr geschlachtet wurden: also jedes fünfzigste Tier. Wieviele Menschen hatten sich auf diese Weise angesteckt? Das wußte niemand, und die Schätzungen gingen weit auseinander. Wie das Landwirtschaftsministerium, das den Zugang zu seinen Untersuchungsergebnissen und Statistiken beschränkt hatte, hielt auch Robert Will von der CJD Surveillance Unit die Informationen über seine laufenden Untersuchungen an vCJD-Verdachtsfällen zurück. Nach Dorrells Bekanntmachung vom März war in Großbritannien rückblickend ein weiterer Fall diagnostiziert worden. Nachdem aber französische Fachleute im Frühjahr 1996 ebenfalls über zwei höchst verdächtige Fälle in ihrem eigenen Land berichtet hatten, lehnte Will es ab, im Gegenzug Informationen über weitere, von ihm untersuchte Fälle zu liefern. Aber irgend jemand ließ die Nachricht durchsickern: Im Juni berichtete die Londoner *Sunday Times*, neben den bereits bestätigten elf britischen Fällen und einem in Frankreich überwache die CJD Surveillance Unit im Sommer 1996 fünf neue Verdachtsfälle.

Mitte Juli rief Carleton Gajdusek mich an, und seine Worte klangen nach Weltuntergang. »Die haben nicht die geringste Ahnung, was die Erkrankungen bei den Menschen verursacht hat«, sagte er. »Es ist Kuru und nichts als Kuru, und jede Spezies kann es in sich tragen – Milchkühe, Fleischrinder, Schweine, Hühner. Sie müssen das Risiko bewerten und realistisch damit umgehen. In England werden alle Schweine mit diesem Tiermehl gefüttert. Bei Schweinen ist die Krankheit bisher nicht ausgebrochen, weil man die Tiere keine sieben oder acht Jahre am Leben läßt; nach zwei oder höchstens drei Jahren werden sie geschlachtet. In unserem Labor haben wir Schweine infiziert und acht Jahre lang gehalten, und dann haben sie Scrapie bekommen. Vermutlich sind sämtliche Schweine in England infiziert. Und das wirkt sich nicht nur auf Schweinefleisch als Lebensmittel aus. Das betrifft auch deine schweinslederne Brieftasche. Das betrifft chirurgisches Nahtmaterial, denn das wird ebenfalls aus Schweinen hergestellt. Alle Hühner fressen Tiermehl und sind vermutlich ebenfalls infiziert. Man steckt das Zeug in ein Huhn, und dann läuft es auf dem kürzesten Weg hindurch. Ein Vegetarier kann es von der Scheiße bekommen, die die Hühner auf das Gemüse fallen lassen. Es kann im Talg sein, in der Butter – wie um alles in der Welt soll man die Infektionsfähigkeit von Butter messen? Wie man das anstellen soll, weiß kein Mensch. Diese Menschen, bei denen CJD noch nicht ausgebrochen ist, haben Blut gespendet. Es findet sich zweifellos in den Blutvorräten. In diesem Fall gibt es nur eine Antwort: Übertragt Blut nur denen, die es wirklich brauchen. Bob Will und diese Leute haben keine Ahnung, wo es herkommt. Aber ich will dir eins sagen: Wenn es bei jedem fünfzehnten Kind ausbricht, ist es Kuru. Übrigens, in der Milch kann es auch sein. Auch das ist nicht ausgeschlossen.«

Wenn sich die britischen und französischen Verdachtsfälle bestätigten, wäre die Gesamtzahl auf achtzehn in ebenso vielen Monaten angestiegen. Und was noch schlimmer war: Unterstellte man eine Mindestinkubationszeit von zehn Jahren – eine durchaus vernünftige Schätzung –, gelangte man für die Herkunft dieser Fälle an den Anfang der BSE-Epidemie, als die Zahl der Tiere, die in die menschliche Nahrungskette gelangten, noch klein war – und daraus konnte man folgern, daß durch den zunehmenden Kontakt der Menschen mit infiziertem Fleisch seit dem Ende der achtziger Jahre noch weitaus mehr Todesfälle zu erwarten waren. Im Oktober 1996 wurde die abweichende Form der CJD bei einer dreiunddreißigjährigen Britin diagnostiziert, womit die Gesamtzahl der gesicherten Fälle auf dreizehn stieg. Wenige Tage später kam ein vierzehntes Opfer hinzu: Das Hôpital Neurologique in Lyon berichtete, bei einem der Verdachtsfälle, einer zweiundfünfzigjährigen, im August 1995 verstorbenen Frau aus Savoyen, habe man den pathologischen Befund der vCJD gefunden. Und zum Abschluß dieses düsteren Monats schrieb Dr. John Collinge, ein Neurologe des St. Mary's Hospital in London, zusammen mit James Ironside und einigen anderen Kollegen in *Nature*, die molekularen Kennzeichen von BSE bei Rindern stimmten mit denen der abweichenden CJD überein: »Die neue, ›abweichende‹ Creutzfeldt-Jakob-Krankheit«, berichteten die Wissenschaftler, »… unterscheidet sich in den Kennzeichen ihrer Stämme von anderen Typen der CJD … Sie ähneln aber denen der auf Mäuse, Hauskatzen und Makaken übertragenen BSE, was mit der Annahme übereinstimmt, daß BSE die Ursache der neuen Krankheit ist.«

Bei mindestens einem der Verdachtsfälle in Robert Wills geheimgehaltenem Bestand handelte es sich um einen aus einer Häufung von vier Patienten im Osten der Grafschaft Kent, wo der Tierarzt Colin Whitaker 1985 über die erste BSE-infizierte Kuh berichtet hatte. Zwei der vier Erkrankten waren bereits verstorben. Dr. Mathi Chandrakumar von der Gesundheitsbehörde in Ost-Kent schätzte die Bedeutung dieses gehäuften Auftretens pessimistisch ein. »Die Häufigkeit von CJD«, erklärte er dem britischen Fernsehen, »liegt weltweit bei einem Fall je Million Menschen im Jahr. Bei der Viertelmillion Einwohner im Bereich von Ashford und Canterbury würde ich also etwa alle vier Jahre mit einem Fall rechnen. Und jetzt haben wir vier Fälle in einem Jahr. Es dürfte eine der vielen Häufungen sein, die wir noch erleben werden, eine der vielen Häufungen, die uns noch bevorstehen.« Jeffrey Almond vom SEAC räumte ein: »Der schlimmste denkbare Fall kann durchaus eintreten. Wir hoffen inständig, daß es nicht dazu kommt. Aber wir müssen zugeben, daß es möglich ist.«

Als ich mit Richard Lacey sprach – wir saßen im lichtdurchfluteten Wintergarten seines Hauses am Ende eines kleinen Fahrweges auf dem Land bei Leeds –, fragte ich ihn, wie der schlimmste denkbare Fall aussehen könnte. Er wies darauf hin, daß die Krankheit zuerst bei jüngeren Menschen und mit kürzerer Inkubationszeit ausgebrochen war, genau wie früher bei den Fore. Diese Parallele war für ihn der Anlaß, Kuru als Vorbild zu betrachten. Bei Kuru war die Quelle der Infektionen sehr plötzlich versiegt, als der Stamm den Kannibalismus aufgegeben hatte. Danach war die Zahl der Erkrankungen zurückgegangen, obwohl die Inkubationszeit länger geworden war; im Jahr 1996 erkrankten bei den Fore pro Jahr weniger als sechs Personen an Kuru, und das nach einer Inkubationszeit von über vierzig Jahren.

Bei BSE dagegen, so Lacey weiter, war es durchaus nicht sicher, daß die Quelle der Infektion versiegt war; im Gegenteil: Es gab Hinweise, daß immer noch Tiere sich mit BSE ansteckten, und man hatte allen Grund zu der Annahme, daß das Fleisch von Tieren, die sich in der Inkubationszeit befanden, von Menschen verzehrt wurde. Er fürchtete, die Folgen könnten für die Briten ebenso entsetzlich sein, wie sie es für die Fore gewesen waren. »Wenn es stimmt, daß CJD bei Menschen eine durchschnittliche Inkubationszeit von fünfundzwanzig oder vielleicht auch dreißig Jahren hat«, sagte er düster, »wird die Epidemie bei den Menschen ihren Höhepunkt ungefähr im Jahr 2015 erreichen. Und wenn die derzeitige Zahl der Erkrankungen jedes Jahr um fünfzig Prozent steigt, was durchaus sein könnte, haben wir bis dahin zweihunderttausend Fälle im Jahr.« Fälle unter den *Menschen*, das heißt: zweihunderttausend Tote *im Jahr*.

Um das Übergreifen von BSE auf die Vereinigten Staaten zu verhindern, verbot das US-Landwirtschaftsministerium 1989 die Einfuhr britischer Rinder und auch anderer Wiederkäuer, die für Zoos bestimmt waren. Das Ministerium spürte damals vierhundertneunundneunzig Tiere auf, die vor dem Verbot ins Land gekommen waren und nun unter Quarantäne gestellt wurden. Zwei amerikanische Verbände der Tierkörperverwertungsindustrie legten ihren Mitgliedsfirmen nahe, freiwillig auf die Verarbeitung verstorbener und kranker Schafe zu verzichten. Im Jahr 1990 begann das Landwirtschaftsministerium mit der aktiven BSE-Überwachung: Jedes Jahr wurden die Gehirne mehrerer hundert an Krankheiten verstorbener Rinder auf Anzeichen einer spongiformen Enzephalopathie untersucht. Die FDA (Food and Drug Administration), die oberste Lebensmittel- und Arzneibehörde der USA, untersuchte 1992 in einer Umfrage die Praxis der Tierkörperverwertung; über die Ergebnisse schreibt ein Tiermediziner der Behörde: »Der freiwillige Verzicht der Tierkörperverwertungsindustrie wird offenbar nicht vollständig umgesetzt, denn sechs der elf Betriebe, die erwachsene Schafe einschließlich der Köpfe verarbeiten, verkaufen die so gewonnenen Proteinprodukte an die Hersteller von Rinderfutter.« In der Besorgnis der FDA bezüglich der Verarbeitung von Schafen spiegelt sich die Annahme wider, daß BSE von Scrapie abstammt – wegen der gleichen, nicht belegten Vermutung gingen auch die Bemühungen in Großbritannien in die Irre. 1993 drängte die FDA in einem Schreiben alle Hersteller von Arznei- und Nahrungsergänzungsmitteln, Tierprodukten und anderen Waren, in ihren Produkten nur noch Rohstoffe von Rindern aus BSE-freien Ländern zu verwenden. Ein Jahr später, immer noch im Glauben an Scrapie, schlug das US-Landwirtschaftsministerium vor, Schlachtabfälle von Schafen völlig aus den Futtermitteln zu verbannen, aber die mächtige Agrarindustrie bekämpfte das Verbot mit der Begründung, eine solche Produktionsumstellung sei zu teuer und nicht zwingend erforderlich.

Nachdem Stephen Dorrell im März 1996 bekanntgegeben hatte, zwischen BSE und der neuen CJD-Variante könne ein Zusammenhang bestehen, ordnete das US-Landwirtschaftsministerium die Tötung der einhundertsechzehn noch lebenden britischen Importrinder an. Im Mai kündigte die FDA neue Bestimmungen zur Verhütung von BSE in Amerika an. Die Fleischbranche und tierärztliche Organisationen einigten sich darauf, freiwillig auf das Verfüttern von Wiederkäuerprotein an Wiederkäuer zu verzichten, doch die Einhaltung dieser Selbstverpflichtung wurde nicht überwacht. Die Seuchenbekämpfungszentrale der USA initiierte in fünf Bundesstaaten, in denen es bereits Meldesysteme für neue Infektionskrankheiten gab, ein Pilotprogramm zur Erfassung von vCJD. Das Landwirtschaftsministerium ließ noch mehr Gehirne verstorbener Rinder untersuchen;

ihre Gesamtzahl seit 1990 lag Ende 1996 bei über dreitausend-zweihundert. BSE-artige Schäden wurden in keinem einzigen Fall gefunden, aber diese Tiere waren auch nur eine winzige Stichprobe aus den insgesamt etwa einhunderttausend Rindern, die in den USA jährlich in die Verwertungsanstalten gelangen. Auf einer Tagung, die das Landwirtschaftsministerium im Gefolge der Dorrell-Rede einberufen hatte, erklärten dennoch siebzig Fachleute für Tiermedizin und Gesundheitspolitik, die vorhandenen Sicherheitsmaßnahmen seien ausreichend. Die Gruppe zeigte sich aus zwei Gründen zufrieden: Erstens war BSE in den Vereinigten Staaten nie nachgewiesen worden, und zweitens war die Häufigkeit von CJD seit 1979 konstant bei einem Fall je Million Einwohner geblieben; Todesfälle von Personen unter dreißig Jahren waren äußerst selten.

Nur ein Experte äußerte Bedenken gegen die optimistische Einschätzung: Dr. Richard F. Marsh von der University of Wisconsin in Madison. »Die Tatsache, daß wir in unserem Land keine offiziell gemeldeten Fälle der bovinen spongiformen Enzephalopathie haben«, sagte Marsh der *New York Times*, »vermittelt ein trügerisches Gefühl der Sicherheit, denn sie gründet sich nicht auf ausreichende Untersuchungen. Wenn der Rinderwahnsinn in den Vereinigten Staaten jemals auftauchen sollte, werden wir die gleichen Reaktionen erleben wie in Großbritannien.« Marsh, der in Madison die Abteilung für Tiermedizin und biomedizinische Forschung leitet, hat triftige Gründe, die Selbstzufriedenheit des Landwirtschaftsministeriums in Frage zu stellen. Er war Fachmann für die übertragbare Nerz-Enzephalopathie (TME) und hatte 1985 eine Epidemie untersucht, für die es nach seiner Überzeugung nur eine Ursache geben konnte: Man hatte die Nerze mit dem Fleisch kranker Rinder gefüttert.

»Im April 1985«, schreibt Marsh, »berichtete ein Nerzzüchter in Stetsonville in Wisconsin, seine Tiere verhielten sich seltsam, und einige seien gestorben. Wir fuhren damals zu der Farm und stellten fest, daß etwa zehn Prozent der ausgewachsenen Nerze die typischen Symptome von TME zeigten: schleichendes Einsetzen mit geringfügigen Verhaltensauffälligkeiten, Verlust des normalen Reinlichkeitstriebes, Ablegen von Kot im ganzen Käfig statt in einer Ecke, übermäßige Reizbarkeit, Kau- und Schluckbeschwerden sowie einen Schwanz, der wie bei einem Eichhörnchen seltsam über den Rücken gebogen wurde.« Später folgte der fortschreitende Verfall: Koordinationsstörungen, »lange Phasen der Benommenheit, in denen die Nerze bewegungslos und mit dem Kopf in einer Käfigecke dastehen«, und zunehmende Entkräftung bis hin zum Tod. Sechzig Prozent der insgesamt siebentausenddreihundert ausgewachsenen Tiere im Zuchtbestand von Statsonville erkrankten und starben. Die neuropathologische Untersuchung bestätigte den Befund: TME.

Da man frühere TME-Epidemien auf verseuchtes Futter zurückführen konnte, hatte Marsh den Züchter sehr genau ausgefragt. »Er verwendete handelsübliches Futter aus Fisch, Geflügel und Getreide«, berichtete der Wissenschaftler aus Wisconsin. »Der Frischfleischanteil stammte zum größten Teil von kranken und verstorbenen Milchrindern, die man in einem Umkreis von fünfzig Meilen um die Nerzfarm eingesammelt und weiterverarbeitet hatte (durch Zerlegen, Zerkleinern und Einfrieren); auch ein paar Pferde waren darunter. *Schafprodukte wurden nicht an die Nerze verfüttert*, und das Futter enthielt auch keine Beimischungen von Tiermehl.«

Schaf-Scrapie über das Futter auf Nerze zu übertragen, war Marsh nie gelungen. Selbst die direkte Infektion des Gehirns ließ bei den Pelztieren nur selten TME entstehen; die Übertragbarkeit war nicht annähernd so hoch wie bei der Epidemie in der Farm, und auch die Inkubationszeit war länger. Marsh fragte sich, ob man TME wohl auf Rinder und von diesen zurück auf Nerze übertragen kann. Um das herauszufinden, spritzte er zwei sechs Wochen alten Holsteiner Bullenkälbern den Gehirnextrakt der Nerze aus Stetsonville. Beide Rinder bekamen eineinhalb Jahre später eine tödliche spongiforme Enzephalopathie. Das war nichts Ungewöhnliches. Aber dann gelang es Marsh, die Krankheit von den Stieren wieder zurück auf Nerze zu übertragen, und zwar sowohl direkt durch Infektion des Gehirns, *als auch, indem er die Nerze mit Gehirngewebe fütterte.*

Und der Krankheitserreger, der den Weg über die Rinder hinter sich hatte, war nicht weniger tödlich als der TME-Erreger, der unmittelbar von einem Nerz auf den anderen überging. Warnend berichtete Marsh: »Dieser Befund legt die Vermutung nahe, daß die Artgrenze zwischen Nerzen und Rindern keine Auswirkungen hat ...« Wenn die Nerze in Stetsonville sich durch das Verfüttern von Fleischproduzenten kranker Rinder angesteckt hatten, so Marshs Schlußfolgerung, »dann muß es bei den Rindern in den Vereinigten Staaten eine unerkannte, Scrapie-ähnliche Krankheit geben«.

Nach Marshs Experiment mit den Bullenkälbern entschlossen sich Marsh, Bill Hadlow und mehrere andere Wissenschaftler, die Zusammenhänge zwischen den spongiformen Erkrankungen der Nerze und Rinder genauer zu erforschen. 1990 holte Hadlow aus seiner Labortiefkühltruhe zwei Chargen mit Gehirnhomogenat von Nerzen, die er dort seit den TME-Epidemien von 1963 in Blackfoot (Idaho) und Hayward (Wisconsin) aufbewahrte. Die dreiundzwanzig Jahre alten Proben riefen bei jungen Ochsen eine spongiforme Enzephalopathie hervor, und diese glich exakt der Krankheit, die das neue Material aus Stetsonville ausgelöst hatte – man konnte also annehmen, daß es sich in allen drei Fällen um den gleichen Erregerstamm handelte, obwohl die Proben zeitlich und räumlich in großen Abständen gewonnen worden waren. Die Gehirnschäden waren umfangreicher als bei den britischen BSE-Rindern. »Hier sind Bereiche betroffen, die BSE nicht schädigt«, erklärte mir Hadlow, »nämlich ganz oben im Gehirn, hier im vorderen Teil.« Als Hadlow die Gehirnschnitte von den Ochsen einem britischen BSE-Experten zeigte, stellte dieser eher eine Ähnlichkeit mit der experimentell erzeugten BSE fest – also mit der Krankheit, die durch direkte Infektion des Gehirns entstand und nicht, wie hier, durch das Futter. Noch bedrückender war, daß die Tiere fast während des gesamten Krankheitsverlaufs nur geringfügige Symptome zeigten. Dazu meinten die Wissenschaftler: »Erst im fortgeschrittenen Stadium wäre die Krankheit unter Praxisbedingungen ohne weiteres zu erkennen gewesen.« Mit anderen

Worten: Die Krankheit war bei Rindern leicht zu übersehen, bis zu dem Zeitpunkt, da sie umfielen.

Jetzt übertrugen Hadlow, Marsh und ihre Kollegen BSE britischer Herkunft auf Nerze, und zwar sowohl durch unmittelbare Infektion des Gehirns als auch durch Verfüttern. Mit Scrapie hatten Nerze sich über das Futter nicht angesteckt, aber bei BSE war das der Fall. Die so entstehende Enzephalopathie ähnelte der amerikanischen Nerzkrankheit, glich ihr aber nicht völlig – ein Hinweis, daß der britische BSE-Stamm sich von dem amerikanischen unterschied.

Sind die Rinder in den USA ein natürliches Reservoir für einen amerikanischen BSE-Stamm? Besser fragt man vielleicht anders: Wenn die Creutzfeldt-Jakob-Krankheit spontan auf der ganzen Welt bei einem unter einer Million Menschen auftritt, sollte es dann nicht auch bei anderen Tieren ähnlich seltene spongiforme Erkrankungen geben? Einen stichhaltigen Anhaltspunkt bietet eine Schätzung aus neuerer Zeit, die sich auf die historischen Zusammenhänge der TME-Epidemien in Wisconsin gründet – in diesem Staat ereigneten sich vier der fünf Epidemien, die in den USA seit 1947 auftraten. Wenn die Krankheit in Wisconsin immer durch das Verfüttern des Proteins kranker Rinder übertragen wurde, kommt die spongiforme Enzephalopathie bei diesen kranken Tieren mit einer Häufigkeit von eins zu siebenundzwanzigtausendfünfhundert vor – das entspricht einem Fall auf neunhundertfünfundsiebzigtausend ausgewachsene Rinder in Wisconsin; dieses Verhältnis stimmt erstaunlich gut mit der Häufigkeit von eins zu einer Million bei der sporadischen CJD überein.

Ein französischer Tierarzt beschrieb schon 1883 etwas, das er als »einen Fall von Scrapie bei einem Ochsen« bezeichnete. Die erste Epidemie der Nerz-Enzephalopathie in den USA gab es, bevor Scrapie nach Amerika eingeschleppt wurde, auch das ein Hinweis, daß Schafe vermutlich nicht die Quelle waren. Pathologen der Colorado State University berichteten 1980 über eine »spontan auftretende Form der spongiformen Enzephalopathie«, an der zwischen 1967 und 1979 insgesamt dreiundfünfzig in Gefangenschaft lebende Großohrhirsche und ein Schwarz-wedelhirsch gestorben waren. Eine ähnliche Krankheit brach auch bei Elchen aus, die in Gefangenschaft unmittelbar neben den Großohrhirschen weideten – ein Indiz für horizontale Übertragung. Seit 1992 wurde diese »verheerende chronische Krankheit« bei Hirschen in Wyoming und Elchen in South Dakota nachgewiesen. »Das Landwirtschaftsministerium hört es nicht gern, wenn ich das sage«, erklärte mir John Gibbs, »aber daß es bei Großohrhirschen und Elchen spongiforme Enzephalopathien gibt, überrascht mich nicht. Ich habe einen Brief aus dem 18. Jahrhundert gesehen, in dem ein Veterinär einem Arzt eine Scrapie-ähnliche Krankheit bei Hirschen in einem englischen Wildgehege beschreibt. Nach meiner Überzeugung entstehen diese Krankheiten in der Natur von selbst. Das passiert aber selten, und normalerweise würde man es übersehen, denn wer achtet schon auf ein Kaninchen, ein Eichhörnchen oder einen Hirsch mit Ataxie [Koordinationsverlust]? Wenn es überhaupt auffällt, denkt man sofort an Tollwut, und wenn man keine Anzeichen für Tollwut findet, kümmert man sich nicht darum, wie das übrige Gehirn aussieht.« Zu der gleichen Erkenntnis gelangte Richard Marsh 1988 im Zusammenhang mit BSE bei Rindern: »Da diese neue Rinderkrankheit durch Verhaltensauffälligkeiten, übermäßige Reizbarkeit und Aggressivität gekennzeichnet ist, hätte man sie in den Vereinigten Staaten wahrscheinlich mit Tollwut verwechselt und nicht diagnostiziert.« Und 1996 fügte er hinzu: »Wenn Prionenerkrankungen bei Menschen spontan auftreten können, kommen sie höchstwahrscheinlich auch bei Tieren vor. Diese spontanen Erkrankungen, die in der Natur nicht übertragen werden, können aber eine Gefahr darstellen, und zwar entweder durch den unnatürlichen Vorgang des Kannibalismus wie bei Kuru oder durch den Eingriff des Menschen, der Wiederkäuer mit tierischem Protein füttert.«

In den Vereinigten Staaten sind alle Voraussetzungen für eine Epidemie eines einheimischen BSE-Stammes vorhanden. Es gibt in den USA etwa hundert Millionen Rinder, im Vergleich zu noch nicht einmal zehn Millionen in Großbritannien. Die Tierverwertungsfirmen sammeln kranke, verstorbene Tiere ein – manchmal über hunderttausend im Jahr – und verarbeiten sie zu Tiermehl. Über 3,6 Millionen Tonnen dieses Proteinpulvers werden in den USA jährlich hergestellt (nicht nur aus toten Tieren, sondern auch aus Schlachtabfällen), fast zehnmal so viel wie auf den britischen Inseln. Anfang 1997 wurden in der Agrarindustrie der USA etwa dreizehn Prozent dieser Menge – ungefähr der gleiche Anteil wie in Großbritannien – an Rinder verfüttert. Früher erhielten vorwiegend ausgewachsene Rinder und nicht die Kälber das Tiermehl – Fleischrinder sollten vor dem Verkauf noch gemästet werden, und bei Milchkühen stieg daraufhin die Milchleistung –, aber diese Praxis hat sich in den USA geändert. Fleischrinder werden in der Regel im Alter von zwei Jahren oder jünger geschlachtet, also zu einer Zeit, wo sie möglicherweise schon eine spongiforme Erkrankung haben, aber noch keine Symptome zeigen. Durch das Protein-Kraftfutter kommen die Kälber im Laufe der Zeit immer stärker mit allen Krankheitserregern in Kontakt, die darin möglicherweise lauern.

Das Rinderprotein wird in den USA wie in Großbritannien auf kannibalische Weise wiederverwertet. Das gleiche gilt für die Proteine von Schweinen und Geflügel. Schweine können BSE und andere spongiforme Erkrankungen bekommen. Bei Hühnern dürfte das ebenfalls möglich sein: In ihrem Gehirn wird eine eigene Form von Hühner-PrP gebildet, und britische Wissenschaftler, die Hühner im Experiment mit BSE infiziert hatten, berichteten 1991 über Löcher im Kleinhirn eines Tiers; SAF fanden sie allerdings nicht. Beunruhigender ist die von Gajdusek genannte Möglichkeit: Tiermehl, das durch den Hühnerdarm wandert, ohne daß sich seine Ansteckungsfähigkeit für BSE vermindert, könnte das Gemüse verseuchen, zu dessen Düngung es häufig eingesetzt wird – womit selbst Vegetarier gefährdet wären.

Wird BSE nach Amerika kommen? Die Antwort lautet: Sie ist schon da, und zwar in einer hier heimischen Form, als seltene Infektion, die durch den industriellen Kannibalismus epidemische Ausmaße erreichen kann. Und schätzungsweise siebenundsiebzig Millionen Amerikaner essen jeden Tag Rindfleisch.

Richard Lacey ist der Ansicht, seine Landsleute sollten ihren gesamten Bestand von zehn Millionen Rindern schlachten und kein Rindfleisch mehr essen. Wenn sie das täten, müßten sie vermutlich auch sämtliche Schafe töten. Aber beides wird wahrscheinlich nicht geschehen, es sei denn, eine neue vCJD-Epidemie bricht aus.

Im März 1996, wenige Tage, nachdem das Parlament über die BSE-Übertragung auf Menschen unterrichtet worden war, stand in der Londoner Zeitung *Observer* ein Bericht, der für die Zeit in zwanzig Jahren ein Horrorszenario ausmalte:

Man schreibt den 20. März 2016 ... Die Nationale Klinik für Sterbehilfe in Großbritannien macht Überstunden, um 500 Menschen pro Woche zu einem würdigen Tod zu verhelfen, bevor die Gehirnkrankheit ihnen die Vernunft und Selbstkontrolle nimmt.

Dieses Land, dessen Verantwortliche ein Jahrzehnt lang alles geleugnet haben, steht jetzt unter Quarantäne; schon seit langem meidet die Welt jeden Kontakt mit einer Bevölkerung, in der jedes Jahr eine halbe Million Menschen an der Creutzfeldt-Jakob-Krankheit erkranken, einer tödlichen neurologischen Störung, die sich Ende des 20. Jahrhunderts durch den Verzehr verseuchter Rindfleischprodukte ausbreitete. Der Kanaltunnel ist durch fünf Kilometer dicken französischen Beton versperrt. Das Gesundheitssystem ist am Ende; Bluttransfusionen sind unmöglich, weil die meisten Spender mit nicht nachweisbaren Prionen infiziert sind, und das Pflegepersonal ist mit der Versorgung von über zwei Millionen CJD-Kranken völlig überfordert. Das Staatsgefüge bricht auseinander ...

Solch trüben Zeiten könnte Großbritannien tatsächlich entgegengehen, aber vorerst bleibt abzuwarten, wieviele Menschen sich angesteckt haben. Die britische Regierung hat mit ihren falschen gesundheitspolitischen Entscheidungen ein beängstigendes, riesiges Experiment in Gang gesetzt: Man läßt zu, daß ein tödlicher Krankheitserreger sich in der Lebensmittelversorgung ausbreitet und daß die gesamte Bevölkerung damit in Kontakt kommt. Und es gibt allen Grund zu der Annahme, daß dieser Kontakt auch heute fortbesteht – durch infizierte Rinderprodukte und vielleicht auch durch verseuchtes Lamm- und Hammelfleisch.

Ein geringfügig geringeres Risiko besteht für die übrige europäische Bevölkerung, die ebenfalls mit BSE in Kontakt gekommen ist. Außerhalb Frankreichs gibt es zwar bisher keine Todesfälle durch vCJD, aber das heißt nicht, daß die Menschen auf dem übrigen Kontinent frei von der Infektion sind; die französischen Fälle weisen nur darauf hin, daß der Erregerkontakt dort früher einsetzte. Und die bisher bekannte begrenzte Zahl von vCJD-Fällen liefert keinerlei Grundlage für eine Abschätzung des zukünftigen Ausmaßes der Epidemie. Das hängt allein von der Infektionsfähigkeit des Erregers ab. Daß BSE mit solcher Leichtigkeit Artgrenzen überspringt und auch in geringen Dosen oral ansteckend wirkt, ist ein eindeutiger Hinweis, daß es sich um einen höchst gefährlichen Erregerstamm handeln könnte.

Die USA sind derzeit vermutlich nicht durch den *britischen* BSE-Stamm gefährdet. Soweit die gute Nachricht. Aber die Methoden der Viehfütterung führen für die Bevölkerung zu einem Risiko durch einen *einheimischen* Stamm des Erregers, denn dieser könnte sich durch verseuchte Futtermittel sehr schnell in den Viehbeständen ausbreiten und Menschen ebenso infizieren wie die britische Variante. Dann bestehen für Amerikaner die gleichen Zukunftsaussichten wie für die Briten: Eine tödliche Gehirnkrankheit könnte sich seuchenartig ausbreiten und jedes Jahr Hunderttausende von Männern, Frauen und vor allem Kindern dahinraffen.

Und wie steht es mit der übrigen Welt? Wenn die TSEs bei verschiedenen Tierarten spontan auftreten können, ist auf der ganzen Welt keine Bevölkerungsgruppe, die Fleisch ißt, vollständig gegen diese Gefahr gefeit.

In den Industrieländern sind die meisten epidemieartig auftretenden Krankheiten von Jahrzehnt zu Jahrzehnt zurückgegangen. In den USA zum Beispiel sind mit Ausnahme von AIDS die meisten meldepflichtigen Krankheiten – Pferde-Enzephalitis, Brucellose, Diphtherie, Gonorrhöe, Hepatitis B, Masern, Mumps, Kinderlähmung, Röteln, Syphilis und andere – in den letzten vierzig Jahren erheblich seltener geworden oder ganz verschwunden. Die Sterblichkeit in New York zu Beginn des 20. Jahrhunderts war mit der im heutigen Bangladesch vergleichbar, aber heute hat in den USA oder Europa kaum noch jemand eigene Erfahrungen mit den früheren Geißeln der Menschheit – mit Beulenpest, Pocken, Cholera oder Malaria. Gute Ernährung, bessere hygienische Verhältnisse und neue Impfstoffe haben die Gefährdung durch diese Krankheiten schwinden lassen.

Aber die britische BSE-Katastrophe war weder ein Rückfall in frühere Verhältnisse noch einfaches Pech. Eine ihrer Ursachen ist der heimtückische, umfassende und zutiefst verlogene regierungsfeindliche Fanatismus, der sich in den letzten zwanzig Jahren in Großbritannien und den USA breitgemacht hat, die gleiche umnachtete Mentalität, nach der man illegalen Einwanderern die medizinische Versorgung verweigern soll, wenn sie krank werden. Eigentlich ist an der Industrialisierung der Landwirtschaft – der Aufzucht von Hühnern, Schweinen und anderen Haustieren unter kontrollierten Bedingungen – nichts Falsches, *vorausgesetzt*, man richtet diese Bedingungen sorgfältig so ein, daß Krankheiten eingedämmt werden und die Volksgesundheit erhalten bleibt. Auch Menschen leben unter kontrollierten Bedingungen. Mit einem Dach über dem Kopf und einer gesunden Ernährung fühlen wir uns wohl; genauso ergeht es auch den Tieren, die in Gefangenschaft gehalten werden, denn sie ziehen sich weniger Krankheiten zu und überleben in größerer Zahl bis zum Erwachsenenalter als ihre Vettern in »freier Wildbahn«. Aber Salmonellen in Eiern und Hühnerfleisch, Hamburger und Cider, die mit tödlichen *E. coli*-Bakterien verseucht sind, oder BSE-infizierte Rinder sind ein Zeichen, daß der Staat in seinen Kontrollen, seiner Aufsicht und seinen Vorschriften versagt hat.

Noch 1995 ähnelte die Fleischbeschau in den Vereinigten Staaten den Zuständen zu Zeiten, da Upton Sinclair 1906 seine Phantasiegeschichte *The Jungle* veröffentlicht hatte. Und auch nachdem man das System 1995 modernisiert und erstmals Laboruntersuchungen für die Fleischbeschau vorgeschrieben hatte, lehnte der von radikalen Republikanern beherrschte Kongreß es ab, die Maßnahme sofort in vollem Umfang umzusetzen, so daß sie sich nur verzögert und abgeschwächt auswirken konnte. Dem Kongreß waren die Profite der Fleischindustrie nachweislich wichtiger als der Schutz der Verbraucher.

Die britische Katastrophe macht auf grausige Weise deutlich, wie der High-Tech-Kannibalismus mit der Wiederverwertung tierischen Proteins die Gefahr einer Verbreitung tödlicher Krankheiten in sich trägt. Dennoch ist er in den Vereinigten Staaten weiterhin gängige Praxis, und zwar aus dem gleichen Grund wie in Großbritannien und trotz der steigenden Zahl von Todesfällen: Die Fleischindustrie und ihre Verbündeten in den Behörden bewerten das Risiko anders als Wissenschaftler und Ärzte, die besser als alle anderen über die spongiformen Enzephalopathien Bescheid wissen.

In den USA besteht noch die Chance, eine BSE-Epidemie zu verhüten. Einen ermutigenden Schritt in dieser Richtung unternahm die FDA Anfang 1997: Dr. David Kessler, der Leiter der Behörde, kündigte an, man werde das Verfüttern von Wiederkäuerprotein an Wiederkäuer verbieten. Mit dieser Bekanntmachung setzte eine Frist von fünfundvierzig Tagen ein, in der die Öffentlichkeit Einwände erheben konnte, und danach sollte das Verbot in Kraft treten. Die Tierkörperverwertungsbranche beklagte sich natürlich sofort und behauptete, die Behörde reagiere zu heftig. Der Tierarzt Don Franco, ein Sprecher des Nationalen Verbandes der Tierkörperverwerter, sagte dem *Wall Street Journal*: »Die wissenschaftlichen Befunde sind nicht eindeutig. Es gibt eine Menge Theorien, aber keinen gezielten Beweis, wie die Krankheit übertragen wird.«

Das *Journal* berichtete über eine Schätzung der Industrie, wonach ein Verbot des Wiederkäuerproteins einen Schaden von

1,6 Milliarden Dollar für Umsatzausfälle und alternative Entsorgung verursachen würde. Die Vernichtung der fraglichen Abfälle wäre in den USA ebenso schwierig wie in Großbritannien. Dennis Longmire, der Chef der Verwertungsfirma Darling International, die zweiunddreißig Fabriken betreibt, beschreibt das Problem verärgert so: »Wir reden hier von Millionen Tonnen an verderblichem tierischem Material im Jahr, das wir verbrennen oder auf Müllkippen schaffen sollen!« Der Verband der Rinderzüchter dagegen begrüßte die Maßnahme und behauptete, die Fleisch- und Milchproduzenten verfütterten ohnehin schon weniger Tiermehl als früher.

Aber das angekündigte Verbot der FDA enthielt auch faule Kompromisse. Zwar wollte man die Verwendung von Rinder-, Schaf- und Ziegengewebe zur Fütterung dieser Tiere untersagen, aber Blut, Milch und Gelatine sollten als Futtermittel weiterhin erlaubt sein. Man würde Wiederkäuergewebe auch nach wie vor zu Hühner-, Schweine- und Haustierfutter verarbeiten, obwohl bekannt war, daß Schweine und Katzen die spongiforme Enzephalopathie bekommen können und daß Hühner den Krankheitserreger mit ihrem Kot ausscheiden. Die in den USA allgegenwärtige Salmonellenverseuchung von Geflügel und Eiern sowie ständige *E.coli*-Epidemien durch verunreinigtes Fleisch stärkten nicht gerade das Vertrauen in die staatliche Lebensmittelaufsicht. Aus der Sicht der Tierverwertungsbranche verwandelt das Verbot eine wertvolle Ware in eine kostspielige Verpflichtung. Diese Verdrehung führte in Großbritannien zu umfangreichen Betrügereien. Mit den gleichen Folgen müssen auch die amerikanischen Verbraucher rechnen, wenn das Verbot nicht energisch durchgesetzt wird.

In den USA wird in großem Umfang Sojaprotein erzeugt, so daß die Viehzucht auch dann überleben könnte, wenn das Verfüttern tierischer Proteine an Tiere völlig verboten würde. Ein solches umfassendes Verbot ist der einzige Weg, um die Ausbreitung der tödlichen spongiformen Enzephalopathien über die Artgrenzen hinweg zu verhüten – insbesondere auch ihre Übertragung auf Menschen. Die Verdienstspannen der Industrie würden sinken, denn Tiermehl ist billiger als Sojaprodukte. Aber ein solches Embargo steht nicht einmal in Großbritannien zur Diskussion, und schon gar nicht in den Vereinigten Staaten. Es würde bedeuten, daß man Millionen Tonnen von Überresten aus der Fleischverarbeitung entsorgen müßte – eine fast unlösbare Aufgabe. Oder aber wir befolgen Richard Laceys Rat und essen kein Rindfleisch mehr.

Der nächste große Durchbruch in der Medizin wird wahrscheinlich die Xenotransplantation sein: die Verpflanzung verschiedener Organe und Gewebe vom Tier auf den Menschen. In den Vereinigten Staaten werden jedes Jahr etwa zwanzigtausend Organtransplantationen vorgenommen, aber darüber hinaus brauchen weitere vierzigtausend Patienten ein neues Herz, eine neue Leber, eine Niere oder eine Hornhaut; zehntausend von ihnen sterben, bevor sie in den Operationssaal gelangen. In anderen Ländern sind Spenderorgane rationiert, so daß viele Menschen, denen sie nützen könnten, leiden oder sterben müssen. Alle diese Menschenleben könnten durch Xenotransplantationen gerettet werden.

Pionierarbeiten auf diesem Gebiet gibt es bereits: Schon 1984 hielt ein Pavianherz in den USA die kleine Fae zwanzig Tage lang am Leben; 1994 wurde eine Pavianleber übertragen, und 1995 erhielt der AIDS-Patient Jeff Getty in San Francisco eine Transplantation mit dem Knochenmark eines Pavians, das sein Immunsystem wiederherstellen sollte. Neue biotechnologische Verfahren, die Xenotransplantation zur Routine machen könnten, befinden sich in Großbritannien und den USA in der Entwicklung. So züchtet man Linien gentechnisch veränderter Schweine, die man zunächst als Spender für Herztransplantationen heranziehen will. Die Blutgruppen von Schweinen ähneln denen des Menschen stärker als die aller anderen Tiere, aber normalerweise wird Schweinegewebe, das man Primaten einpflanzt, innerhalb weniger Stunden durch eine starke Immunantwort, die sogenannte hyperakute Abstoßung, zerstört.

Ich erkundigte mich bei Imutran, einer Firma im englischen

Cambridge, die in der Xenotransplantationstechnik weltweit führend ist; dort erfuhr ich, man habe menschliche Gene, welche die hyperakute Abstoßung unterdrücken, kloniert und in Schweineembryonen eingeschleust. Hunderte solcher Schweine, die diese menschlichen Gene in sich tragen, hat man bei Imutran bereits gezüchtet. Die Abstoßung der derart gentechnisch veränderten Schweineherzen muß man zwar immer noch mit Medikamenten unter Kontrolle halten, ganz ähnlich wie nach der Transplantation eines menschlichen Herzens. Aber im Jahr 1995 konnte man bei Imutran nachweisen, daß Affen, denen man solche transgenen Schweineherzen eingepflanzt hatte, auch ohne immununterdrückende Medikamente fünf Tage lang überlebten – erheblich länger als mit der hyperakuten Abstoßung nach der Transplantation eines normalen Schweineorgans. Behandelte man die Affen nach der Operation mit immununterdrückenden Medikamenten, blieben sie bis zu sechzig Tage lang am Leben. Diese Fortschritte veranlaßten Dr. David White, den Mitgründer und medizinischen Direktor von Imutran, zu der Voraussage, Transplantationen von Schweineherzen auf Menschen würden noch vor der Jahrtausendwende zur Routine werden. Der Presse sagte er: »Derzeit dreht sich die Diskussion um die Frage, ob wir in der Lage sind, das Herz in einem Menschen über lange Zeit funktionsfähig zu halten; und um sie zu beantworten, gibt es nur einen Weg: Wir müssen Verpflanzungen auf Menschen vornehmen und es herausfinden.«

Ich selbst unterhielt mich im April 1996 in der Firmenzentrale von Imutran in Cambridge mit White. Er war von seinen Arbeiten absolut begeistert. »Von Anfang an«, erklärte er mir, »haben wir uns nicht gefragt, wie man den Patienten behandelt, sondern wie man das Schwein gentechnisch verändern kann. Deshalb war uns klar, daß man unter anderem versuchen könnte, diese menschlichen Regulationsgene in die Schweine einzuschleusen. Und das Klügste, was ich in meinem Leben getan habe, war, daß ich das Verfahren zum Patent angemeldet habe. Das verschafft uns die nötigen Mittel.« Was ich damals noch nicht wußte: White hatte Imutran gerade an den großen Pharmakonzern Sandoz verkauft.

»In dieser Richtung werde ich weiterarbeiten«, erklärte er, »und ich sage Ihnen: Die hyperakute Abstoßung, wie wir sie kennen, ist tot, aus, vorbei. Wir nehmen ein Organ von einem unserer Schweine und pflanzen es einem Primaten ein, und dann funktioniert es tagelang ohne jede Behandlung, das ist schon Routine. Wir haben es mit Nieren gemacht, mit Langerhansschen Inseln [Gewebeabschnitten aus der Bauchspeicheldrüse, die Insulin ausschütten und so dem Diabetes entgegenwirken], mit Herzen – die Zahlen weiß ich nicht mehr genau, es waren sechzig oder siebzig. Jetzt müssen wir die Affen nur noch immunsupprimieren, um das langfristige Überleben zu sichern. Vor ein paar Wochen haben wir die erste Transplantation bei einem Pavian vorgenommen, und am gleichen Tag, als uns die Verpflanzung eines Schweineherzens in einen Pavian gelang, ist einer unserer Patienten gestorben, während er auf ein menschliches Spenderherz wartete.«

Jetzt kam ich auf mein eigentliches Anliegen zu sprechen: »Machen Sie sich Sorgen wegen BSE?«

»Zum Glück«, erwiderte White, »bekommen Schweine kein BSE.«

»Ich glaube, es gibt Anhaltspunkte, daß das möglich ist.«

»Wenn Sie verseuchtes Gehirnmaterial von einer wahnsinnigen Kuh nehmen und es einem Schwein direkt in den Schädel spritzen, bekommt es eine spongiforme Enzephalopathie. Aber man füttert Schweine jetzt schon seit fünf Jahren mit infiziertem Gewebe, und bisher hat kein einziges die Krankheit bekommen.«

Das stimmte.

»Man muß sich vor Augen führen, daß BSE keine Infektionskrankheit ist. Eigentlich ist es eine sehr seltsame Form der Vergiftung.«

Ich sagte Dr. White, daß ich mich bereits eingehend damit befaßt hatte.

»Na gut«, antwortete er, »dann können Sie mir vielleicht erklären, wie das blöde Ding funktioniert. Ich verstehe es einfach nicht.«

Ich versuchte, ihm die anormale Kristallisation des Proteins zu erläutern.

Er hörte aufmerksam zu und meinte schließlich: »Ja, das wäre möglich.«

»Ihre Schweine sind isoliert, und vermutlich füttern Sie sie nicht mit Tiermehl«, gab ich ihm das Stichwort.

»Nein, nein«, bestätigte er. »Die Frage der Krankheitsübertragung bereitet uns erhebliches Kopfzerbrechen.« Er stand von seinem Schreibtisch auf und kam kurz darauf mit einer eigenen Studie zurück, dick wie ein Telefonbuch. »Wir haben eine Reihe der weltweit führenden Fachleute für Schweinekrankheiten und für die Krankheiten der Menschen nach Transplantationen um Beiträge gebeten.« Er schlug das Buch auf. »Ich werde Ihnen nur ein paar Überschriften vorlesen: ›Mikroorganismen, die bekanntermaßen Krankheiten erzeugen‹, ›Pathogene Mikroorganismen beim Menschen‹, ›Für Schweine pathogene Mikroorganismen, die bei Menschen nicht pathogen wirken‹, ›Mikroorganismen, die selbst nach derzeitiger Kenntnis nicht pathogen sind, aber pathogenen Mikroorganismen ähneln‹ und so weiter. Schweine-RNA-Viren, Schweine-DNA-Viren, ein eigener Abschnitt über die menschlichen Masernviren. Schweinebakterien – grampositive, gramnegative – und so geht es immer weiter. Eine grundlegende Risikoabschätzung für alle. Eine Liste der beunruhigendsten Krankheitserreger.« Er klappte das Buch zu. »Wenn man das alles durchgeackert hat, bleibt ein Problem übrig, und das sind die Retroviren. Zur Zeit versuchen wir, mit Untersuchungen an Primaten die Frage zu beantworten, ob Schweine-Retroviren die Artgrenze überspringen und mit menschlichen Retroviren rekombinieren können. Wir sind noch nicht fertig, aber wir gehen davon aus, daß es eine sehr unwahrscheinliche Möglichkeit ist.«

Die Schweine, so White weiter, werden wohl nicht in die Kliniken gelangen, sondern man wird die Patienten in die Nähe der Schweine bringen. »Das heißt«, erläuterte er, »es wird ein paar medizinische Zentren geben, die sich ausschließlich auf die Xenotransplantation spezialisiert haben. Diese Zentren werden in der Nähe eine keimfreie Schweinezucht betreiben. Und dorthin gehen die Patienten. Daß man warten muß, bis ein kerngesunder Mensch stirbt, damit man einen Kranken behandeln kann, ist einfach absurd. Wenn man die Schweine hat, kann man einfach kommen, und der Arzt sagt: ›Ich glaube, Sie brauchen ein neues Herz.‹ Damit sind Sie nicht am Ende. Vielleicht in drei Monaten, vielleicht in einem halben Jahr. Und wir würden Ihr Immunsystem so abwandeln, daß es das Schweineherz nicht abstößt.«

Plötzlich wurde mir klar, daß es hier nicht nur um Herzen ging. »Haben Sie vor, auch andere Organe und Gewebe von Schweinen zu verpflanzen?« fragte ich.

»Herz, Lunge – die ganzen ehemaligen Raucher, ein riesiger Markt –, die Nieren. Vielleicht auch den Darm. Auch die Substantia nigra ist ein höchst interessanter Bereich.«

»Die was?« wollte ich wissen.

›»Ein Stück vom Gehirn. Zur Behandlung der Parkinson-Krankheit.«

Ich wußte, was die Substantia nigra ist. Ich konnte nur einfach nicht glauben, daß ein kluger, allem Neuen aufgeschlossener Arzt und Geschäftsmann, der zugegeben hatte, daß er die Ursachen der spongiformen Enzephalopathie nicht verstand (aber wer versteht die schon?), sich zum Ziel setzen konnte, Gehirngewebe von Schweinen direkt ins Gehirn von Menschen zu verpflanzen.

Im Juli 1996 sprach sich das Komitee für Xenotransplantation des US-amerikanischen Institute of Medicine, das zur National Academy of Sciences gehört, für dieses Verfahren aus; der mögliche Nutzen, so die Begründung, sei größer als die Risiken. Das Gremium gelangt zu dem Schluß: »Wenn die Xenotransplantation eine ausreichende wissenschaftliche Grundlage hat und wenn geeignete Vorsichtsmaßnahmen getroffen werden, ist die Erprobung ausgewählter Xenotransplantationen an Menschen, in denen Zellen, Gewebe und Organe von Tieren verwendet werden, zu rechtfertigen und sollte fortgeführt werden.« Das Komitee führt aber auch »eine Fülle von Belegen« an, wonach Krankheitserreger von Tieren auf Menschen übertragen werden können, und das sei ein Hinweis, daß die Gefahr einer Übertragung neuer, möglicherweise tödlicher Viren über die Artgrenzen hinweg »deutlich größer als Null« sei. Insbesondere wird in diesem Zusammenhang die spongiforme Enzephalopathie erwähnt.

Wenn ich damit rechnen müßte, in wenigen Monaten an einem Herzleiden zu sterben, oder wenn ich eine neue Lunge brauchte, würde ich mir sicher auch ein Schweineorgan einpflanzen lassen. Ginge es aber um die Hornhaut des Auges oder ein Stück Gehirn, hätte ich Bedenken. Solange die Ursache der TSE nicht eindeutig aufgeklärt ist, beinhaltet die Xenotransplantation ein gewisses Risiko für eine tödliche iatrogene Infektion.

Sogar die Ursachen der *sporadischen* CJD sind immer noch umstritten. Der britische Wissenschaftler Dr. Richard Kimberlin weist auf die altersabhängige Häufigkeit der Krankheit hin:

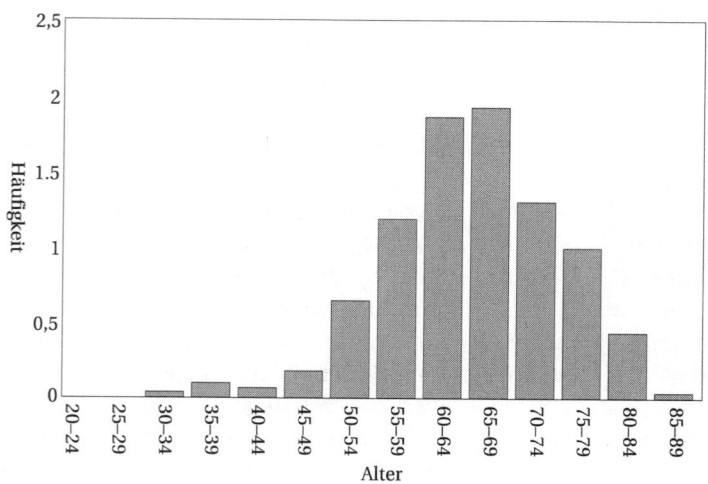

Sie ähnelt stark der entsprechenden Verteilung bei BSE:

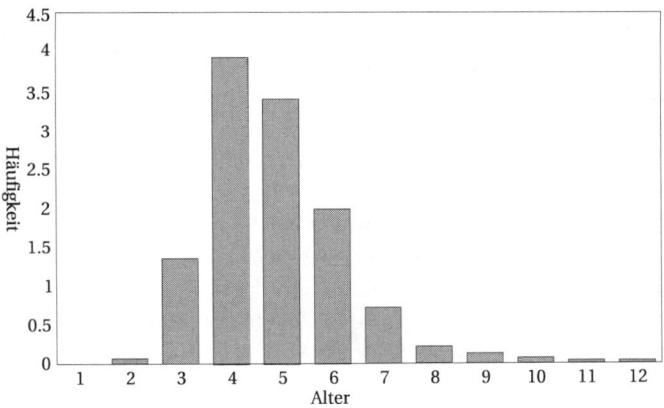

Wenn eine solche Krankheit durch eine Mutation oder ein anderes Zufallsereignis entsteht, müßte ihre Häufigkeit eigentlich mit dem Alter stetig zunehmen. Die Altersverteilung von BSE ist aber glockenförmig, und das läßt auf etwas anderes schließen: auf eine Infektion in jüngeren Jahren, gefolgt von einer Inkubationszeit. Die Länge dieser Latenzperiode ist abhängig von der individuellen Widerstandskraft – bei manchen Tieren ist sie länger, bei anderen kürzer. Der Gipfel der Kurve entspricht dem Medianwert für die Inkubationszeiten, das heißt die Mitte zwischen dem kürzesten und dem längsten Zeitraum. Nach Kimberlins Argumentation ist die Glockenkurve für die sporadische CJD ein Zeichen, daß es sich bei dieser scheinbar zufällig auftretenden menschlichen Erkrankung *ebenfalls um eine Infektion handelt*: »Die Kurvenform der Altersverteilung ... läßt darauf schließen, daß es in der Kindheit oder Jugend zur Infektion mit einem gemeinsamen Stamm [des CJD-Erregers] kommt und daß der Medianwert der Inkubationszeiten bei vierzig oder fünfzig Jahren liegt.« Auch der deutsche Wissenschaftler Dr. Heino Diringer vermutet eine Infektion als Ursache: »Es erscheint mehr als wahrscheinlich, daß ... die sporadischen CJD-

Fälle immer auf eine direkte oder indirekte Übertragung von Tieren auf Menschen zurückgehen.« Diringer berichtete 1996, er habe im Gehirn Scrapie-kranker Hamster kleine, virusähnliche Partikel gefunden. Und der amerikanische Neuropathologe Dr. Frank O. Bastian entdeckte im Gehirn von CJD-Patienten kleine, korkenzieherförmige Erreger, die man als Spiroplasmen bezeichnet. Spiroplasmen können bei neugeborenen Ratten nachgewiesenermaßen chronische Gehirninfektionen hervorrufen. Ob Diringers virusähnliche Partikel oder Bastians Spiroplasmen echte Erreger oder nur Trittbrettfahrer der Krankheit sind, bleibt noch zu klären.

Carleton Gajdusek vertritt weiterhin die Ansicht, anormale Proteinkristallisation sei die Ursache der TSE. Paul Brown machte 1990 ein Stück Scrapie-Gehirn durch Gefriertrocknen haltbar, brachte die Probe in eine Glasampulle, die er luftdicht verschloß, und erhitzte sie in einem Ofen eine Stunde lang auf 360 °C. Nach dem Abkühlen konnte er mit dieser Probe immer noch Scrapie auf Hamster übertragen. Gajdusek ist überzeugt, daß Mineralstoffe als Kristallisationskerne dienen; das würde erklären, wie ein infektiöser Erreger das Verbrennen bei 360 Grad überleben kann. Mineralische, aluminium- und siliziumhaltige Ablagerungen hat man in Guam und auf anderen westpazifischen Inseln, wo ALS und Parkinson mit geistigem Verfall gehäuft vorkommen, in den Nervenzellen der Betroffenen gefunden. Ansammlungen aus Aluminiumsilikat bilden das Kernstück der Amyloidplaques bei der Alzheimer-Krankheit. Möglicherweise handelt es sich dabei um Kristalle aus Montmorillonit, einer häufigen Form von Ton. Gajdusek schreibt, die Alzheimer-Experten hätten die Vermutung geäußert, »daß diese das auslösende Element der Amyloidablagerung sind«. Das Aluminiumsilikat, das man in den Alzheimer-Plaques gefunden hatte, war vor etwa zehn Jahren der Anlaß für eine Panik bei allen Käufern, die Aluminiumtöpfe zum Kochen benutzt hatten, aber ein Zusammenhang zwischen der Verwendung von Aluminiumgeschirr und Alzheimer wurde nie nachgewiesen.

Aluminium und Silizium gehören zu den häufigsten Elementen in der Erdkruste, und Ton kommt auf der ganzen Welt vor. Wie können allgemein verbreitete Mineralstoffkristalle einen unter einer Million Menschen mit der sporadischen CJD »infizieren«? Gajdusek beschrieb mir ein Dia, das er manchmal in Vorlesungen für Pathologen zeigt; es ist die Mikroskopaufnahme eines Querschnitts durch den Hippokampus, einen Bereich tief im Inneren des Gehirns, und die Zellen darauf sind mit Gebilden gesprenkelt, die wie kleine schwarze Basketbälle aussehen. Wenn die Pathologen mit ihrer Raterei am Ende sind, erklärt Gajdusek, es handele sich um Goldstaubteilchen. Nun werden Vermutungen geäußert, wie Goldstaub bis ins Innerste des Gehirns gelangt sein könnte, und wenn das Publikum auch hier nicht mehr weiter weiß, verrät er es: Er hatte einen Patienten kurz vor dem Tod gebeten, es zu schnupfen, nachdem er dem Mann zuvor Scopolamin gegeben hatte, das die Nasenschleimhäute austrocknet. Den Vorgang bezeichnet Gajdusek als »umgekehrten axonalen Transport«, das heißt, der Goldstaub wird am hinteren Ende der Nasenhöhle von den Nervenenden aufgenommen, die sonst Duftstoffmoleküle aus der Luft anziehen, und anschließend transportieren die Nervenenden – die Axone – die Teilchen zum Hippokampus, wo die Geruchsinformation entschlüsselt wird.

Wir saßen in der Küche von Gajduseks Vorstadthaus in einem Tal bei Frederick in Maryland – das Haus auf dem Berg hatte er 1989 aufgegeben. »Wußten Sie, daß man mit einer Handvoll Glasstaub jemanden umbringen kann?« fragte er. Ich schüttelte den Kopf. »Die Deutschen haben im Ersten Weltkrieg untersucht, ob man es als Kampfgas einsetzen kann. Glaspartikel von einer bestimmten Größe lysieren [zerstören] Blutzellen besser als das Gift einer Kobra. Ein Atemzug, und man ist tot – die Lunge füllt sich mit Blut. Aber man kann die Wirkung auch mit Glasstaub *verhindern*. Noch feinere Teilchen binden sich an die entsprechenden Stellen der Zellwände, so daß die Mörderpartikel dort nicht andocken können.«

Gajdusek lehnte sich nach vorn und schlug mit beiden Handflächen auf den Tisch – es war seine Art, sich die Aufmerksamkeit eines Gegenübers zu sichern. »*Alle* verschiedenen Theorien über die Entstehung der infektiösen Amyloide an den Kristallisationskeimen sind eigentlich gleich. Es ist wie bei den Theorien über die Eisbildung – der eine sagt, an Staub bilden sich Eiskristalle, der andere sagt, an Fragmenten von Eiskristallen, und der dritte sagt, am Staub von Heuschreckenflügeln. Alles Mist. Es ist immer dieselbe Theorie. Das sind fraktale Ereignisse. Eine allgemeine Theorie der Kristallisationskerne gibt es nicht. Meine Kollegen suchen nach einer einfachen Formel, aber dazu ist es zu komplex. Man braucht ein kleines Stück, gerade so groß, daß es das Muster vorgibt. In Wirklichkeit kann eines unter einer Million Staubteilchen zu einem anderen Ergebnis führen. Jeder Kristallisationsvorgang auf der Erde erfordert einen Kern – eine Blaupause – und das gleiche gilt auch für viele Vorgänge in unserem Körper. Aber in der ganzen medizinischen Fachliteratur findet sich nichts über Kristallisationskerne. Man hat das ganze Phänomen völlig übersehen.«

Ich dachte darüber nach: die grenzenlosen Tiefen der Natur; eine Schicht unter der anderen, bis hinab zum innersten Kern der Dinge, und dort Schichten, die so klein sind, daß man sie nicht sehen kann, und darunter noch mehr Schichten, bis einem der Kopf schwirrt, und dann immer noch mehr Schichten. Wenn ein Umwelteinfluß wie Mineralstaub bei den TSEs die Amyloidbildung in Gang setzt, werden uns die spongiformen Krankheiten auf ewig begleiten wie die versteinerten Überreste der Erbsünde, die in Gottes Mörser zermahlen werden. Oder wie die Pest bei Camus, die in den Abwasserkanälen lauert und nur darauf wartet, daß wir unaufmerksam sind.

Während ich zuhörte, wie der vierundsiebzigjährige Carleton Gajdusek aus Gold, Glas und mineralischem Ton eine Erklärung für tödliche Gehirnkrankheiten wob, fiel mir eine Frage ein, die er mir bei unserem ersten Zusammentreffen Ende 1995 gestellt hatte, noch bevor die Briten den Beginn einer Entwicklung bekanntgegeben hatten, die sich zu einem neuen Schwarzen Tod auswachsen könnte.

Damals hatte Gajdusek mich gefragt: »Wissen Sie, daß die Leute Knochenmehl für die Pflege ihrer Rosen benutzen? Es wird aus kranken und dann verendeten Rindern hergestellt und sehr fein gemahlen. In den Anweisungen auf der Packung wird davor gewarnt, die Tüten in geschlossenen Räumen zu öffnen. Es steigt einem in die Nase.« Der Nobelpreisträger und Virusforscher, der über die übertragbaren spongiformen Enzephalopathien mehr weiß als jeder andere auf der Welt, sah mich bedeutungsschwer an. »Düngen Sie Ihre Rosen mit Knochenmehl?«

Ich bejahte.

Er nickte. »Das würde ich an Ihrer Stelle nicht tun.«

Aus dem Londoner *Daily Telegraph* vom 4. April 1996:

Gärtner wurden von der Royal Horticultural Society daran erinnert, daß sie zur Vermeidung eines eventuellen BSE-Risikos Handschuhe und eine Staubschutzmaske tragen sollten, wenn sie bei Rosen und anderen Sträuchern die Frühjahrsdüngung mit einer Mischung aus Blut und Knochenmehl vornehmen.

Die Nachfrage nach Rindfleisch nimmt wieder stetig zu. Im Londoner Großmarkt von Smithfield ist der Umsatz mit besseren Stücken britischen Rindfleisches von Null vor einer Woche wieder auf die Hälfte des Normalwertes angestiegen.

Glade
Juni 1995 – Januar 1997

# Glossar

*ALS (Lou-Gehrig-Krankheit)* die amyotrophe Lateralsklerose, eine Erkrankung des Nervensystems, die durch übermäßige Reizbarkeit der Muskeln und Schwächegefühle gekennzeichnet ist.

*Alzheimer-Krankheit* nicht übertragbare, fortschreitende Amyloidose (siehe dort) des Gehirns, die zu geistigem Verfall und schließlich zum Tod führt; der Name erinnert an den deutschen Nervenarzt Alois Alzheimer.

*Amyloid* Proteinfaser, die nach Anfärben mit Kongorot im polarisierten Licht eine charakteristische grüne Färbung zeigt.

*Amyloidose* Krankheit, die durch die Ansammlung von Amyloid in verschiedenen Geweben und Organen (auch im Gehirn) entsteht.

*Amyloidplaque* mikroskopisch kleine Masse aus verfilzten Amyloidfasern im Gehirn.

*Amyloidstäbchen (Prionen)* siehe SAF

*Anga* Sprachgruppe im östlichen Hochland von Neuguinea, früher Kukukuku genannt (siehe dort). Den Namen prägte Carleton Gajdusek in Anlehnung an ein Wort, das in mehreren Dialekten der Anga »Haus« bedeutet.

*Antikörper* Klasse von Proteinen im Organismus, die der Abwehr eingedrungener Fremdproteine und Mikroorganismen dienen.

*APP* Abkürzung für *amyloid precursor protein* (Amyloid-Vorläuferprotein); dieses Protein bildet bei der Alzheimer-Krankheit die Amyloidplaques.

*Astrogliose* anormale Vergrößerung und Vermehrung der Gliazellen, die im Gehirn für die Infektionsabwehr verantwortlich sind.

*Athetoide Bewegungen, Athetose* ständige langsame, unwillkürliche Bewegungen der Hände und Füße.

*BSE (bovine spongiform encephalopathy)* spongiforme Erkrankung bei Rindern, die erstmals 1986 in Großbritannien nachgewiesen wurde.

*Compton* Ortschaft in der britischen Grafschaft Berkshire, Sitz der Außenstation des British Agricultural Research Council; 1963 wurde die Einrichtung in Institute for Research on Animal Diseases umbenannt.

*Creutzfeldt-Jakob-Krankheit (CJD)* fortschreitende, tödliche Verfallskrankheit des Gehirns; typische Kennzeichen sind schwere Koordinationsstörungen, Krampfanfälle und geistiger Verfall. Die entscheidenden Symptome sind spongiforme Veränderungen des Gehirns und SAF (siehe dort); der Name erinnert an die beiden deutschen Ärzte, die das Leiden zum erstenmal beschrieben.

*Degeneration (Verfall)* krankhafte Veränderung mit Beeinträchtigung oder Zerstörung der betroffenen Funktion.

*Demenz* geistiger Verfall.

*DNA* Desoxyribonucleinsäure, eine der beiden Nucleinsäuren, die in den Lebewesen der Übertragung genetischer Information dienen.

*EDT (Ethylendiamintartrat)* chemische Verbindung, die in industriellen Arbeitsabläufen verarbeitet wird.

*Endemische Krankheit* Krankheit, die es in einem Gebiet schon immer gab.

*Endokannibalismus* Kannibalismus unter Verwandten.

*Enzephalitis* Gehirnentzündung.

*Enzephalopathie* Erkrankung des Gehirns.

*Epidemiologie* Wissenschaft von den Krankheitsepidemien.

*Faszien* faserige Umhüllung der Muskeln.

*Fatale familiäre Insomnie (FFI)* Form der familiären Creutzfeldt-Jakob-Krankheit (siehe dort), die sich anfangs als ständige, quälende Schlaflosigkeit bemerkbar macht.

*Fore* Sprachgruppe im östlichen Hochland Neuguineas mit etwa dreißigtausend Mitgliedern; diese Gruppe war stark von Kuru betroffen (siehe dort).

*Formalin* 37%ige Formaldehydlösung, mit Methanol stabilisiert.

*Gen* Erbeinheit, die den Bauplan für ein bestimmtes Protein enthält.

*Genom* die gesamte Genausstattung eines Lebewesens; beim Menschen zwischen fünfzigtausend und hunderttausend Gene.

*Gliazellen* Gruppe von Nervenzellen, die der Isolierung, Infektionsbekämpfung und als Stützstrukturen dienen.

*Großhirn (Cerebrum)* der größte Teil des Gehirns; ist wie eine Walnuß gefurcht und unterteilt.

*Großhirnrinde* die äußere, graue Schicht des Großhirns.

*GSS (Gerstmann-Sträussler-Scheinker-Syndrom)* familiäre Form der Creutzfeldt-Jakob-Krankheit. Das GSS schreitet langsamer fort als die typische CJD und läßt an vielen Stellen Amyloidplaques entstehen.

*Hirnstamm* mittlerer Stamm des Gehirns, der sich nach unten im Rückenmark fortsetzt.

*Iatrogen* wörtlich »vom Arzt hervorgebracht«: unabsichtlich vom Arzt ausgelöst.

*In vitro* »im Glas«: Eigenschaft eines biologischen Experiments, das außerhalb des lebenden Organismus »im Reagenzglas« vorgenommen wird.

*Intentionstremor* Zittern, das durch willkürliche Bewegung einer Extremität entsteht.

*Kleinhirn (Cerebellum)* der kleine Teil des Gehirns, der unter dem Großhirn liegt. Das Kleinhirn ist verantwortlich für den Gleichgewichtssinn, die Muskelspannung und die zeitliche Koordination der willkürlichen Bewegungen.

*Kukukuku* alter, abwertender Name für die Gruppe der Anga im östlichen Hochland von Papua-Neuguinea.

*Kuru* fortschreitende, tödliche Gehirnerkrankung, die durch Kannibalismus übertragen wird; war auf das östliche Hochland

Neuguineas und fast ausschließlich auf die Gruppe der Fore (siehe dort) beschränkt. Das Wort bedeutet in der Sprache der Fore »Zittern« und »Angst«.

*Kuru-Plaque* großer, blütenförmiger Amyloidplaque (siehe dort); charakteristisches Kennzeichen von Kuru und der neuen Variante der CJD.

*Lumbalpunktion* Entnahme von Rückenmarksflüssigkeit (Liquor) aus dem unteren Teil der Wirbelsäule.

*Multiple Sklerose* chronisch-degenerative Erkrankung des Zentralnervensystems, bei der die isolierenden Umhüllungen der Nerven zerstört werden; die Folgen sind Muskelschwäche, Koordinationsstörungen sowie Beeinträchtigungen von Sprach- und Sehvermögen.

*Neuropathologie* Wissenschaft von den Krankheiten des Nervensystems, insbesondere die Untersuchung des Nervengewebes selbst.

*Parkinson-Krankheit, Parkinsonismus* Krankheit, die durch Zittern und körperliche Steifheit gekennzeichnet ist; Ursache sind Schäden in der Substantia nigra des Gehirns, wo das Dopamin gebildet wird.

*Prion* von dem Neurologen Stanley Prusiner geprägter Begriff für »kleine, *pro*teinhaltige, *in*fektiöse Partikel, die durch die meisten nucleinsäurezerstörenden Methoden nicht beeinträchtigt werden«. Der Begriff, so fügt Prusiner hinzu, »unterstreicht, daß für die Infektion ein Protein notwendig ist; nach dem derzeitigen Wissensstand ist nicht auszuschließen, daß sich im Inneren des Partikels eine kleine Nucleinsäure befindet.«

*PrP* Abkürzung für Prion-Protein oder Prorease-resistentes Protein.

*Reagenz* Substanz, die man in chemischen Reaktionen einsetzt, insbesondere zum Nachweis einer anderen Verbindung.

*Rickettsien* stäbchenförmige, parasitisch lebende Bakterien; die Gattung wurde nach dem amerikanischen Pathologen H. T. Ricketts benannt, der sie als erster nachwies. Rickettsien erzeugen typhusähnliche Erkrankungen.

*RNA* Ribonucleinsäure, eine der beiden Nucleinsäuren, die in den Lebewesen der Übertragung genetischer Information dienen.

*SAF (Scrapie-assoziierte Fibrillen)* Stapel aus PrP-Kristallen (siehe dort), die sich bei der elektronenmikroskopischen Untersuchung von Gehirnmaterial aus Tieren mit übertragbaren spongiformen Enzephalopathien als verdrehte Fasern zeigen.

*Scrapie* natürlich vorkommende, fortschreitende Gehirnerkrankung bei Schafen; erzeugt einen so starken Juckreiz, daß die Tiere sich die Wolle abschilfern.

*Spongiform* schwammähnlich; voller Löcher.

*Springkrankheit* Krankheit bei Schafen; die Tiere springen beim Gehen auf und ab.

*Stamm* bei Krankheitserregern eine abweichende Form, die durch Mutationen im genetischen Material der Erreger entsteht.

*Status epilepticus* Zustand mit rasch aufeinanderfolgenden epileptischen Anfällen.

*Status spongiosus* Zustand mit umfangreichen spongiformen Schäden.

*TME* Abkürzung für *transmissible mink encephalopathy* (übertragbare Nerz-Enzephalopathie); durch Futter übertragene spongiforme Erkrankung bei Nerzen.

*Übertragbare spongiforme Enzephalopathie* (*transmissible spongiform encephalopathy, TSE*) Sammelbezeichnung für die verschiedenen spongiformen Erkrankungen bei Menschen und Tieren, darunter Kuru, Creutzfeldt-Jakob-Krankheit, Scrapie und TME; charakteristische Kennzeichen sind bei allen die spongiforme Pathologie und die SAF (siehe dort).

*vCJD* Abkürzung für *variant Creutzfeldt Jakob disease* (abweichende Creutzfeldt-Jakob-Krankheit); die neue Form der Krankheit, die vermutlich durch Rinder mit BSE (siehe dort) übertragen wird.

*Virino* hypothetischer, virusähnlicher Krankheitserreger aus einem kurzen Stück DNA, das sich zur Herstellung seiner Proteinhülle und zur Fortpflanzung des Zellapparats seines Wirtes bedient.

*Virologie* die Wissenschaft von den Viren.

# Danksagungen

Carleton Gajdusek stellte mir nicht nur großzügig seine Fachartikel und Tagebücher zur Verfügung, sondern er nahm sich in Phasen großer persönlicher Belastungen tagelang Zeit für meine Fragen.

Für die Beantwortung von Fragen sowie für Unterlagen und Informationen danke ich Joe Gibbs und Paul Brown am NIH; Bill Hadlow, Bruce Chesebro und Byron Caughey in Hamilton, Montana; Patricia und George Merz auf Staten Island; Alan Dikkinson, Hugh und Janet Fraser in Edinburgh; John Collinge in London; Richard Lacey in Leeds; Mike Alpers in Sydney; Fred Brown auf Plum Island; Raymond Hintz in Palo Alto; John Honstead bei der FDA. Charles Mgone nahm mich in Goroka in Empfang und fand die Zeit, meinen Ausflug zu den südlichen Fore zu organisieren. George Koki fuhr die schwierige, vierstündige Strecke und führte mich nach Waisa. Campbell Crilly in Cairns hielt derweil Ginger bei Laune. Gil und Anita Elliot bereiteten meine Reise nach London vor und machten den Aufenthalt zu einem Vergnügen. Miranda McGinn stellte mir Unterlagen zur Verfügung. Malcolm Withers und Kenteas Brine ließen mich hinter die Kulissen des Parlaments blicken.

Dank gilt auch Doron Weber und den Angestellten der Alfred P. Sloan Foundation, die mir rechtzeitig ein Reisestipendium verschafften, sowie Mary Freedman und Larry Norton von der Pequot Library, die es verwalteten.

George Klein in Stockholm stellte mir großzügig seinen Rat und seine Kenntnisse zur Verfügung; außerdem las er das Manuskript des Buches. Das gleiche taten auch meine Tochter Kate und ihr Mann Jacques Perrault, beide Molekularbiologen. Norman Charles beriet mich in Fragen der Augenheilkunde. Alle Fehler, die trotz ihrer Sorgfalt stehengeblieben sind, gehen natürlich auf mein Konto. Gail Harris von der Cushing Medical Library der Yale University machte Hunderte von Fachartikeln für mich ausfindig. Helen Haversat schrieb sorgfältig Interviews ab, in denen es von neurologischen und biologischen Fachausdrücken wimmelte.

Mort Janklow und Anne Sibbald entzündeten die Fackel und lieferten ihr ständig neuen Brennstoff. Michael Korda begleitete die Arbeit mit der gewohnten Klugheit.

Ginger Rhodes, meine Frau, organisierte unsere Reisen, zeichnete die Interviews auf, fotografierte, beaufsichtigte die Niederschrift und redigierte alle Kapitel. Die Widmung gebührt ihr ohnehin, aber sie hat sie sich auch wirklich verdient.

# Register

265

# Steve Jones

## *Wie der Wal zur Flosse kam*

Charles Darwin hat 1859 die Grundlage der modernen Evolutionstheorie gelegt. Sein Landsmann Steve Jones macht dieses Werk nun zugänglich - mit dem Wissen von heute. So erklärt er, warum das HIV-Virus die Mechanismen der Evolution in Reinkultur demonstriert, auf welche Weise unsere Sprache evolutionären Gesetzen gehorcht und welche Rolle der Mensch in der Evolutionsgeschichte spielt (dazu hatte sich Darwin nämlich nicht geäußert). Das Buch von Steve Jones ist der beeindruckende Versuch, das einflussreichste Werk in der Geschichte der Naturforschung auf den neuesten Stand zu bringen – als ein Stück noch immer lebendiger Wissenschaftsprosa.

*512 Seiten, gebunden*

**HOFFMANN UND CAMPE**

# GOLDMANN

## SPIEGEL-Bücher

Stefan Aust,
Der Baader-Meinhof-Komplex 12953

Henryk M. Broder,
Volk und Wahn                    12958

Till Meyer,
Staatsfeind                      12962

Rudolf Augstein (Hrsg.),
Ein deutsches Jahrzehnt          12954

Goldmann • Der Taschenbuch-Verlag

# GOLDMANN

*Das Gesamtverzeichnis aller lieferbaren Titel erhalten Sie
im Buchhandel oder direkt beim Verlag*

★

Taschenbuch-Bestseller zu Taschenbuchpreisen
– Monat für Monat interessante und fesselnde Titel –

★

Literatur deutschsprachiger und internationaler Autoren

★

Unterhaltung, Kriminalromane, Thriller
und Historische Romane

★

Aktuelle Sachbücher, Ratgeber, Handbücher und
Nachschlagewerke

★

Bücher zu Politik, Gesellschaft, Naturwissenschaft und Umwelt

★

Das Neueste aus den Bereichen
Esoterik, Persönliches Wachstum und Ganzheitliches Heilen

★

Klassiker mit Anmerkungen, Anthologien und Lesebücher

★

Kalender und Popbiographien

★

**Die ganze Welt des Taschenbuchs**

★

Goldmann Verlag • Neumarkter Str. 18 • 81673 München

Bitte senden Sie mir das neue kostenlose Gesamtverzeichnis

Name: _____

Straße: _____

PLZ / Ort: _____